일본 고대사 여행,
동아시아인의 길을 따라

일본 고대사 여행, 동아시아인의 길을 따라

2012년 3월 21일 제1판 제1쇄 인쇄
2012년 3월 28일 제1판 제1쇄 발행

지은이 부산역사교사모임, 양산역사교사모임
펴낸이 이재민, 김상미

편집 백수미
디자인 studio.triangle

종이 페이퍼릿
인쇄 천일문화사
제본 강원제책

펴낸곳 너머북스
주소 서울시 마포구 서교동 375-13 성지빌딩 201호
전화 02)335-3366, 336-5131 팩스 02)335-5848
등록번호 제313-2007-232호

ⓒ부산역사교사모임·양산역사교사모임, 2012.
이 책의 저작권은 저자에게 있습니다.
저자와 출판사의 허락 없이 내용의 일부를 인용하거나 전재하는 것을 금합니다.

ISBN 978-89-94606-11-8 03910

너머북스와 너머학교는 좋은 서가와 학교를 꿈꾸는 출판사입니다.

일본고대사여행
동아시아인의 길을 따라

부산역사교사모임·양산역사교사모임 지음

너머북스

프롤로그

'민족'에 가려진 일본 고대사를 찾아서

'만들어진 고대'

재일 한국인 2세 역사학자 이성시가 펴낸 책 제목이다. 그는 이 책에서 동아시아 각국이 어떻게 자국의 고대사와 대외 관계사를 만들어왔는지 살피고 있다. 역사를 만든다는 것은 무엇을 의미할까? 잊을 만하면 불거지는 일본의 역사 교과서 문제, 혹은 역사 왜곡이 떠오른다. 고대에 일본이 한반도 남부를 지배했다고 하는 이른바 '임나일본부'설은 오랫동안 일본인들에게 각인되어왔다. 이제 '임나일본부'설은 역사학계에서 통용되지 않지만, 일본인들에게 그러한 의식이 아주 없어진 것은 아니다. 일본 역사 교과서에는 '지배' 대신 '영향력'이라는 표현으로 임나일본부의 잔영이 남아 있다.

우리는 '역사 만들기'에서 자유로울까? 우리 역시 현대 한국의 관점에서 고대를 본다는 점에서 '역사 만들기'로부터 자유롭다고 할 수 없다. 우리도 일본의 역사 인식에 대항하여 고대사에서 한민족을 중심으로, 민족 문화의 우수성, 우월성을 강조해왔다. 양국 모두 자민족 중심의 시각으로 고대를 만들어왔다고 할 수 있다.

'민족'이라는 용어 혹은 개념 자체가 근대 국민 국가 형성기의 산물이다. 이 점에서 민족을 주체로 하여 고대사를 본다는 것은 근대의 관점과 시각으로 고대사를 본다는 것을 의미한다. 근대 '민족' 개념의 틀에 매이게 되면 고대사의 모습은 필연적으로 굴절될 수밖에 없다. 우리가 일본 고대사를 찾아 나선 것은 이러한 근대 민족 개념의 틀을 성찰해보고자 하는 뜻에서였다. 그 시대의 실상을 좀 더 역동적으로 보고 싶었다.

일본 고대사 여행은 공부와 답사를 병행하는 형태로 진행되었다. 일본 고대사를 공부하고 고대사 유적지를 답사하면서 절실하게 느낀 것은 우리가 일본 고대사에 대해 무지했다는 점이다. 고대사의 전개 과정 전반에 대한 이해보다는, 관심 가는 대로 몇몇 사건만을 특화하여 알고 있을 뿐이었다. 일본, 일본사에 대한 무지와 반감의 뒤엉킴 속에서 편견을 가지고 일본을 보았던 것이다.

우리는 공부와 답사를 진행하면서 '일본 고대사의 전개 과정, 일본 고대 문화의 특성을 한국인의 시각에서 균형감 있게 파악한다'는 모호하고도 도달 가능성이 희박한 방향을 설정했다. 이 방향은 우선 국수주의적인 관점을 지양하자는 것이었다. 신격화된 일본의 자국 고대사 인식과 문화 전파론을 크게 부각시키고 있는 한국의 일본 고대사 인식 사이의 괴리를 들여다보자는 것이었다. 그러나 어느 쪽에도 휩쓸리지 않고 고대의 실상을 들여다본다는 것은 매우 어려운 일이었다.

공부와 답사 횟수가 거듭되면서 책으로 출간하는 건 어떨까 하는 의견이 제시되었다. 논의를 모은 결과 교양 수준의 일본 고대 역사 문화 답사기 형식으로 접근해보기로 했다. 독자들의 현장 주제 답사에

도움이 될 수 있도록 시간과 공간의 동선 흐름을 유지하면서 물 흐르듯이 이야기를 전개하는 방식을 모색해보기로 했다. 주제는 일본 고대사에서 한국인들이 관심을 가질만 한 것들을 중심으로 설정했다. 시기는 10세기 전후 일본 국풍문화의 정착기까지로 한정했다. 일본 고대사 전개의 시공간은 일본 건국 신화를 안고 있는 규슈에서 출발하여 세토 내해를 거쳐 야마토 분지로 이어진다. 야마토 분지에 들어서면 '아스카-나라-교토'로 시공의 흐름이 계속된다. 이러한 흐름에 따라 지역을 고려한 주제 답사에 참고할 수 있도록 규슈, 아스카, 나라, 교토의 지역 개관을 배치하였다.

공부와 답사 모임은 우리에게 즐거움과 고통을 동시에 주었다. 마음 맞는 사람들과 함께하는 공부, 여행은 즐거움이다. 공부란 마음 가는 사람과 함께 즐겁게 해야 한다. 역시 마음 맞는 사람들과 하는 여행이야말로 제일 좋은 공부이다. 그러나 우리의 견문을 글로 표현하는 것은 고통이었다. 대중적이면서도 일본 역사를 좀 더 깊게 보여주자는 목표를 세웠지만, 쉽게 도달할 수 있는 목표가 아니라는 것은 진작 깨닫고 있었다.

"마음이 있지 않으면 보아도 보이지 않고, 들어도 들리지 않으며, 음식을 먹어도 그 맛을 모른다." 사서 중의 하나인 『대학(大學)』에 있는 구절이다. 마음을 어디에 두느냐에 따라 보이는 것이 달라진다. 우리의 일본 고대사 시공간 여행은 오늘날의 민족적 관점을 벗어나 당대인들의 역동적인 삶에 좀 더 다가가 보고자 한 것이다. 한민족이나 일본 민족이 아닌, 고대 동아시아인들을 찾아 나선 '마음'의 여정은 오늘의 우리를 되돌아보는 성찰의 시간이었다. 독자들에게 '마음'의 여행에 동참하기를 권한다.

차례

프롤로그　'민족'에 가려진 일본 고대사를 찾아서　　5

1부　신의 역사, 인간의 역사　　11
　　규슈 지역 개관　　13
1장　하늘의 역사, 신의 나라　　16
2장　땅의 역사, 일본 열도의 생활을 바꾼 벼농사　　31
3장　신화와 역사의 경계, 히미코 여왕과 진구 황후　　50
4장　영토 지배 열망의 투영, 임나일본부와 열도 분국　　81
5장　귀화인, 도래인, 도왜인　　97

2부　고대 왕국을 찾아, 난바와 아스카　　111
　　아스카 지역 개관　　113
6장　전방후원분의 수수께끼, 일본 고대 국가의 시작　　117
7장　아스카 시대, 불교와 함께 열리다　　140
8장　소가씨의 몰락과 다이카 개신　　160
9장　동아시아 대전과 일본 열도　　175
10장　해 뜨는 나라를 다스리는 천황　　195

3부	헤이조쿄에 꽃핀 율령제, 나라	221
	나라 지역 개관	223
11장	나라에 내려온 사슴신, 후지와라씨의 번영	226
12장	번뇌하는 왕실, 나라 시대의 종말	248

4부	천년 꿈의 시작, 교토	275
	교토 지역 개관	277
13장	교토의 기반을 닦은 도래인들, 하타씨와 야사카씨	280
14장	간무의 도시 헤이안쿄	300
15장	일본, 자신을 발견하다	327

5부	일본 문화를 찾아서	357
16장	일본인의 삶과 정신, 신도에 깃들다	359
17장	고대인의 노래, 와카가 담긴 『만엽집』	384

에필로그	시간과 공간을 가로질러 스스로를 돌아보기	408
참고문헌		410

다카치호 봉과 도리의 까마귀

1부

신의 역사, 인간의 나라

	B.C. 1만 년경	조몬 시대 시작
한반도 신석기 시대 개막	B.C. 8000년	
단군의 고조선 건국	B.C. 2333년	
	B.C. 660년	진무 천황의 건국
	B.C. 3세기경	야요이 시대 시작(금속병용기)
	B.C. 2세기경	이타즈케, 요시노가리에 무라 형성
신라, 고구려, 백제 건국	B.C. 1세기	
	57년	왜 나국 왕이 '한위노국왕' 금인을 받음
	239년	왜 여왕 히미코가 '친위왜왕'으로 책봉됨
	250년경	고분 시대 시작
고구려 광개토대왕, 백제·왜·가야연합군 정벌	391년	
백제, 일본에 한학을 전함	405년	
	421년	왜 5왕(찬, 진, 제, 흥, 무) 시대 개막

- 이즈모(出雲)
- 이타즈케 유적
- 이토국
- 요시노가리 유적
- 나국
- 다카치호 봉
- 다카치호 정
- 휴가(日向)
- 기비(오카야마)
- 야마토분지(진무천황릉)

규슈 지역 개관

맑은 날 부산 해운대나 영도에서 대마도가 보인다. 그 대마도에서 다시 남쪽으로 눈을 돌리면 보이는 땅이 규슈의 후쿠오카, 가라쓰(唐津, 韓津)이다. 부산항에서 쾌속선으로 3시간 30분이면 갈 수 있는 규슈는 한반도와 아주 가까운 곳이다.

규슈는 일본 신화의 발상지다. 규슈의 미야자키 현은 남국의 이국적인 풍경을 느낄 수 있는 휴양지로 유명하다. 미야자키 현의 다카치호 정(高千穂町)은 10만 년 전 아소 산의 용암이 흘러내리며 만든 계곡에 위치하고 있다. 주상절리로 이어진 기암절벽 사이로 흘러내리는 폭포와 울창한 숲을 흐르는 맑은 강물을 따라 걸으며 일본의 천지창조 신화 속으로 들어갈 수 있다. 다카치호 정은 천신 아마테라스오미카미(天照大神, 이하 아마테라스)가 다스리는 신들이 사는 다카마가하라(高天原)를 지상에 옮겨놓은 곳이다.

아마테라스가 동생 스사노오노미코토(須佐之男命, 이하 스사노)의 괴롭힘을 피해 숨은 동굴로 알려진 아마노야스카와라(天安河原), 동굴에 숨은 아마테라스를 나오게 한 이와토(岩戸)를 기념한 아마노이와토 신사(天岩戸神社), 아마테라스 신화를 소재로 한 요카구라(夜神樂)를 매일 밤 공연하는 다카치호 신사(高千穂神社)를 돌아보며 일본 신화를 확인할 수 있다.

다카치호 정과 관련하여 눈여겨봐야 하는 곳은 혼슈 서북부 이즈모(出雲)다. 이즈모는 아마테라스에게 쫓겨난 스사노가 지상에 내려와 거대한 뱀인 오로치를 물리치고 초치검을 얻은 곳이다. 거대한 이즈모 신사(出雲神社)가 바다를 향해 서 있는 곳으로 유명하다.

신의 세계와 인간 세계가 이어지는 곳은 천손강림지로 알려진 에비노 고원의 다카치호 봉(高千穗峰)이다. 아마테라스의 후손인 니니기노미코토(瓊瓊杵尊, 邇邇芸命, 이하 니니기)가 3종 신기(神器)를 들고 내려왔다고 전해지는 다카치호 봉은 태초의 순간이 무(無)에서 시작되었다는 것을 알려주듯 황량함이 느껴지는 곳이다. 다카치호 봉에서 저 멀리 보이는 가라쿠니 다케(韓國岳)는 일본 신화와 한국 신화가 비슷한 까닭을 질문하듯 우뚝 서 있다. 니니기가 지상의 신과 결합하여 낳은 후손인 진무(神武)가 까마귀를 따라 동쪽으로 정벌을 떠난 휴가(日向)도 미야자키 현의 아름다운 해변이다.

규슈는 일본 열도에서 청동기 문명이 가장 먼저 시작된 곳이기도 하다. 벼농사 기술을 가지고 대한해협을 건너온 사람들은 청동기 문명도 가지고 왔다. 이타즈케는 벼농사와 청동기 문화가 시작된 흔적을 확인할 수 있는 곳이다. 또한 동경, 동탁, 동검을 지닌 제사장이 지배하는 마을(무라, 村)의 모습을 잘 보여준다. 이타즈케에 첫발을 디딘 벼농사 기술과 청동기는 세토 내해를 통해 점점 동쪽으로 번져갔다.

벼농사와 청동기의 확산에 따라 무라를 이은 쿠니가 등장했다. 규슈의 후쿠오카와 가라쓰, 요시노가리, 세토 내해의 오카야마, 긴키 지방의 나라 분지 등에서 수많은 쿠니가 만들어졌다. 규슈의 나국(奴國)과 이토국(伊都國), 요시노가리, 오카야마의 도래인들이 세운 임나국(任那國), 나라 분지의 쿠니 흔적을 따라가는 길은 벼농사, 청동기 문명이 어떻게 일본 열도에 퍼져나갔는지를 확인하는 여정이기도 하다.

일본 고대 국가 성립의 논쟁 한가운데 있는 히미코의 야마타이국(邪馬臺國)도 수많은 쿠니 중 하나였다. 하지만 그 위치에 대해서는 아직도 논쟁 중이다. 규슈에도 있고 나라 분지에 있는 '히미코 거리(卑彌呼の里)'를 통해 야마타이국의 위치에 대한 논쟁을 확인할 수 있다.

일본 고대사를 공부하고자 나선 우리의 여행길은 '규슈 → 세토 내해 → 나니와 → 야마토 분지'로 이어졌다. 이 바닷길은 신화, 벼농사, 청동기를 지닌 고대인들이 지나갔던 길이다. 그들의 발자취를 따라 그들이 남긴 흔적의 파편을 줍고 짜 맞추면서 가는 여행은 일본 고대사의 시작을 확인해 가는 길이었다.

1
하늘의 역사, 신의 나라

태초에는 무엇이 있었을까?

예나 지금이나 인간은 끊임없이 시간을 거슬러 올라가 그 근원을 보고 싶어 한다. 근원에 대한 원초적 관심은 '신화' 속에 담기게 된다. 신화는 세계적으로 비슷하게 우주의 형성, 천지창조, 신들의 출현, 인간의 등장, 나라의 성립 등을 줄거리로 하고 있다.

그럼, 일본의 경우는 어떠할까? 일본에서 가장 오래된 역사 기록 중 하나인 『일본서기(日本書紀)』는 다음과 같은 구절로 시작한다.

> 그 옛날 하늘과 땅이 갈리지 아니하여 음양이 미분일 때, 계란과 같이 혼돈했고 흐릿한 가운데 형상의 싹이 포함되어 있었다. 맑고 양기 있는 것은 엷게 나부껴 하늘이 되고, 무겁고 탁한 것은 당기고 엉키어 땅이 되었다.
>
> ─『일본서기』(권 1)「신대(神代)」(상)

일본 건국 신화의 시작이다. 이 건국 신화의 도입부는 중국에 전해 오는 조물주 '반고(盤古)' 신화와 매우 비슷하다. 조물주 반고와 천지창조의 모습은 다음과 같이 묘사되어 있다.

> 천지가 혼돈하여 계란과 같았는데, 반고가 그 속에서 태어났다. 일만 팔천 년이 지나 천지가 개벽되어 밝고 맑은 것은 하늘이 되었으며, 어둡고 탁한 것은 땅이 되었다.
>
> ―『삼오역기(三伍歷記)』

일본 신화에서는 혼돈 속에서 하늘과 땅이 생기며 천지가 창조된 후, 여덟 신이 생겨난다. 그중 마지막 두 신이 이자나기(伊弉諾, 伊邪那岐)와 이자나미(伊弉冉, 伊邪那美)이다. 만물을 창조한 이자나기와 이자나미는 결혼하여 여신 아마테라스와 남신 스사노 남매를 낳는다. 그리고 하늘나라인 다카마가하라는 아마테라스에게 맡기고 지상은 스사노에게 맡긴다.

신의 아들, 인간 세계에 내려오다

아마테라스는 손자인 니니기를 지상 세계인 아시하라노나카쓰쿠니(葦原中國)에 보내 다스리게 했다. 『일본서기』는 그 장면을 다음과 같이 묘사했다.

> 천신 아마테라스는 그의 손자 니니기에게 곡옥, 거울, 검 3종의 보물을

> 주어 땅에 내려가 다스리게 했다. 니니기는 겹겹의 구름을 헤치고, 존엄
> 한 위세로 길을 찾아 휴가 고을의 다카치호 봉우리에 내렸다.
>
> —『일본서기』(권 2)「신대」(하)

천손이 강림하는 이 광경은 단군 신화에서 환웅이 강림하는 모습과 흡사하다.

> 옛날 천신 환인의 아들 환웅이 세상에 내려와 인간 세상을 구하고자 하
> 므로, 아버지가 환웅의 뜻을 헤아려 천부인(天符印) 3개를 주어, 세상에
> 내려가 사람을 다스리게 했다. 환웅이 무리 3,000명을 거느리고 태백산
> 의 신단수(神壇樹)에 내려와 신시(神市)라 이르니, 그가 곧 환웅천왕이다.
>
> —『삼국유사(三國遺事)』

우리나라 건국 신화에서 신의 아들인 환웅은 하늘의 징표인 '천부인' 3개를 가지고 태백산에 내려와 나라를 세우고 인간 세상을 다스렸다. 일본 건국 신화에서 신의 손자인 니니기는 곡옥, 거울, 검 등 3종의 신기를 가지고 다카치호 봉에 내렸다. 신이 인간을 찾아 천상에서 지상으로 내려온 것이다.

후세 사람들은 거룩한 분위기가 풍기는 산을 신이 강림한 곳으로 삼아 숭배했다. 단군 신화에 나오는 태백산은 지금의 묘향산, 백두산, 태백산 등이 꼽힌다. 특히 백두산은 정상 분화구에 물이 고여 신비로운 광경을 연출하는 '천지'가 있어서 신성한 지역으로 여겼다.

그럼, 다카치호 봉은 어디일까? 일본 건국 신화에 나오는 천손강림지 다카치호 봉으로 일컬어지는 곳은 몇 군데가 있다. 그중 하나는 규

다카치호 봉과 까마귀
뒤에 보이는 산이 다카치호 봉으로 높이는 1,573미터이다. 정상으로 오르는 등산로 입구에 세워진 도리(鳥居, 신사 입구에 세워둔 두 기둥의 문)에 까마귀가 앉아 있다. 『일본서기』에는 진무가 동정(東征)하는 길목에서 어려움에 처하자, 까마귀가 내려와 길을 안내했다고 한다. 이러한 신화 때문에 일본에서는 까마귀를 상서로운 새로 여긴다.

슈 남부 가고시마 현과 미야자키 현 사이의 에비노 고원이고, 다른 하나는 미야자키 현 북부의 다카치호 정이다. 일본 건국 신화가 얽혀 있는 곳 중 하나인 에비노 고원의 다카치호 봉은 백두산과 비슷한 분위기를 풍긴다.

진무, 동쪽을 향해 떠나다

다카치호 봉에 내린 니니기는 그곳에 터를 잡고 그 지역 지신(地神)의 딸과 결혼하였다. 니니기의 3대손이 일본 건국자이자 초대 천황인 진무이다. 『일본서기』에 따르면 초대 천황 진무는 무리를 거느리고 동쪽으로 정벌에 나선다.

진무는 휴가를 출발하여 세토 내해를 거쳐 몇 년의 여행과 정벌 끝에 지금의 오사카 지역인 난바에 다다른다. 진무 일행은 난바에서 가와치를 거쳐 야마토 분지로 들어갈 생각이었다. 그러나 난바 지역에 세력을 구축하고 있던 나가스네히코(長髓彦)의 격렬한 저항에 부딪힌다. 이에 진무는 바로 난바를 거쳐 야마토로 들어가지 못하고 길을 우회하여 기이(지금의 와카야마 현)로 돌아 야마토 분지에 자리 잡는다. 이렇게 진무 천황이 오랜 행로 끝에 자리를 잡은 야마토는 오늘날 나라 분지의 서남쪽에 해당한다.

진무 천황 동쪽 정벌도

진무천황릉 전경
가시하라 시에 있다. 매년 2월 건국절 행사가 행해진다. 다른 천황릉과 비교해 볼 때 참배 공간이 굉장히 넓다. 이는 진무천황릉이 신성지역이자 의식의 공간이라는 것을 보여 준다. 오늘날도 여전히 한국과 일본에서는 단군이나 진무 천황을 실존 인물로 생각하는 사람이 적지 않다.

일본 고대 국가의 요람, 야마토 분지

나라에서 출발하여 아스카에 이르기 직전에 가시하라 시가 나온다. 가시하라 시에는 가구 산, 미미나시 산, 우네비 산이 삼각형을 이루듯이 서 있다. 일본인들은 이 세 산을 야마토 삼산(大和三山)이라고 부르며 신성시하고 있다. 그러나 그 풍광이 장엄하다거나 신비스럽지는 않다. 200여 미터 남짓의 야트막한 3개의 산이 분지 가운데에 다소곳이 솟아 있을 뿐이다. 일본인들은 이곳을 일본 국가 성립의 터전으로 여기고 있다. 세 산 중 우네비 산에 진무천황릉이 있다. 한때 일본의 초등학교에서는 진무 천황을 실재한 인물로 가르쳤다. 우리나라에서 건국 시조인 단군을 실존 인물로 가르치는 것과 같다. 다음은 1903년 출간된 국정 교과서 『소학일본역사』의 맨 앞부분 내용이다. 일본 초등학교에서는 1945년 전쟁에서 패하기 전까지 이러한 신화 내용을 역사 사실로 가르쳤다.

> 아마테라스오미카미는 천황 폐하의 선조이십니다. 그 덕은 대단히 깊고 마치 태양이 천상에 있어서 세계를 비추는 것과 같습니다. 오미카미는 황손인 니니기노미코토에게 이 나라를 맡기면서 "황위가 번영하는 것은 천지와 더불어 다함이 없을 것이다"라고 말씀하셨습니다. 만세에 요동함이 없을 우리 대일본제국의 기초는 실로 이렇게 정해졌습니다. 이때 오미카미는 거울과 검과 옥 3종의 보물을 미코토에게 하사하셨습니다. 이것을 3종의 신기라고 합니다. 그중에서도 거울은 오미카미의 덕을 드러내시는 것으로 특히 존귀합니다. 그래서 오미카미는 "이 거울을 보는 것을 또한 나를 보는 것처럼 하라"고 하셨습니다. 이세 신궁(伊勢神宮)은 이 거울을 받들어 모시고 있습니다. 이렇게 해서 니니기노미코토는 3종의 신기를 받으시고 휴가국(日向國)에 강림하셨습니다. 미코토로부터 4대째 되시는 분이 진무 천황이십니다.

우리의 단군 신화가 환인-환웅-단군으로 이어지듯이, 일본의 건국 신화는 아마테라스-니니기-진무 천황으로 이어진다. 또한 환웅이 환인에게 천부인 3개를 받듯이, 니니기도 아마테라스로부터 3종의 보물을 받는다.

기원전 2333년, 기원전 660년

우리는 단군이 조선을 건국한 때를 기원전 2333년으로 배운다. 일본에서는 진무 천황이 일본 국가를 건국한 때를 기원전 660년으로 배운다. 정말 이 해에 두 인물이 각각 나라를 세웠을까? 이 연도는 무엇을 근거로 한 것일까? 단군 신화를 전하고 있는 『삼국유사』에는 "단군왕검은 (중국의) 요임금이 즉위한 50년경에 평양에 도읍하고 비로소 조선이라 일컬었다"라고 적고 있다. 이것을 서력으로 계산하면 기원전 2333년이 된다.

일본의 경우는 어떨까? 진무 천황의 즉위년은 기원전 660년이다. 이 기원년이 정해진 것은 기원후 7세기 초였다. 그때는 스이코 천황(推古天皇)의 통치 시기로, 쇼토쿠 태자(聖德太子)가 섭정하고 있었다. 스이코 9년은 601년으로 신유년이었다. 중국의 참위설에 따르면 신유년에 천명이 내려 대변화가 일어난다는 '신유혁명설'이 유행했다. 신유년은 60년마다 반복되지만 특히 21회째 신유년(60×21=1260)에 대변화가 일어나는 것으로 삼아, 이를 기준점으로 역산하여 601년의 1260년 전을 진무 천황의 즉위년으로 계산한 것이다.

그러나 기원전 2333년이나 기원전 660년 건국을 곧이곧대로 믿는 사람은 많지 않다. 명확한 근거가 없는, 말 그대로 '신화' 속 이야기이기 때문이다.

우리나라에서는 단군 신화를 '단군의 건국 이야기'로 모호하게 표현하여 '역사적 사실의 반영'으로 가르치고 있다. 일본의 경우는 앞에서 살펴본 바와 같이 전쟁에서 패하는 1945년까지 건국 신화를 명백한 사실로 가르쳤다. 그래서 전쟁에서 패배하기 전까지 천황은 신의 자손으로 숭앙받았다.

　건국 신화를 국민 의식 혹은 애국심을 고취하는 데 적극 활용하는 것은 근대 국가 수립과 맥을 같이한다. 유구한 역사와 뛰어난 문화유산에 대한 자부심을 바탕으로 애국심을 갖게 하려는 게 목적이었다. 건국 신화와 관련 있는 유적지를 신성한 지역으로 여기기 시작한 것도 이즈음이라고 할 수 있다.

　진무천황릉은 가시하라 시 우네비 산에 있다. 중세 이래 소재 불명이던 것을 막부 말 1863년에 막부와 조정에서 세 후보지 가운데 오쿠보 촌의 무덤을 진무천황릉으로 정했다. 진무천황릉을 조성할 당시 기록에 따르면, 이 무덤은 장방형의 토단으로 옛 절의 기단으로 추측된다. 지금은 직경 약 35미터, 높이 2.5미터의 원분으로 되어 있는데, 메이지 유신 이후 조성한 것이다.

　일본의 건국 신화는 오늘날에도 여전히 일본 사회에 사실로 살아 있다. 그래서 일본 역사를 신화 재현의 역사라고까지 평하는 논자도 있다. 신화의 역사화라고 할 수 있겠다. 메이지 유신을 통해 천황제 국가를 수립하면서 신화의 역사화가 정교하게 진행되었다. 메이지 천황(明治天皇)은 즉위하면서 진무 천황을 계승했음을 천명했다. 그리고 1870년부터 천손강림식의 일본 왕실 제사를 매년 정례화했고, 천황 황위 계승의 상징으로 3종의 신기를 앞세웠다. 진무 천황 즉위일(1월 29일, 나중에 2월 11일)을 국경일로 정한 것도 같은 맥락이다.

신화에서 무엇을 건질 수 있을까?

지금의 천문학 지식에 비추어보면 신화에 담긴 내용은 황당하기 그지없다. 그러나, 인류학에서는 그리 단순하게 파악하지 않는다.

"문자를 사용하지 않았던 사회, 이른바 '원시 사회'의 사유는 오늘날의 '과학적' 사유에 비해 미개, 열등하다기보다는 오히려 근본적으로 다른 종류의 사고로 보아야 한다."

프랑스 인류학자 레비스트로스(C. Levi-Strauss)의 말이다. 문자가 없던 시기의 사람들은 강렬한 감정과 상상을 바탕으로, 자신들을 둘러싼 주변 세계를 이해하려는 욕구와 욕망에 따라 움직였다. 가능한 한 빠른 방법으로 전반적이고 총체적으로 우주를 이해하고자 했고, 주변 환경과 자연에 대해 엄청나게 정확한 지식을 가지고 있었다는 것이다.

현대인들은 오히려 과학에 의존하면서 감각적인 지각력이 퇴화하거나 그 능력을 상당히 제한적으로 사용한다. 근대 문명은 인간에게 많은 것을 주었지만 앗아간 것 또한 적지 않다. 우리는 사라지는 것이 무엇인지를 인지할 수 있는 감각 그 자체를 상실하고 있는지도 모른다.

신화는 역사가 아니다. 신화는 말 그대로 믿을 수 없는 이야기의 연속이다. 그러나 신화가 온통 허황된 거짓 이야기만은 아니다. 신화 시대는 선사 시대와 역사 시대를 잇는 다리이다. 신화의 문을 열고 들어가는 것은 그 시대 사람들의 우주관, 자연관, 인간관을 들여다보는 것이다.

고대 사람들의 의식 속에서 하늘과 땅은 혼연하여 하나의 세계였다. 인간을 '만물의 영장'이라 하여 다른 동물과 차별하지도 않았다. 신의 세계와 인간의 세계는 뒤섞였으며, 인간은 다른 동물과 공존했다. 반신반인, 반인반수가 뒤섞여 있었다. 토테미즘을 떠올려보면 이해가 쉽다. 인간 세계가 곧 신의 세계이며, 신화가 곧 사실이었다.

신화는 역사가 아니다. 그렇다고 완전히 역사가 아닌 것도 아니다. 신화는 이야기이다. 오랜 시간을 거치면서 각색되고 윤색된 역사 이야기이다. 신화를 만들어낸 사람들의 우주관, 자연관, 인간관이 굴절된 모습으로 녹아들어 있다. 그리고 그 신화는 어느 시점에선가 역사와 만난다. 처음 나라를 세운 사람들, 권력을 장악하여 그 후손에게 물려줄 수 있는 수준에까지 이른 집단의 선민의식이며, 그들 나라의 기원으로 만들어낸 이야기이다.

그럼, 일본 건국 신화는 어느 시대쯤의 이야기일까? 일본에 소규모의 '나라'들이 생겨나기 시작한 때를 정확하게 알 수는 없다. 그러나 중국의 기록을 보면, 기원후 1세기경에 수십 개의 나라들이 들어서 있던 것을 알 수 있다. 그 나라 중 어느 한 나라가 점차 세력을 확대하여 최종적으로 일본 열도의 승자가 되었을 것이다.

지금 남아 있는 일본 건국 신화를 만들어낸 집단이 야마타이국과 관련 있는지, 야마토 정권과 관련 있는지 알 수 없다. 다만 8세기를 전후로 한 시기까지 전승되어오던 신화를 『고사기(古事記)』, 『일본서기』에 정리하여 기록으로 남겨 오늘에 이르게 되었을 것이다.

일본 건국 신화와 한반도의 관련성

우리는 일본 건국 신화를 통해 몇 가지 사실을 추론해 볼 수 있다. 신은 왜 규슈 중부로 내려왔을까? 3종의 신기로 상징되는 문명의 기원은 어디일까? 한반도와 관련성은 없을까?

일본의 신화는 『고사기』와 『일본서기』에 정리되어 있다. 두 역사서는 8세기경 일본 왕실과 당시 집권 세력이 자신들의 집권 정당성을 확보하기 위해 편찬한 것이다. 두 역사서에 담긴 신화는 대략 다카마가하라계(高天原系, 다카마노하라계), 이즈모계(出雲系), 휴가계(日向系, 또는 지쿠시계(筑紫系)) 세 계통으로 나눌 수 있다. 다카마가하라계는 아마테라스를, 이즈모계는 스사노를, 휴가계는 이름이 확인되지 않은 해신(海神)을 최고의 신격으로 삼고 있다. 특히 최종적으로 다카마가하라계와 이즈모계가 각축을 벌인 것으로 보인다.

결국 상이한 계통의 신화 전승들이 다카마가하라계를 중심으로 계보화되는데, 다카마가하라계의 최고신인 아마테라스를 천신으로 올리고 가장 강력한 경쟁 관계였을 이즈모계의 스사노를 지신의 지위에 앉힌 것이다. 이러한 최고 신격의 각축과 위상 정립은 상이한 종족과 상이한 문화의 충돌과 절충 과정으로 이해할 수 있다.

대체로 다카마가하라계 신화는 북방의 샤머니즘 색채가 강하며, 주술적·종교적·정치적 권능을 가진 여사제의 요소가 강하게 반영되어 있다. 반면 이즈모계는 정착, 농경 집단의 제사 의례적 요소가 강하다.

일본 고대 국가의 성립과 발전, 집권화 과정은 한반도와 긴밀하게 연계되어 있다. 그래서 일본 건국 신화 역시 한반도의 시각으로 살펴볼

규슈 남부 에비노 고원의 카라쿠니다케(韓國岳)
다카치호 봉에서 바라보이는 산의 이름은 카라쿠니다케, 즉 한국악이다. 카라쿠니다케는 일본의 천손강림 신화가 한반도 계통이라는 것을 증언하듯 우뚝 서 있다.

때 그 의미가 보다 선명해질 수 있다. 기마 민족 정복설을 주장한 에가미 나미오(江上波夫)가 한반도와 일본의 관계를 가장 적극적으로 해석한 역사학자라고 할 수 있다. 그는 '지신은 일본 열도의 원주민(왜(倭)족) 계통이고 천신은 동북아시아의 외래족 계통'으로 보았다.

다카마가하라계 신화는 원래 다카미무스비노카미(高皇産靈神)가 더 핵심적인 위치였으나 점차 아마테라스로 그 신격의 중심이 바뀌었다. 이는 두 신을 각각의 조상으로 떠받드는 별개의 집단이 존재했고, 그들은 상이한 조상신 전승을 가지고 있었다고 상정해볼 수 있다. 다카미무스비노카미는 한국의 환인 혹은 해모수 신화의 천제와 유사한 존재로서, 하늘의 절대자가 그 자손을 내려 보내 지상의 일을 관장한다. 북방 유목민들의 샤머니즘적 세계관에 근거를 둔 신화이다. 이들은 수렵 집단이었으며 한국의 천손강림 신화와 긴밀히 연결되어 있다. 그리고 아마테라스의 동굴 피신 신화와 벼 이삭 신화는 고구려 유화 신화와 유사하다. 유화는 혈거신(穴居神)이었다.

지신 계통의 이즈모계 신화 역시 일본 열도의 원주민 계통 신화가 아니라 한반도 계통으로 봐야 한다는 주장도 있다. 즉, 다카마가하라계 신화는 한국의 서해안을 따라 남하하여 가락국을 거쳐 일본의 규슈 지방으로 들어간 집단과 관계가 있으며, 이즈모계 신화는 동해안을 따라 내려와서 신라를 거쳐 이즈모 지방으로 들어간 집단과 밀접한 관계가 있다는 것이다.(김화영, 『일본 신화의 연구』(문학과지성사, 2002), 21쪽)

아마테라스와 스사노 신화 플롯은 유목 수렵 문화를 가진 다카마가하라계 집단이 농경 문화를 향유하던 이즈모계 집단을 정복한 역사를 반영한 것으로 보인다.

김석형은 『삼국유사』의 수로왕 신화와 『일본서기』의 천손강림 설화의 유사성에 주목하여, 『고대 조일 관계사』에서 "일본 고문헌에 실린 천강(天降)의 천손 이야기는 가락 이주민의 것이었다고 생각하지 않을 수 없게 한다. 가락 사람들은 규슈에 이주한 후에도 오래도록 자기의 개국 신화를 보존하고 있었다. 그들이 나중에 야마토 지방을 중심으로 한 연합 세력 내에서 유력한 귀족 세력으로 된 때가 있었기 때문에 이것이 바로 야마토 지방의 건국 신화의 가장 중요한 대목으로 들어갔던 것이다"라고 주장했다. 또한 이즈모계 신화와 고고학적 발굴 성과를 종합하여 "이 신화의 연대는 추론컨대 야요이 시대의 처음부터 시작하여 고분 시대의 초기까지를 포괄하는 기간일 것이다"라고 말했다.

아마테라스가 니니기에게 내린 3종의 신기, 즉 곡옥, 거울, 검 역시 단군 신화의 천부인 3개와 연결되며 청동기 문명을 기반으로 하는 국가의 성립 과정을 반영하는 것이라고 할 수 있다. 한국의 청동기 유적에서 청동검, 청동거울, 청동방울이 일괄 유물로 발굴되는 경우가 종종 있다는 점도 문명사적으로 이러한 신화와 연관성을 생각해보게 한다. 이렇게 일본의 건국 신화는 동북아시아에서 한반도를 거쳐 일본 열도로 이어지는 주민의 이주 및 문화의 전파라는 역사상을 반영하고 있다.

2

땅의 역사, 일본 열도의 생활을 바꾼 벼농사

벼농사의 시작, 북규슈 이타즈케를 만나다

　미야자키 현의 최북단, 구마모토 현과 오이타 현을 마주보는 경계에 다카치오 정(高千穗町)이라는 작은 마을이 있다. 산중에 있는 이 마을이 유명세를 탄 것은 수려한 풍광을 자랑하는 협곡 때문이기도 하지만 『일본서기』와 『고사기』에 묘사된 천상세계인 다카마노하라(高天原)와 관련되기 때문이다. 말하자면 천상의 세계를 지상에 재현해 놓은 신화의 마을인 것이다.
　이 마을에는 아마테라스가 동생인 스사노를 피해 숨었던 동굴과, 신화의 내용을 품고 있는 여러 신사들이 있다. 그 중에서 아마노이와토(天岩戶) 신사의 입구에는 오른손에 벼이삭을 들고 있는 아마테라스의 조각상이 하나 있다. 아마테라스는 왜 벼이삭을 들고 있을까? 그 해답의 실마리는 『일본서기』와 『풍토기』에서 찾을 수 있다.

다카치호 마을의 요카구라〔夜神樂〕 공연 모습
다카치호 마을에는 오래 전부터 신화의 내용을 극으로 표현한 '요카구라'가 전승되고 있는데 무형문화재로 지정되어 있다. 마을 주민들은 직장생활을 하면서도 관광객들을 위해 매일 저녁 '요카구라'를 공연하고 있다. 아마테라스가 동생 스사노의 악행에 화가 나서 동굴에 들어가 숨어버렸는데, 태양이 몸을 숨겨버리니 세상은 암흑으로 변했다고 한다. 이에 당황한 신들이 동굴 앞에서 옷을 벗고 춤을 추자 그것을 보고 웃는 소리에 궁금증이 생긴 아마테라스가 동굴 밖으로 몸을 내밀었고, 세상은 다시 광명을 되찾았다고 한다.

아마테라스오미카미가 기뻐하며, "이 물건들은 백성이 먹고 생활할 물건이다"라고 하면서 조, 피, 보리, 콩을 밭 종자라 하고 벼를 논 종자라고 했다. 또 천읍군(촌장)을 정했다. 그 벼 종자를 논에 심었다. 그해 가을에 이삭이 길고 성하여 매우 보기 좋았다. 또 입속에서 누에고치를 물고 실을 뽑을 수 있었다. 이로부터 양잠의 길이 열렸다.

—『일본서기』(권 1)「신대」(상)

니니기노미코토가 휴가 다카치호의 후타가미(二上)봉에 도착했을 때 깊은 안개에 쌓여 한 치도 앞으로 나아갈 수 없었다. 이때 갑자기 땅에 살고 있던 사람이 나타나 "당신이 가지고 있는 벼이삭을 사방에 뿌리면 이 안개는 개일 것이오"라고 했고 니니기노미코토가 그대로 하자 안개가 걷혔다.

— 『휴가국 풍토기〔日向國風土記〕』

아마테라스가 자신의 손자 니니기를 신의 세계에서 땅의 세계로 내려 보낼 때, 인간 세계의 새로운 통치자로서 만백성에게 줄 선물로 벼이삭을 선택하였다는 것이다. 상징과 은유로 가득 찬 신화의 특성을 염두에 두고 생각해 보면 '벼이삭'은 새로운 문명이 시작되는 매개물이라고 볼 수 있을 것이다. 신화 속의 '벼이삭'과 관련된 역사적 진실은 무엇일까? 그 해답을 찾아 땅의 역사 속으로 들어가 보자.

다카치호 정의 벼이삭을 쥐고 있는 아마테라스 상(왼쪽)과 이타즈케 유적지 입구의 벼 낟알 조형물(오른쪽)
신화와 역사를 잇는 두 유적지의 벼이삭과 벼 낟알은 고대 일본의 삶의 핵심코드인 '벼농사'를 상징하고 있다. 벼농사의 시작은 야요이 시대의 가장 특징적인 사건 중의 하나이다.

이타즈케 유적의 주거지와 농경지 모형
수로의 물길을 막으면 물이 넘쳐 논에 물을 댈 수 있는 구조다. 자연 지형을 이용해 물을 활용하는, 당시로서는 혁신적인 기술을 발휘하여 삶의 터전을 만들었다. 봄에 못자리와 경작지를 만들고 여름에는 김매기를 했을 것이다. 가을에는 반달돌칼로 수확해서 고상 창고에 보관하기도 했을 것이다. 땅 속 깊은 곳에 간직되어 온 고대인의 지혜를 하나씩 알아 나가는 것도 답사의 큰 보람 중 하나이다.

후쿠오카 평야 중앙에 자리 잡고 있는 이타즈케(板付) 유적은 1949년에 발견, 발굴되었는데, 일본에서 최초로 농경이 이루어진 곳으로 알려져 있다. 지리적으로 한반도와 가장 가까운 북규슈에 위치하고 있어서 고대 한반도와 일본을 잇는 흥미로운 이야기가 있을 법한 곳이다.

이타즈케 유적지는 주거지와 농경지로 구성되어 있다. 낮은 대지에 타원형의 호를 둘러 그 안에 수혈주거공간과 곡식을 저장할 수 있는 창고를 갖춘 환호취락(環濠聚落)이 있고, 호 바깥으로 경작지가 있는 구조다. 이는 경남 울산의 검단리 유적에서 확인되는 것처럼 한반도에서 발견되는 여느 청동기 시대 유적과 크게 다르지 않다. 농경지는 수로와 논으로 구성되어 있는데, 수로와 논 사이에는 흙을 쌓아올려 만든 너비 1미터, 높이 30센티미터 정도의 논두렁이 있으며, 논두렁 양쪽에는 기둥이나 말뚝을 박아놓았다. 수로를 막아 물을 넘치게 하면 경작지를 넉넉히 적실 수 있고, 비가 많이 와도 수로를 따라 물이 잘 빠지는 구조여서 2천 년 전 사람들의 지혜를 확인할 수 있다.

이타즈케 유적지에서는 실제로 2천 년 전의 탄화된 벼 낱알이 발견되었다. 여기에서 나온 벼 낱알은 한반도식 질그릇에 담겨 있었는데, 인도나 남중국에서 흔히 볼 수 있는 길쭉한 인디카형이 아니라 길이와 너비의 비례가 1.6~1.9로 비교적 짧고 둥근 자포니카형이었다. 일본의 벼농사 기술이 한반도와 관련 있다는 것을 추측하게 하는 대목이다.

이타즈케 유적지에서는 조몬 시대 최후의 토기인 유스식 토기와 야요이 시대 최초의 토기인 이타즈케식 토기가 함께 출토되었다. 말 없는 토기들이 이타즈케에서 조몬 시대의 종말과 야요이 시대의 시작을 알리고 있는 것이다. 이타즈케식 토기는 그 이전의 토기와 다른 여러 특징을 갖고 있었다. 조몬 시대의 토기는 번거로우리만치 복잡하고 다양한 무늬를 갖고 있는 데 반해 야요이 시대의 이타즈케식 토기는 그릇 형태가 단순하고 무늬가 없거나 간략한 직선 무늬 정도인 것이 특징이다. 또한 야요이 토기는 1,000℃ 정도에서 구워져 500℃ 정도에서 구운 조몬 토기보다 얇으면서도 훨씬 단단하다. 색깔은 적갈색을 띤다. 한반도에서 발견되는 청동기 시대의 대표적 토기인 민무늬 토기와 아주 유사하다. 한꺼번에 여러 개를 만드는 기술이 있었는지

조몬 시대 말기의 토기(왼쪽)와 야요이 시대 초기의 토기(오른쪽)

한 군데서 비슷한 모양의 야요이 토기들이 무더기로 발견되기도 한다. 이런 점들을 종합해 본다면 야요이 토기는 조몬 시대 토기의 전통을 계승한 측면보다는 외부에서 유입된 새로운 양식이라고 할 수 있을 것이다. 그렇다면 이 새로운 토기의 주인은 누구일까?

벼와 청동기, 철기를 들고 바다를 건너온 사람들

이타즈케에 벼농사의 흔적을 남긴 사람들은 원래 그곳에 살던 토착민들일까, 아니면 외부에서 들어온 이주민들일까? 이타즈케 유적의 야요이 전시관 안내문에는 이렇게 적혀 있다.

"이타즈케 유적지는 일본에 새로운 야요이 시대를 연 최초의 무라[村, 촌락]의 모습을 보여준다. 지금으로부터 2,400여 년 전 경작기술과 금속기를 가진 사람들이 바다를 건너왔다."

 벼농사가 외부에서 유입되었다는 것을 인정한 것이다. '바다를 건넌 사람들'은 도대체 어디에서 온 것일까?
 그 수수께끼는 발굴된 여러 유물을 통해 추론해볼 수 있다. 이타즈케 유적지의 주거지역에서 북쪽 대지의 중앙부를 둘러싼 방비용 도랑과 자루 모양의 움구덩이가 발견되었다. 그 속에서 반달돌칼 등 다수의 간석기와 시루식 가마, 가래, 가랫자루, 도낏자루 등이 출토되었는데, 이런 도구들은 한반도의 것을 그대로 옮겨놓은 것처럼 닮아 있다.
 이상에서 살펴본 벼농사의 흔적, 새로운 유형의 토기, 농경 도구들은 조몬 시대 유적지에서는 볼 수 없는 당시로서는 매우 혁신적인 것으로 대부분 한반도에서 볼 수 있는 것들이다. 또 하나 주목할 만한 사실은 잘 짜여진 농경지와 발달된 농기구가 이 시기에 북규슈 지방에서 갑자기 등장한다는 것이다. 벼농사가 조몬 문화의 토대 위에서 자생적으로 형성된 것이라면 수많은 시행착오를 거쳐 점진적으로 발전할 것인데 잘 갖추어진 농경의 흔적이 야요이 초기에 등장한다는 것은 결국 벼농사 기술을 가진 사람들이 한반도에서 집단적으로 이동해 이곳에 자리를 잡았을 것이라는 추론이 가능하다. 이 유적지의 주인공이 한반도계의 이주민이든 그들로부터 기술적, 문화적 영향을 받은 토착민이든 일본의 야요이 문화가 한반도의 영향을 받았다는 것은 확실해 보인다.
 벼농사가 전래된 경로를 두고 학계에서는 아직 여러 견해가 다투고

야요이 시대에 사용된 농경 도구들
① 반달돌칼. 왼쪽이 한반도에서 출토된 것이고 오른쪽이 일본에서 출토된 것이다. ② 농기구 ③ 나무 절구와 절구공 ④ 나무괭이

벼농사의 전래 경로
① 남방 경로, ② 강남 경로, ③ 한국 경로. 규슈에서 발굴되는 볍씨의 품종과 농경지의 구조, 농경 도구들을 분석한 결과 학계에서는 대체로 한국 경로설이 인정되고 있다.

있다. 첫 번째는 남방에서 서남 제도를 따라 규슈로 전해졌다는 '남방 경로설', 두 번째는 중국 강남 지방에서 직접 동중국해를 건너 규슈 북부로 전해졌다는 '강남 경로설', 세 번째는 산둥 반도에서 한반도를 거쳐 규슈 북부로 전해졌다는 '한국 경로설'이다. 아직 의견이 하나로 모아지지는 않았지만, 대체로 일본 고고학계는 '한국 경로설'을 인정하고 있다. 충남 논산의 마전리 유적과 울산광역시의 옥현 유적이 이타즈케 유적과 매우 유사하다는 것도 그런 주장을 뒷받침하고 있다. 특히 옥현 유적에서는 청동기 시대의 집단 주거지와 함께 한반도에서 가장 오래된 것으로 보이는 초기 청동기 시대의 논 유적이 발굴되었다. 그 논은 '논면-논둑-수로'의 관계를 일정하게 유지하고 있는 소구획 논 구조로 밝혀져 이타즈케 유적의 벼농사가 한반도로부터 전래되었음을 강하게 시사하고 있다.

옥현 논 유적지 모습 (울산광역시 남구 무거동 소재)
이타즈케에서 발굴된 수로와 소구획의 논과 논두렁의 구조가 매우 유사한 모습을 보이고 있다.

한반도와의 밀접한 관련 속에 시작된 일본의 벼농사는 일본의 기후와 토양, 현지인들의 지혜가 어우러져 나름의 방식으로 발전해 나갔다. 이타즈케 사람들은 여러 종류의 도구를 사용하여 고도의 기술로 경작을 했는데, 특히 모내기법이 아주 일찍 이루어졌다. 정작 벼농사를 전해준 한반도에서는 조선 시대 이후에야 모내기법이 전국적으로 확산된 것을 생각하면 흥미로운 현상이다. 또한 일본은 해류와 기후가 벼농사에 적합하여 위도 36도, 즉 도쿄 조금 북쪽까지 이모작이 가능해 한반도보다 생산력이 훨씬 높았다. 야요이인들은 이렇게 얻은 생산물을 다카유카식 창고(高床倉庫)에 보관하였다. 습기를 막고 오랫동안 보관할 수 있게 하기 위해 바닥을 높인 이 창고는 야요이 인의 지혜가 발휘된 또 다른 발명품이다.

벼농사의 확산으로 인한 생산력의 증대는 많은 사회적 변화를 초래했을 것이다. 인구가 증가하고 취락의 규모가 커지는 것은 물론 가장 중요한 변화는 계급사회로의 전환이었다. 이타즈케의 환호취락 근처에는 옹관묘와 목관묘 등의 무덤이 확인되는데, 그 중 중앙부의 옹관묘에서 청동으로 만든 검과 창 등이 부장품으로 나왔다. 아마 이 무덤의 주인은 당시 마을을 다스리던 수장(首長)이었을 것으로 추정된다. 야요이 시대에 계급의 분화가 있었다는 것은 중국측 사료에서도 확인된다.

> 하호(下戶)가 대인(大人)과 도로에서 만나면 뒷걸음질 쳐 풀숲으로 물러난다. 말을 전할 때에는 몸을 구부리거나 혹은 엎드려 양손을 땅에 짚어 공경을 표한다고 한다.

종족에 존비가 있어 각각 차이와 서열이 있고 서로 신복한다. 세금을 거두어 창고에 저장한다.

-『삼국지』「위서·왜인전(倭人傳)」

『삼국지』「왜인전」에는 당시의 계급 분화와 생활 모습에 대한 이야기가 더 있다. 결혼 풍습은 일부다처제였고, 남녀노소 모두 문신을 즐겨 했다고 한다. 그러나 문신도 존비(尊卑)에 따라서 각기 다르게 했다고 하니 문신을 보면 신분을 짐작할 수 있었을 것이다. 옷은 천 가운데에 구멍을 만들어 그 속으로 머리를 집어넣은 다음 앞뒤로 묶는 관두의(貫頭衣)를 입었다고 한다. 또한 여성은 주단(朱丹)을 발랐는데 분을 바르는 것과 같았고, 당시 일본에는 말(馬)이 없었다고 한다. 3세기에 일본에 말이 없었다는 사실은 나중에 '기마 민족 정복설'의 근거가 되기도 했다.

당시 일본에는 '지사이(持衰)'라는 특이한 풍습이 있었다고 한다. 타지로 여행할 때 일행 중 한 사람이 지사이가 되었는데, 지사이는 여행이 끝날 때까지 금욕적인 생활을 하면서 여행의 안전을 빌었다. 그리고 여행이 무사히 끝나면 따로 보답을 받았지만 여행 중에 횡액을 당하거나 변고가 생기면 지사이가 부정한 일을 했다고 하여 그 자리에서 죽임을 당했다. 당시 일본에서는 주로 배를 타고 타지 또는 한반도와 교역을 했기 때문에, 지사이를 통해 풍랑을 만나지 않고 무사히 배가 목적지에 도착하기를 빈 것 같다. 혹여 풍랑이라도 만나면 노한 바다의 용왕을 다독이기 위해 지사이를 제물로 바친 게 아니었을까? 마치『심청전』의 한 장면이 연상된다.

새로운 사람들이 무라와 쿠니를 만들다

 이타즈케 유적지에서 멀지 않은 곳에 가네노쿠마 유적을 비롯하여 나국(奴國)의 중심지로 알려진 스구오카모토 유적 등 많은 야요이 시대의 유적지가 있다. 이러한 유적지들은 벼농사의 발달과 함께 인구가 증가하고 계급이 발생하는 무라와 쿠니(國, 소국가)의 형성 과정을 잘 보여준다.

 후쿠오카 공항 바로 남쪽에서 발굴된 가네노쿠마 유적(金隈遺跡)은 야요이 시대 전기(B.C. 2세기)부터 후기(A.D. 2세기)까지 약 400년간 이어져 온 공동묘지로 밝혀졌다. 해발 30미터의 낮은 언덕 위에 옹관묘 348기, 토광묘 119기, 석관묘 2기가 밀집되어 있다. 특히 이 유적에서는 무려 136인이나 되는 많은 인골이 발견되었는데, 조사 결과 평균 연령이 미성년은 한 살에서 다섯 살, 성년은 마흔 살이었다고 한다. 어린아이의 유골이 많은 점으로 보아 유아 사망률이 높았음을 알 수 있다. 또 남녀의 사망 연령에도 차이가 있는데, 예순 살 이상까지 살았던 것으로 추정되는 경우는 주로 여성의 인골이었다.

 이곳에서 발굴된 인골을 복원한 결과 중요한 사실이 밝혀졌다. 이들은 신석기 시대 일본의 토착인인 조몬인과 다른 인종이라는 것이다. 이들을 조몬인과 구별하여 야요이인이라 부른다. 야요이인은 조몬인보다 얼굴이 길고 눈의 위치가 높으며 신장도 4센티미터 이상 커서 평균 신장이 남성 162.7센티미터, 여성 151.3센티미터라고 한다.

 우리나라 사람들이 대개 하나의 겨레, 하나의 혈통임을 당연시하는 것과 마찬가지로 일본인들도 혈통적으로 동질성과 단일성이 높은 민족 집단으로 생각하는 경우가 많다. 일본이 사방이 바다로 둘러싸

가네노쿠마의 겹쳐져 있는 옹관묘들
약 400년의 시간차를 두고 한 곳에 겹쳐져 묻혀 있는 많은 옹관묘들의 모습은 실로 놀라웠다. 인간의 삶과 시간에 관한 거대한 설치미술을 보는 듯 했다. 옹관들은 그 하나하나가 타임캡슐이 되어 고대인의 생활을 증언하고 있다.

야요이인의 실제 키
가네노쿠마 유적 전시관의 한쪽 벽면에는 실제 크기의 야요이인 남녀 한 쌍의 그림이 그려져 있다. 옆에 서 보니 야요이인 여성과 나(이희주 양산 삼성중 교사, 왼쪽이 양정현 부산대 역사교육과 교수)의 키가 똑같았다. 키뿐만 아니라 외모도 야요인과 비슷하게 여겨졌던지 나는 같이 간 일행들에 의해 살아 있는 야요이인으로 공식 인정되었다.

인 섬이라는 점을 생각해보면 그럴듯해 보이기도 한다. 이런 혈연적 동질성의 신화는 문화적 동질성으로 이어지고, 만세일계의 천황계보와 결합되면서 일본 특유의 민족주의로 자리 잡았다. 하지만 이러한 단일성의 신화는 사실에 전혀 부합하지 않는다. 홋카이도를 중심으로 거주하고 있는 아이누인과 오키나와에 거주하는 원주민들은 일본 본토에 사는 사람들과 인종적으로 다르다. 뿐만 아니라 본토에 사는 사람들도 혈통적 순수성을 가지고 있는 것은 아니다. 일본 열도에서 발

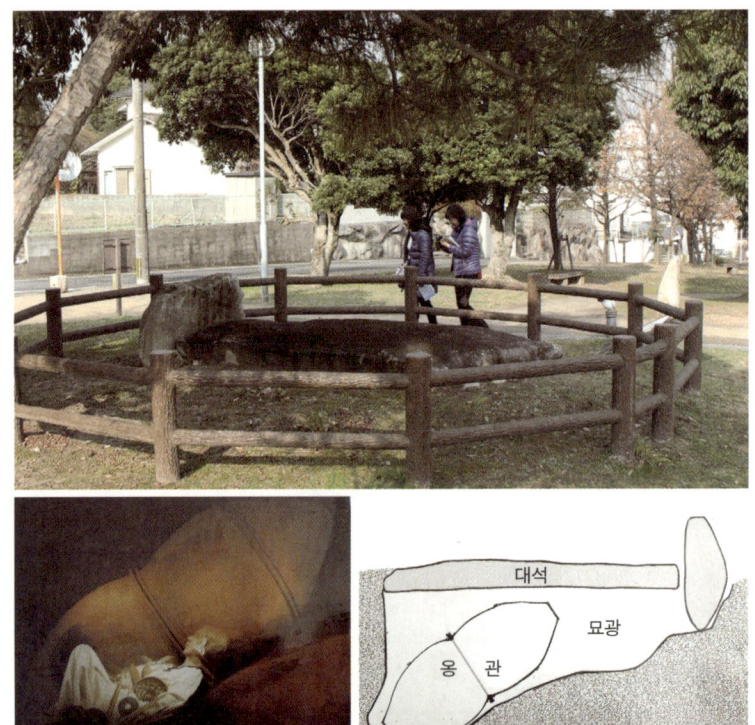

나국의 왕 무덤으로 추정되는 옹관묘의 상석과 상상도 ('나국의 구릉 역사 공원')

견되는 가장 오래된 인골은 구석기시대의 것이다. 그러나 이들은 오늘날의 일본인들과의 직접적인 혈연관계를 확인할 수 없기 때문에 소위 '일본인' 혈통의 출발점은 신석기인인 '조몬 시대 사람들'이 된다. 조몬인들은 남방계의 특징이 강하게 나타난다. 그런데 바로 이 가네노쿠마 유적에서 발굴된 인골들을 분석한 결과가 이야기하는 바는 '야요이인'의 인종적 특징이 '조몬인'과 차이가 있다는 것이다. 일본인의 형질이 야요이 시대를 지나며 극적으로 변한 것이다. 즉 토착의 남방계 조몬인과 외부에서 들어온 북방계의 야요이인 사이에 혼혈이 이루어져 오늘날의 일본인의 원형이 형성되었다고 보는 것이 타당하다. 한 시뮬레이션 결과에 따르면 현대 일본인의 유전자는 전국 평균으로 조몬계 30%, 도래계 70%의 비율이라 하니 당시 도래인들의 규모가 상당했음을 짐작할 수 있다.

가네노쿠마 유적지에서 조금 떨어진 가스가 시(春日市)의 스구오카모토(須玖岡本)에는 '나국의 구릉 역사 공원'이 있다. 일본인들은 이곳을 당시 나국의 중심지로 추정하고 있다. 그 이유는 이곳에서 발견된 범상치 않은 무덤 때문이다. 1899년, 마을 사람들이 이곳에 집을 짓기 위해 땅을 파다가 우연히 옹관을 하나 발견했다. 그 옹관 안팎에서 30여 개의 중국제 청동거울과 동검, 동모(銅鉾), 동과(銅戈) 등 많은 청동제 부장품과 유리곡옥이 나왔다. 또한 옹관 위에는 길이 3.3미터, 폭 1.8미터, 무게 4톤의 큰 돌이 놓여 있었다. 한반도에서 흔히 발견되는 고인돌 같은 것이다. 다른 무덤과 외따로 떨어져 있기도 하거니와 그 부장품의 규모가 만만치 않아 이 옹관묘가 나국 왕의 무덤이 아닐까 추측하고 있다.

소동탁과 청동기 주조 틀
동탁은 야요이 시대부터 쓰기 시작한 방울 소리를 내는 의기(儀器)로, 몸체는 원뿔대를 누른 모양이며 단면은 은행 알 모양이고 위쪽에 반원형 고리가 달려 있어 매달 수 있게 되어 있다. 이 청동제 부장품은 벼농사와 함께 외부에서 들어온 여러 청동기 중 하나이다. 청동의 원료(구리와 주석)는 처음에는 한반도에서 수입한 듯하다. 일본열도에서 원재료를 직접 채굴하여 자체 제작하게 된 것은 아스카, 나라 시대 이후의 일이다.

'나국의 구릉 역사 공원'이 있는 가스가 시 스구오카모토 일대에는 금속기 생산 센터라고 할 정도로 많은 금속기 생산 유적군이 형성되어 있다. 이곳에서 동검, 동과, 동경, 소동탁의 주형틀뿐 아니라 유리 곡옥의 주형도 발견되었다. 유력한 수장과 일체가 되는 경제적, 기술적 기반이 존재했다는 것을 확인할 수 있는데, 이를 뒷받침이라도 하듯 스구오카모토 지역에서는 많은 부장품을 가진 옹관묘 군이 다수 발견되었다. 반면 그 주변에는 200기가 넘는 독무덤들이 이렇다 할 부장품 하나 없이 발굴되어 야요이 시대에 부유한 자와 가난한 자가 발생하고 계급이 나뉜 것을 다시 한 번 확인할 수 있다.

현재 나국의 구릉 역사 공원에는 동경과 동탁, 철검 등 다양한 부장품들을 전시하고 발굴 당시의 옹관들과 주거지를 원형 그대로 복원해서 현장을 찾는 이들을 야요이 시대의 나국으로 안내하고 있다.

여러 유물 중 특히 동탁이 눈에 띈다. 벼농사 기술을 가지고 바다를 건너온 사람들은 철제 무기와 함께 청동으로 만든 거울이나 각종 방울을 함께 가져왔다. 이런 도구들은 주로 지배자의 힘을 뽐내거나 제사장이 제례의식에서 신의 권위를 드러내는데 사용했을 것이다. 발굴되는 동탁 중에는 절구와 공이로 곡물을 찧는 장면이나 화살로 사슴을 사냥하는 장면 등이 선으로 그려져 있어 당시 생활상을 엿볼 수 있다. 토기에도 '신의 언어를 전하는 무녀상', '배를 이용한 여행', '깃털 장식의 전사' 등의 이름으로 불리는 원시 회화가 그려져 있다.

한반도에서 건너온 사람들에 의해 벼농사와 금속기가 전해지자 새

야요이 문화의 전파 과정
조몬 시대 문화의 중심지는 일본 열도의 동쪽이었다. 하지만 새롭게 형성된 야요이 문화는 북큐슈를 시작으로 해서 동심원의 물결 모양으로 일본 열도 전역으로 확산되었다. 규슈에서 긴키 지방까지 벼농사가 확산되는데 100년 밖에 걸리지 않았다고 한다. 이것은 야요이 문화가 조몬 문화의 성숙과 내적 발전의 결과로 형성되었다기보다는 외부, 특히 한반도의 영향으로 형성되었을 뿐만 아니라 일반적이 문화의 전파가 아닌 이주민의 직접 이주에 의한 결과였음을 시사한다.

로운 문명은 매우 빠른 속도로 일본 전역으로 확산되어 나갔다. 북규슈의 이타즈케에서 시작된 벼농사는 세토 내해를 거쳐 긴키 지방으로 확산되고 나중에는 혼슈의 아오모리현 다레야나기 유적에서도 확인되고 있다. 홋카이도를 제외한 전 일본 열도에 새로운 문명의 빛이 퍼져나간 것이다. 그 경로를 따라가다 보면 작은 무라에서 출발하여 쿠니, 더 나아가 중앙 집권 국가로 발전하는 일본의 역사가 보일 것이다.

토기에 새겨진 야요이인의 생활 모습
위는 신의 언어를 전하는 무녀와 상상 모형이고, 아래는 깃털 장식의 전사와 그 상상 모형이다.

동탁에 새겨진 여러 가지 문양
① 물고기를 잡는 남자
② 사람과 도마뱀
③ 거북
④ 사슴을 사냥하는 남자
⑤ 벼를 찧는 여자들

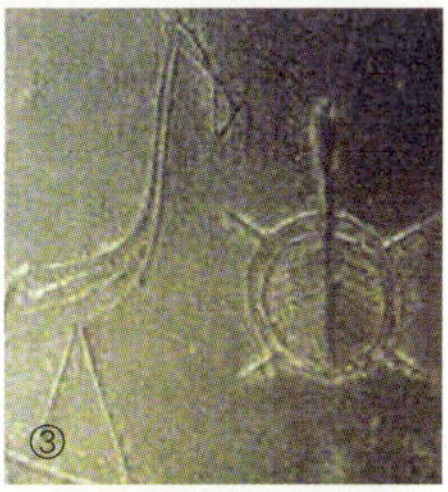

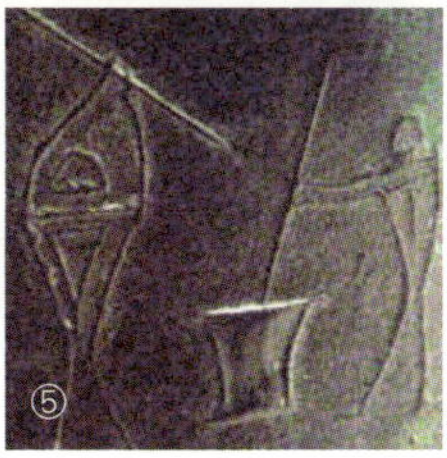

3

신화와 역사의 경계, 히미코 여왕과 진구 황후

'오랫동안 보지 못하더라도,
긴 세월 동안 서로 잊지 않기를'

후쿠오카에서 남쪽으로 국도를 따라 내려가면 너른 곡창 지대를 만난다. 누가 봐도 농사짓기 좋은 이 땅에 요시노가리 유적이 있다. 요시노가리는 사가 현에 있는 정(町)으로, 간자키 정, 미타가와 정, 히가시세후리 촌에 걸쳐 있는 거대한 구릉에 위치하고 있다. 1970년대에 발견된 이 유적은 1989년 대규모 환호취락과 왕의 무덤으로 보이는 분구묘가 확인되면서 '야마타이국 시대의 쿠니' 혹은 『삼국지』「위서·동이전」에 등장하는 일본의 첫 여왕 히미코(卑彌乎)가 살았던 취락'으로 추정되면서 일본에서 가장 주목받는 야요이 시대 유적이 되었다.

요시노가리 역사 공원을 둘러보면, 이곳을 지배한 세력의 규모가 이타즈케의 정치 세력보다 더 크다는 것을 쉽게 알 수 있다. 요시노가리에는 이타즈케 정도 크기의 농민들이 거주한 미나미무라(南村), 제례

옹관묘 너머 북분구묘
요시노가리 분구묘는 야요이 중기에 만들어졌다. 분구묘를 중심으로 남북으로 길게 이어진 옹관묘는 요시노가리에서 대를 이어 살았던 사람들의 시간을 보여준다.

나 정치 행사에서 사용할 도구를 만들던 나카노무라(中野村) 등이 있다. 여기에 더해 무라와 무라 사이에서 남내곽, 북내곽 등 정치적 지배자나 제례를 주관하던 제사장이 살았을 것으로 추정되는 유적이 발견되었다. 또한 창고와 시장의 흔적도 있는데, 이런 것을 종합해볼 때 요시노가리는 무라가 합쳐져 쿠니의 단계로 성장한 사회라는 것을 알 수 있다.

요시노가리 북쪽에 가면 역대 왕으로 추정되는 세력들이 묻힌 북분구묘가 있다. 북분구묘는 직경 40미터의 흙을 쌓아 네모난 봉분의 무덤을 만들고 그 안에 왕의 시신을 넣은 옹관들을 묻었다. 북분구묘를 지나면 일반 사람들의 묘지로 추정되는 옹관묘 행렬이 500미터쯤 북으로 쭉 이어져 있다.

옹관묘 발굴 현장에 가면 흙에 절반쯤 묻혀 있고 절반쯤은 속살을 드러낸 옹관들을 볼 수 있다. 어떤 옹관에는 풀이 자라고 있었는데, 유독 눈길을 끄는 옹관이 하나 있다. 일본의 옛 풍습에 시신의 팔다리를 굽혀 쭈그린 자세로 매장하는 굴장(屈葬)이 있는데, 그 옹관 안의 인골도 굴장을 해서 허벅지뼈와 정강이뼈, 팔뚝뼈가 겹쳐져 있다. 팔뚝뼈에는 이모가이 조개로 만든 36개의 팔찌가 촘촘히 걸려 있었다. 당시 조개 팔찌는 신분이 높은 사람만 찰 수 있었기에, 인골의 주인이 살아 있을 때 중요한 인물이었다는 것을 알 수 있다.

그런데 매장의 풍습이나 조개팔찌보다 관심을 끄는 것은 옹관 안에서 출토된 중국제 청동거울이었다. 청동거울에는 글씨가 새겨져 있는데 그 글귀 또한 아주 멋지다.

'久不相見 長毋相忘…….'
오랫동안 보지 못하더라도 긴 세월 동안 서로 잊지 않기를…….

거울의 글귀는 많은 상상을 불러일으킨다. 사랑하는 여자가 죽자, 남자는 다시 보지 못하더라도 오랫동안 잊지 않겠다는 사랑의 마음을 담아 거울을 넣은 게 아닐까? 사랑하는 남녀가 헤어질 때 다시 만날 날을 기약하면서 거울을 쪼개어 정표로 삼듯이 말이다. 고대인의 사랑에 가슴이 설렐 수도 있지만 안타깝게도 이 추측은 틀렸다.

3세기에 일본인은 한자를 읽지 못했기 때문이다. 4세기에 왕인·아직기가 한자를 전한 이래, 도래인에 의해 한자가 본격적으로 사용된

옹관 안의 인골
아침 이슬에 바지 자락을 적셔가며 찾은 발굴 현장의 인골은 아주 잘 보였다. 이모가이 조개팔찌, 청동거울과 함께 묻혀 있는 여성은 신분이 높은 사람이었을 것이다.

것은 7세기 이후의 일이다. 그전에는 말로 기억을 전하는 구전의 시대였다. 그러니 무덤의 주인공은 고대 청동거울에 새겨진 한자를 하나의 그림으로만 인식했을 것이다.

신의 얼굴을 향해 제사 지내는 왜인들

옹관에서 출토된 청동거울은 중국 한나라의 것이다. 중국에서는 전국 시대부터 청동거울이 유행했는데, 한나라 때 절정을 맞이했다. 당시 중국에서는 청동거울에 집안의 부귀와 즐거움이 오래하기를 바라는 글을 새기는 게 유행이었다. 무령왕릉에서 나온 '의자손수대경(宜子

북분구묘 매장 재현 장면(위)과 제사 그림(아래)
왕의 무덤으로 추정되는 분구묘의 한가운데에 가장 오래된 옹관이 매장되어 있고, 주위에 13개의 옹관이 더 묻혀 있다. 전시관에는 제의를 주관하던 모습과 무덤이 만들어지는 광경을 전시해놓았다.

孫獸帶鏡)'도 중국의 청동거울을 본뜬 것으로 추정되는데 '의(宜), 자(子), 손(孫)' 세 글자가 새겨져 있다. '자손을 널리 번창시키라'는 덕담이 담긴 거울이다. 중국에서는 돈만 있으면 누구나 청동거울을 가질 수 있었다. 그래서 중국의 웬만한 세력가의 무덤에서는 거의 빠짐없이 청동거울이 출토된다.

귤이 회수를 건너면 탱자가 된다는 옛말이 있다. 그러나 청동거울의 경우는 탱자가 바다를 건너면서 귤로 변한 꼴이다. 청동거울은 중국을 벗어나 한반도와 일본으로 전해지면서, 제사의 도구나 왕릉에 꼭 들어가야 하는 왕의 상징이 되었다. 선진 문물을 독점한 지배자의 권위를 상징하는 것으로 '위신재(威信財)'라고 부른다.

요시노가리 북분구묘 전시관에 가면 사람들을 매장하고 제사 지내던 모습을 재현해놓은 것을 볼 수 있다. 옆의 사진에서처럼 무덤이 있고, 여성인 듯한 제사관들이 청동거울을 가슴에 걸고 춤추고 노래하고 있다. 청동거울의 또 다른 이름은 일월도(日月圖)이다. 해와 달의 모습을 상징한다고 해석하기도 하고 신의 얼굴로도 해석한다. 고대 일본인들은 청동거울에 비친 해와 달을 신의 얼굴로 생각한 것이다. 청동거울을 사랑의 징표로 보는 것은 현대인의 착각일 뿐, 청동거울은 제정일치 시대의 제사장의 의기이자 왕의 정치적 권위를 드러내는 상징물이었다.

요시노가리에서는 동탁도 발견되었다. 동탁은 주술적 특징을 지닌 일본 고대 사회의 모습을 보여주는 대표적 유물이다. 주로 긴키 지방에서 발견되는데, 요시노가리에서도 발견된 것이다. 청동거울과 동탁은 요시노가리가 주술의 지배를 받던 제정일치 사회라는 것을 보여준다.

요시노가리에서 나온 것은 중국의 청동거울이었지만 이보다 먼저 수입된 청동거울도 있다. 한반도에서 많이 나온 다뉴세문경이다. 다뉴세문경은 중국계와 다른 계통의 청동기로, 중국 랴오닝 성의 다링 강 유역에서 한반도, 일본 열도에 걸쳐 분포하고 있다. 현재 일본에서 발견된 다뉴세문경은 12개로, 주로 북규슈 일대에서 출토되었다. 무기류와 함께 출토된 경우가 세 건이나 되어서 다뉴세문경을 가진 사람이 정치적 지배자의 역할도 겸했을 가능성도 제기되었다. 그중 대표적인 것이 후쿠오카의 요시타케타카기 유적 3호분이다. 이 무덤은 한반도계의 적석목관묘로, 다뉴세문경이 한반도에서 흘러들어온 것으로 추측할 수 있다.

야요이 시대에 한반도 사람들의 일본 열도 이주는 크게 두 차례에 걸쳐 이루어졌다. 첫 번째는 조몬 말기에서 야요이 초기에 벼농사 기술을 가지고 들어온 사람들이었다. 이들이 가져온 생산 활동의 혁명은 인구 증가, 마을의 형성, 마을보다 더 큰 촌락(무라)의 형성으로 이

충남 논산에서 발견된 다뉴세문경(왼쪽)과 일본 후쿠오카 요시타케타카기에서 발견된 다뉴세문경(오른쪽)
다뉴세문경은 한반도 서해안을 따라 남해안을 거쳐 규슈 북부에서 출토되었다. 고조선, 부여, 고구려 계통의 천손강림 신화의 분포지와 거의 일치한다. 다뉴세문경은 북규슈 후쿠오카, 가라쓰 일대에서 출토되지만 드물게 나라분지에서 출토되는 경우도 있다.

어졌다. 두 번째는 야요이 전기 말에서 중기로, 다뉴세문경을 가진 사람들이었다. 이들의 이동으로 일본 열도에는 촌락보다 더 큰 소규모 국가(쿠니)가 만들어졌고, 쿠니의 지배자들은 '신의 얼굴', 즉 청동거울을 치켜들며 사람들을 다스렸다. 한반도와 중국에서 온 거울들은 신의 얼굴을 비춰주는 신기(神器)였던 것이다.

거울을 든 여사제, 왜국 전체를 통치하다

> 173년, 신라 아달라왕 20년에 왜의 여왕 히미코가 사신을 보내 예를 갖추어 인사했다.
>
> ―『삼국사기(三國史記)』

> 238년, 경초 2년 6월에 왜 여왕 히미코가 대부(大夫) 나시메(難升米) 등을 대방군으로 보내 천자에게 예를 갖추고 인사하며 공물을 바쳤다. 그해 12월 황제가 조서를 내려 왜의 여왕에게 답하기를 "너의 대부 나시메 및 차사(大使) 도시규리(都市牛利)를 딸려 보내면서 네가 헌납한 노복 4명과 노비 6명 및 반포(班布) 2필 2장을 받들고 당도했다. 너는 아주 멀리 있으면서도 사자를 보내 조공하니 이것이 너의 충효로구나. 갸륵하도다. 이제 너를 친위왜왕(親魏倭王)으로 임명하고 금인(金印), 자수(紫綬)를 내리고 장봉(裝封, 물건을 넣고 봉인하는 것)하여 대방 태수에게 보내 네게 하사토록 한다. 강지추속계 10장, 천강 50필, 감청 50필로 너의 조공에 답한다. 또한 감지구문금 3필, 세반화계 5장, 백견 50필, 금 8냥, 오척도(伍尺刀) 2구, 동경 100매, 진주와 연단 각 50근을 특별히 네게 하사한다. 모두 장

봉하여 나시메, 유리에게 주어 돌려보내니 도착하면 받도록 하라. 모두
네 나라 사람들한테 보여주어 국가가 너희를 사랑함을 알도록 하라. 네
게 좋은 물건을 하사함은 이 때문이다"라고 했다.

— 『삼국지』「위서·왜인전(倭人傳)」

중국이나 한국의 기록에 따르면 거울을 든 일본 통치자 중 가장 익숙한 인물은 히미코다. 그런데 8세기에 편찬된 일본의 역사서인 『일본서기』에는 히미코에 대한 기록이 없다. 김부식(金富軾)이 쓴 『삼국사기』에는 173년 왜국 왕 히미코가 신라에 사신을 보내왔다는 기록이 남아 있다. 또 중국인 진수(陳壽)가 쓴 『삼국지』「위서·왜인전」에는 중국에 사신을 파견한 히미코가 중국 황제로부터 '친위왜왕'이라는 칭호와 청동거울 100매를 하사받았다고 기록되어 있다. 신라와 중국의 역사 기록에 따르면 히미코는 정치력을 가진 인물로 외국에 사신을 보내며 외교 활동을 주관한 것으로 보인다. 그런데 진수는 히미코가 "기괴한 술법으로 백성들을 미혹" 시키는 신비한 방법으로 통치했다고 적었다.

왜국은 본래 남자가 왕으로 70~80년을 이어오다가 왜국대란(倭國大亂)이 일어 여러 해에 걸쳐 전쟁을 했다. 전쟁에 지친 소국들은 합의하여 여인을 왕으로 세웠는데 이름이 히미코였다. 기괴한 술법〔鬼道〕을 행사하고 백성들을 미혹시켰는데 나이가 먹도록 남편을 두지 않았다. 다만 남동생으로 하여금 나라를 다스리는 것을 보좌케 했다.

그녀는 왕이 된 이래 모습을 드러내지 않았다. 계집종 1,000명이 시중을 들었으나 오직 남자 한 명이 음식을 공급하며 말을 전했다. 거처에

출입하는 자를 궁실의 망루에서 감시하고 성책을 엄중히 지켰고 항상 병장기를 갖춘 병사가 지켰다.

— 『삼국지』 「위서·왜인전」

　『삼국지』에 따르면 왜는 여왕 히미코가 집권하기 전에는 남자 왕이 다스렸는데, 갑자기 소국들이 전쟁을 시작하면서 나라가 피폐해졌다. 일본 역사학계에서는 이 전쟁을 '왜국대란'이라고 한다. 당시 생산력이 발전하자, 늘어난 잉여생산물을 더 많이 차지하려고 쿠니들 사이에 다툼이 인 것으로 보인다. 그러나 욕심에서 비롯된 전쟁은 민중들뿐만 아니라 지배층도 지치게 만들었고, 결국 공멸을 막으려면 카리스마 있는 인물의 중재가 필요했다. 그때 모두의 추대를 받은 인물이 히미코였다. 기괴한 술법을 부린다는 이 여성은 전쟁을 중단시켰고 이제 사람들은 먹고사는 일에 전념할 수 있게 되었다.

　히미코는 권력을 안정시키기 위해 먼저 주변 나라에 사신을 보내 자신을 왜국의 왕으로 인정받았다. 그리고 중국 황제가 준 100매의 청동거울을 주변 소국의 지배자들에게 적절하게 분배하여 충성을 이끌었다. 이후로도 여왕 히미코는 소국 연합체를 다스리는 우두머리로서 자신의 지위를 더욱 확고히 다져갔을 것이다.

　하지만 히미코가 죽은 뒤 다시 남자가 왕이 되었고, 서로 죽고 죽이는 전쟁으로 많은 사람이 죽었다. 그러자 사람들은 어쩔 수 없이 히미코의 종녀(宗女)인 열세 살의 이요(壹與)를 왕으로 삼았고 다시 다툼은 잠잠해졌다. 이것은 기괴한 술법을 행하는, 즉 제사장인 여사제가 주변 소국의 다툼을 막고 정치적 수장의 역할까지 하던 당시의 모습을 상상케 한다. 히미코와 이요는 여성 제사장으로서 정치적 지배의 정당성을 확보하기 위해 중국에서 가져온 청동거울을 활용했을 것이다.

일본 역사학계가 풀지 못한 수수께끼 중 하나는 히미코가 다스린 야마타이국이 어디에 있었느냐 하는 것이다. 여기에는 긴키설(畿內說)과 규슈설(九州說)로 크게 나눌 수 있다. 긴키설은 야마타이국이 혼슈의 야마토를 중심으로 한 긴키 지방에 있었다는 설이고, 규슈설은 일본 열도의 서남부 규슈 북부에 있었다는 설이다. 현재 두 설은 서로 팽팽하게 맞서고 있는데, 그 위치에 따라 일본 고대사의 거대한 그림이 달라지기 때문에 한 치의 양보가 없는 실정이다. 오랜 시간이 흘러도 결론이 안 나는 것은 두 설을 주장하는 사람들의 완고함도 있지만, 고대인들이 남겨놓은 흔적이 야마타이국의 위치를 추정하는 데 부족하기 때문이다.

사쿠라이 시의 '히미코 거리'

사쿠라이 시에 있는 미와 산은 일본 고대의 여러 이야기 속에 등장하는데, 그 이유는 7세기 야마토 정권이 있던 아스카 지역에서 오사카나 교토 방면으로 난 길에 자리 잡고 있기 때문이다. 백제와 왜의 연합군이 나당 연합군에 패한 뒤, 수도를 아스카에서 오미로 옮길 때 아스카의 귀족들은 미와 산 산자락을 따라 난 야마노베노미치(山の辺の道)를 걸어 오미로 갔다.

> 미와의 산이여,
> 나라의 산들 사이에 감춰질 때까지

미와 산의 산자락을 따라 늘어선 마키무쿠 전방후원분들
미와 산은 산이 신체로 받들어지는 성스러운 산이다. 야요이인들의 집단 거주지인 마키무쿠 유적, 전방후원분, 고대인들의 교통로를 확인할 수 있다. 일본인들이 생각하는 야마토의 신성함을 생각하며 미와 산의 산자락을 걷는 것은 일본 고대로 걸어들어가는 것이기도 하다.

> 길 굽이굽이마다 똑똑히 보고 갈 것을.
> 자주자주 보고 갈 산을
> 무정하게 구름이 가리워야겠는가?
>
> —『만엽집(萬葉集)』(권 1) 17편

만엽시비가 줄지어 서 있는 야마노베노미치는 미와 산 산자락을 따라가는 길이라는 뜻이다. 이 야마노베노미치의 가운데인 사쿠라이 시

마키무쿠 일대를 '히미코 거리'라고 한다. 일본 역사학자들이 마키무쿠 일대를 히미코의 야마타이국으로 지목한 이유는 야마토 조정이 있던 아스카에서 가깝기 때문이다. 야마타이와 야마토가 거의 같은 발음이고, 야마토 정권이 아스카에 있었기 때문에 미와 산 산자락에 히미코의 나라가 있었을 거라는 주장이다.

게다가 이 지역은 외래 문물을 수용한 흔적이 풍부하다. 미와 산의 북쪽에 있는 이소노카미 신궁(石上神宮)에는 4세기경 백제가 준 것으로 알려진 칠지도가 있고, 나라 분지 근처에서는 그보다 더 빠른 기원전 2세기경의 다뉴세문경 3매가 발견되었다. 미와 산은 세토 내해와 나니와를 거쳐 야마토 강을 따라 걸어 들어와야 하는 깊숙한 곳이다. 하지만 이런 유물을 볼 때 기원전부터 한반도에서 들어오는 외래 문물을 받아들이며 이곳에 터를 잡은 세력이 있었다는 것을 알 수 있다.

JR 마키무쿠 역에서 내려 사쿠라이 시립 매장 문화재 센터로 가면 마키무쿠 유적에서 발굴된 유물을 볼 수 있다. 마키무쿠 유적은 직경 1킬로미터가 넘는 거대한 취락 유적으로, 도교에서 중요하게 여기는 누관(樓觀) 유사한 2층 건물과 제사 유적의 흔적이 남아 있다. 이를 근거로 학자들은 『삼국지』「위서」에 나오는 것처럼 히미코가 기괴한 술법으로 백성을 다스리던 곳으로 추정하고 있다.

마키무쿠에서는 나무로 만든 농기구, 철제 기구, 한반도를 포함한 여러 지역에서 온 토기, 집터, 제사 유적지 등이 발굴되었다. 이러한 유적·유물을 통해서 보면 3세기 초에 정치조직이 구축되었을 것으로 추정되는데 히미코의 생존 연대와도 일치한다. 게다가 이 지역의 가장 큰 특징은 제사와 관련된 유물과 유적이 많다는 것이다. 마을 어귀에서 발견된 동탁이나 산의 좌우 등성이에 하나씩 묻어둔 다뉴세문경

마키무쿠 마을 입구에 수평으로 반듯이 눕혀진 동탁
마키무쿠 지역의 동탁은 예기치 못한 곳에서 발견되었다. 야요이인들은 마을 입구나 산자락에 동탁을 묻었는데, 우리나라 장승이나 솟대처럼 나쁜 기운으로부터 마을을 지키기 위한 것으로 보인다.

삽에 새긴 고대인의 얼굴
제사 용구로 추정되는 나무 삽에 어떤 이유에서인지 사람의 얼굴을 새겼다. 고대인들도 여러 유물에 얼굴을 남겼다. 삽의 얼굴을 보면서 3세기 무렵 미와 산의 산자락에 살았던 마을 사람의 얼굴을 상상해본다.

등은 고대인들이 주술적 의미로 남겨둔 것으로 보인다.

특히 3세기 중엽부터 만들어지기 시작하는 전방후원분들이 미와산의 산자락을 따라 분포하고 있다. 사쿠라이 시 마키무쿠 유적의 하시하카 고분, 호케노야마 고분, 이시즈카 고분, 사쿠라이 시 외산의 자우스야마 고분, 다카다메스리야마 고분, 야나기모도안도야마 고분 등이 그것이다. 히미코가 죽었을 때 지름 100보의 무덤을 만들고 순장한 노비가 100명이었다고 하니, 야마노베노미치의 거대 무덤 정도

히미코의 거리
마키무쿠 야마노베노미치에는 하시하카 고분과 호케노야마 고분 등 일본의 국가사적에 속하는 중요한 고분들이 늘어서 있다. 사쿠라이 시는 야마노베노미치를 히미코의 거리라는 선전을 하고 있다. 마치 히미코의 야마타이국이 마키무쿠에 있었다는 것을 확인시키려는 듯이.

는 되어야 히미코 무덤 후보로 내세울 수 있을 것이다.

　히미코의 무덤으로 가장 유력한 후보는 하시하카 고분이다. 워낙 커서 쉽게 찾을 수 있다고 했지만, 정말로 너무 커서 산자락이려니 하고 지나치기 십상이다. 나이가 많은 관리인이 하시하카 무덤을 지키고 있는데, 일본어로 떠듬떠듬 히미코의 무덤이냐고 물으니 뭐라 뭐라 하는 품이 맞는다고 하는 것 같기도 하고 아닌 것 같기도 하고……. 하지만 비석에는 '야마토토토히모모소히메(倭迹迹日百襲姬)의 무덤'이라 쓰여 있다. 『일본서기』에 하시하카 고분과 관련된 전설이 실려 있다.

오모모누시노카미(大物主神)는 고겐 천황(孝元天皇)의 딸 야마토토히모모소히메(倭迹迹日百襲姬)에게 밤마다 찾아와 자고 갔다. 여인은 오모모누시노카미에게 "당신은 늘 낮에는 뵐 수 없어 분명하게 그 얼굴을 볼 수가 없습니다. 바라건대 잠시 머무소서. 밝은 아침이 우러러 아름다운 그 모습을 뵈올까 하나이다"라고 간청했다. 이에 오모모누시노카미는 "내일 아침 그대의 빗 상자에 들어가 있을 것이니, 절대로 내 모양에 놀라서는 아니되오"라고 했다. 여인이 아침에 빗 상자를 놀라 보니, 예쁜 작은 뱀이 있었다. 그 길이와 두께는 옷끈 정도였다. 이것을 본 여인이 소스라쳐 놀라 부르짖으니, 오모모누시노카미가 부끄러워 곧 사람의 모양이 되어 여인에게 말했다. "그대는 감히 나를 부끄럽게 했다. 내 또한 그대를 부끄럽게 하리라" 하고, 이에 하늘을 밟고 미모로 산(御諸山)으로 올라가버렸다. 여인이 우러러 보고 심히 뉘우쳐 털썩 주저앉으며 젓가락에 음부를 찔려 죽었다. 오이치(大市)에 장례했는데, 그 무덤을 사람들이 '젓가락 무덤(箸墓)'이라고 부른다.

— 『일본서기』(권 5)(스진 천황 10년)

전설 따라 삼천리에 따르면 하시하카 고분은 야마토토히모모소히메의 무덤이다. 혹시 어딘가에 히미코의 무덤이라는 표식이 있지 않을까 하는 생각에 전방후원분을 한 바퀴 돌아도, 히미코 무덤이라는 표식은 볼 수 없다. 일본 역사학계도 확실한 증거가 없어, 히미코의 무덤이라 단정하지 못하고 있다.

하지만 일본의 역사학계에서 야마타이국이 긴키 지방에 있었다고 하는 설을 채택하는 사람들은 하시하카 고분이 히미코의 무덤일 가능성이 높다고 주장한다.

중국제 청동거울이 쏟아진 구로쓰카 고분

하시하카 고분 근처에 있는 구로쓰카 고분은 청동거울이 아주 많이 나온 무덤으로 유명하다. 청동거울에는 신선들이 새겨져 있어 중국의 도교 사상이 일본에 수입되었다는 것을 알 수 있다. 물론 청동거울이 이 무덤에서만 발굴된 것은 아니다. 중국제 청동거울은 나라, 오사카, 효고 등 긴키 지방에서 집중적으로 나오는데, 역사학계에서는 히미코가 중국에서 받은 100매의 청동거울이 아닐까 추측하고 있다.

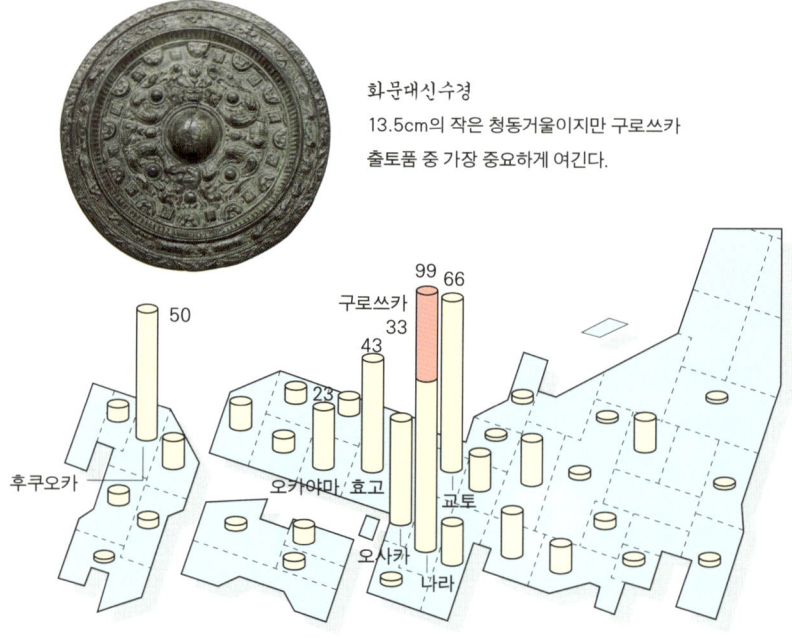

화문대신수경
13.5cm의 작은 청동거울이지만 구로쓰카 출토품 중 가장 중요하게 여긴다.

일본 전역에서 출토된 삼각연신수경
중국에서 건너온 삼각연신수경은 나라, 오사카, 효고에서 많이 출토되며, 그 외 중국제 거울도 긴키 지방에서 많이 나온다. 이를 히미코의 거울로 파악한 학자들은 야마타이국이 긴키 지방에 있었다고 주장한다.

구로쓰카 고분 전시관의 무덤 모형

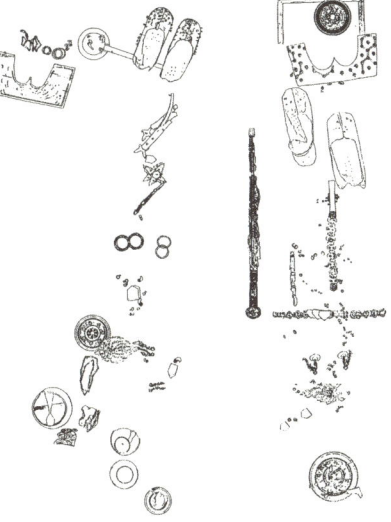

구로쓰카 전시관 입구(왼쪽)와
무령왕릉 발굴도(오른쪽)
구로쓰카 고분 주인의 머리 부분에 놓인
화문대신수경을 보면서 무령왕의 머리에 놓인
의자손수대경을 떠올렸다. 무령왕이 일본에서
출생했고 그 관이 일본의 금송으로 제작되었을 뿐
아니라 매장 풍습마저 비슷한 것으로 보아 고대 두
나라의 긴밀한 관계를 알 수 있다.

이렇게 본다면 나라 분지의 마키무쿠 유적에 히미코의 야마타이국이 존재했을 것이다.

구로쓰카 전시관에는 무덤모형이 있는데, 무덤 속에 놓인 화문대신수경(畫文帶神獸鏡)과 삼각연신수경(三角緣神獸鏡)의 배치를 눈여겨볼 필요가 있다. 가장 작은 화문대신수경이 무덤 주인의 머리 위에 놓여 있고, 그보다 큰 삼각연신수경이 시신을 에워싸고 있다. 화문대신수경은 중국에서 직수입했을 가능성이 높고, 주변의 삼각연신수경은 일본에서 만든 복제품이라는 설이 있다. 그리고 시신의 머리 위에 화문대신수경을 놓은 것으로 보아 화문대신수경을 삼각연신수경보다 더 중요하게 여긴 것 같다.

그런데 흥미로운 것은 무령왕릉도 이런 형태로 청동거울이 배치되어 있다. 무령왕릉에서 나온 중국제 청동거울은 3개다. 왕의 머리맡과 발치에 각각 1개씩, 그리고 왕비의 머리맡에서 1개가 나왔다. 특히 왕의 머리맡에서 나온 의자손수대경은 일본의 닌토쿠천황릉과 간논야마 고분에서 나온 것과 같은 틀로 만든 것이다. 일본과 한국의 고대 지배자들이 청동거울을 정치적 권위의 상징으로 여긴 것은 비슷했던 듯하다. 하지만 일본의 청동거울 복제품들이 거대화되고 그 숫자가 훨씬 많은 것을 보면 일본에서 청동거울의 의미가 더욱 특별했던 것 같다.

호케노야마 고분에서도 3세기 초엽에 일본 열도에 수입된 화문대신수경이 발견되었고, 자우스야마 고분에서는 다량의 철검과 240년인 정시 원년(正始元年)이라는 글자가 새겨진 청동거울이 출토되었다. 야마타이국이 긴키 지방에 있었다고 주장하는 학자들은 이런 청동거울이 쏟아지는 3세기 말경에 만들어진 전방후원분을 근거로 제시한다. 여기에 마키무쿠 유적에서 발굴된 제사 흔적과 유물들은 이

지역의 지배자가 제사장의 성격이 강했다는 것을 암시하기에, 이곳을 히미코의 고장이라 부르고 있다.

또 하나의 야마타이국, 규슈 구마모토

히미코의 야마타이국이 규슈에 있었다는 주장의 첫 번째 근거는 중국 사서이다. 중국인들은 주변 민족에 대해 기록으로 자세히 남겼는데, 대체로 직접 가서 보고 들은 사실을 기록했고 거의 당대의 기록이어서 신빙성 있는 사료로 인정받는다. 『삼국지』「위서·왜인전」에는 중국을 떠나 왜국으로 가는 여정이 기록되어 있는데, 정리하면 다음과 같다.

기록에 따르면 가야국(야마한국)에서 동으로 5,000리를 가면 히미코의 야마타이국에 이를 수 있다고 한다. 이토국과 나국은 규슈에 있으니 규슈에서 동쪽인 긴키 지방이 아닌가 하는 학자도 있다. 그러나 이키국(一岐國, 壹岐國)에서 바라본 나국의 방향은 남쪽인데도 동쪽으로 적은 것은 중국을 중심으로 방위를 설정했기 때문이며, '동'을 '남'으로 읽어야 한다. 그래서 요서에 있었던 대방군에서 가야(야마한국)까지 7,000리, 가야에서 나국까지 약 3,000리, 거기서 방향이 나와 있지 않은 상태에서 2,000리쯤 더 간 곳은 규슈 북부인 쓰쿠시의 야마토 군(郡)이나 구마모토의 야마토 향(鄉)일 거라고 추정한다.

두 번째 근거는 규슈가 일본의 다른 지역보다 먼저 선진 문물을 받아들여 쿠니를 형성했다는 사실이다.

중국의 역사책에 왜가 등장한 것은 야마타이국의 히미코가 처음이 아니었다. 왜의 나국이 57년에 중국에 와서 도장과 끈을 받아갔다는 기록이 남아 있다.

> 왜국은 100개의 나라로 나뉘어 있고 정기적으로 낙랑군에 사자를 보내 조공했다.
> —『한서(漢書)』

> 후한 광무제 건무 중원 2년(AD 57년) 왜 나국에서 사신을 보내 조공했으며 광무제가 인수(印綬)를 주었다.
> —『후한서(後漢書)』

『한서』에 나오는 100개의 나라는 요시노가리처럼 무라가 모여 만

금인이 발견된 시카노 섬의 금인 공원과 그곳에서 발견된 금인
시카노 섬 금인 공원에서 바다 너머 보이는 곳이 한반도에서 가장 가까운 후쿠오카 시다. 금인 공원에서는 시카노 섬을 동심원의 중심으로 하여 동아시아 주요 도시와의 거리를 측정한 그림이 있다. 시카노 섬에서는 서울이 도쿄보다 훨씬 가깝다. 시카노 섬 주변에 자리 잡았던 쿠니 사람들도 한반도를 일본 동부 지방보다 더 가깝게 느끼지 않았을까?

들어진 소국(쿠니)으로 보인다. 이 기록에서 주목할 만한 것은 나국이 광무제에게 받은 인수이다. 이 도장은 1784년 규슈 하카타 만에 있는 시카노 섬에서 발견되었다. 당시 신페이라는 농부가 인부를 시켜 수로 공사를 하던 중 사방이 돌로 싸인 개석(蓋石)을 발견했다. 신페이는 인부를 시켜 개석을 제거하고 흙을 팠는데 그 안에서 '한위(왜)노국왕(漢

委奴國王)'이라고 새겨진 금인이 나왔다.

　이후 이 금인은 진품 논쟁에 휘말렸다. 중국에서는 뱀 모양의 금인이 발견된 적이 없었기 때문에 가짜라는 주장도 있었다. 하지만 1957년에 중국 윈난 성에서 같은 모양의 금인이 발견되었고, 글씨의 모양 등으로 『후한서』「왜인전」에 나오는 광무제가 하사한 금인으로 밝혀졌다.

　금인이 묻혀 있던 곳의 개석을 한반도계 고인돌 혹은 석관묘로 보기도 한다. 분명한 것은 금인이 발견된 곳이 하카타 만 일대라는 것이다. 1700년대 발견되어 정확한 위치는 확인할 수 없지만, 현재 시카노 섬의 남쪽 경사지에 '한위노국왕 금인 발견 장소'라는 비석이 서 있다.

　이를 토대로 나국이 규슈에 있었다고 보고 현재 가스가 시 나국의 구릉 역사 공원에 있는 집터 유적을 나국의 흔적으로, 개석 아래 옹관 속에서 나온 청동거울에 둘러싸여 묻힌 사람을 나국 왕으로 보아, 가스가 시를 나국이 있었던 곳으로 추정하고 있다.

　왜국의 여러 쿠니 중에 중국 사서에 등장하는 또 하나의 나라는 이토국이다. 나국 왕이 금인을 받아간 지 50년 뒤인 107년, 이토국의 왕 스이쇼(帥升)가 노예 160명을 중국 황제에게 바치고 황제 뵙기를 청한 일이 『후한서』에 기록되어 있다. 『삼국지』「위서·왜인전」에 "이토국은 1,000여 호, 나국은 2만 호, 야마타이국은 7만 호"라고 기록되어 있다. 또 『후한서』에 나오는 것처럼 이토국 왕이 직접 중국까지 간 것을 보면, 이토국은 교역과 관련된 실무를 담당하는 나라이고 1,000여 호 규모의 이토국 왕을 중국으로 파견한 것은 야마타이국의 왕이라고 추정할 수 있다.

　현재 후쿠오카의 이토시마 반도에 이토국이 있었을 것으로 보고 있

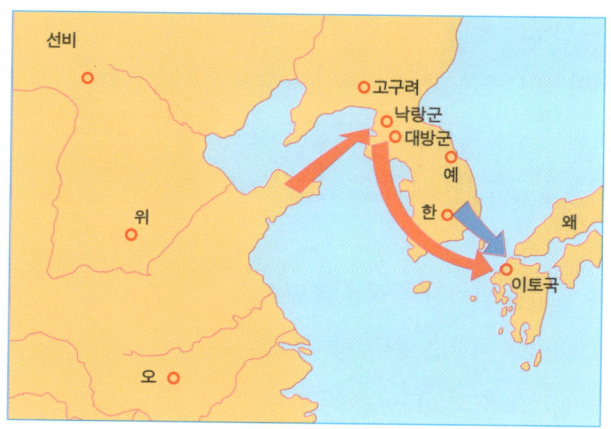

3세기경의 동아시아
2세기 말~3세기에 이토국은 한반도와 중국과의 교류 창구였다.

히라바루 무덤에서 나온 일본 최대의 청동거울
히라바루 무덤에서는 직경 46.5센티미터의 거대한 청동거울과 환두대도가 출토되었다. 이를 근거로 히라바루 무덤을 히미코의 무덤이라고 주장하기도 했다. 지금은 야마타이국보다 작았던 이토국이 있었던 곳으로 추정하고 있다.

는데, 이곳에는 이토국 왕의 묘로 추정되는 히라바루 유적을 비롯하여 미쿠모미나미쇼지 유적 등 수많은 분구묘와 전방후원분이 있다. 이토시마 반도의 무덤들에서는 청동거울이 많이 발견되었는데, 특히 히라바루 유적은 분구묘 형태에 일본 최대의 청동거울이 발견된 곳으로 유명하다.

　A.D. 57년에 금인을 받아간 나국은 후쿠오카 가스가 시에 있었고, 107년에 노예 160명을 이끌고 중국 황제를 알현하러 간 이토국은 후쿠오카 이토시마 반도에 있었다면, 나국과 이토국의 맹주 역할을 한 야마타이국도 당연히 규슈에 있었다고 봐야 할 것이다.

　그런데 야마타이국 규슈설의 맹점은 히미코가 중국 황제에게 받은 '경초 2년'이라 새겨진 청동거울이 규슈에서 발견되지 않았다는 것이다. 경초 2년이 새겨진 거울은 규슈에서뿐만 아니라 일본 전역 어디에서도 발견되지 않았다. 그래서 애초 경초 2년이 새겨진 청동거울이 없는 게 아니냐는 의문이 제기되기도 했다. 그러나 중국에서 그 거울이 발견되었기 때문에 존재 자체를 부정할 수는 없다. 일본 열도에서는 경초 2년과 비슷한 연도인 '적조 원년(AD 238)', '경초 3년(AD 239)', '정시 원년(AD 240)'이라 새겨진 청동거울이 발견되었다. 이 연도들은 히미코의 재위 시기인데, 청동거울들은 긴키 지방의 나라 분지에서 주로 발견되었다.

　3세기 중국인이 갔던 야마타이국은 규슈에 있었고 나국과 이토국도 규슈에 있었는데, 히미코의 사신이 받은 중국제 거울은 긴키 지방에 묻혀 있는 이 간극을 어떻게 해석해야 할까? 일부 학자들은 히미코가 죽기 직전의 기사를 주목한다.

247년, 왜의 여왕 히미코와 구나국(狗奴國) 남왕(男王) 히미코코(卑彌弓呼)는 평소 불화했는데 재사(載斯), 오월(烏越) 등을 군(郡)으로 보내 서로 공격하는 상황을 설명한 적이 있다. 태수는 장정(張政) 등을 파견해 가져간 조서와 황당(黃幢, 장군기)을 나시메에게 하사하고 격문으로 이를 널리 알렸다.

— 『삼국지』「위서 왜인전」

기록에 따르면 야마타이국과 구나국 사이에 다툼이 발생했다. 구나국은 야마타이국의 남쪽에 있던 나라로, 히미코의 통치를 받지 않는 남자 왕이 다스리고 있었다. 히미코가 왜국 수장들이 난을 일으키는 중에 죽고 구나국에게도 밀리자, 야마타이국이 긴키 지방으로 옮겨갔을 것으로 보는 설도 있다. 긴키 지방으로 이주한 세력들이 정치와 종교의 권위를 상징하는 중국제 청동거울을 토착민들에게 나눠주며 연대를 맺었을 거라는 해석이다.

야마타이국은 과연 어디에 있었을까? 긴키 지방에 있었다고 주장하는 학자들은 일본 고대 국가의 발원지를 긴키 지방의 나라 분지라고 보고 있다. 나라 분지에 야마타이국이 있었고, 일본은 나라 분지에서 밖으로 확대되면서 형성되었다는 주장인데 그 근거는 히미코의 거울이다.

반면 규슈에 있었다고 주장하는 학자들은 고대 선진 문물의 수입 통로였던 규슈에 야마타이국이 있었다고 생각하는 게 논리적으로 타당하다는 입장이다. 나국과 이토국의 존재를 알려주는 고고학적 증거와 중국인들의 기록을 그 근거로 삼고 있다. 그러나 남아 있는 청동거울, 금인, 이토시마 반도의 무덤들은 어느 한쪽으로 입장을 정하기에는 불충분한 상태라 논쟁은 끝나지 않고 있다.

진구 황후와 히미코

중국과 한국의 역사서에 등장하는 히미코는 정작 8세기 일본의 역사서인 『일본서기』에는 등장하지 않는다. 『일본서기』에는 히미코 대신 진구 황후가 등장한다. 그리고 진구 황후가 신라를 정벌했다는 기록에 대해 한일 역사학계는 입장이 선명하게 갈린다. 한국 학자들은 진구 황후에 대한 『일본서기』의 기록을 부정하고, 일본의 학자들은 『일본서기』의 기록을 신뢰하고 있다.

이런 일본인들의 역사관을 우리 한국인들도 열심히 배우던 시기가 있었다. 일본이 패망하기까지 일제 시대 조선 학생들은 진구 황후 이야기를 배워야 했다. 일본과 조선은 같은 조상에서 비롯되었다는 '일

진구 황후의 신라 정벌(상상화)
히미코는 실존 인물이지만 진구 황후는 허구적 인물이다. 하지만 역사 교과서 서술과 삽화를 통한 이미지화를 통해 실존 인물로 알던 시기가 있었다.

선동조론(日鮮同祖論)'을 정당화시키기 위해 일제는 진구 황후의 신라 정벌 이야기를 역사적 사실로 가르쳤다. 일제 강점기에 조선 학생들은 교과서에 실린 다음과 같은 이야기를 열심히 읽고 외웠다.

> 고구려도 백제도 신라도 중국의 나라들과 통교하여 학문과 제도와 불교가 전래되어 문화는 점차 발전되어 갔으나 서로 세력다툼이 있어서 오랫동안 전쟁이 끊이지 않았다. 진구 황후가 신라를 평정한 다음부터 천황의 은공이 더욱더 조선에서 빛나 우리나라(일본)는 삼한을 진정시키는 데 온 힘을 기울였기 때문에 관계가 이윽고 깊어졌다. 그럼에 따라 우리나라와 조선과 중국의 통교는 매우 빈번해져 발전된 문화가 우리나라에 전해졌다. 신라와 백제가 천황의 은공을 입게 되자 역대의 천황들은 이 나라들을 잘 다스려 백성이 편안하게 살 수 있도록 무척 힘을 썼으며, 임나와 똑같이 은혜를 베풀었다. 신라와 백제는 견직물과 철 등을 비롯한 진귀한 산물을 조공으로 바쳤고, 또 왕자가 와서 조정을 섬겼다. 그리고 고구려도 조공을 바쳤으며, 우리나라 사신이 중국을 왕래할 때 길 안내를 하기도 했다. 이와 같이 우리나라와 조선의 나라들과는 매우 친근감이 깊어졌고, 우리나라를 받드는 일은 임나를 비롯해 해외에 널리 퍼져갔다.
>
> ─ 조선총독부, 『재개정판 초등 국사(제6학년)』(1944)

교과서는 진구 황후의 신라 정벌을 침략이 아니라 한반도의 정치 안정을 위해 진출한 것으로 묘사하였다.

해방 이후 한국에서는 이런 식민 교육의 잔재를 떨어내기 위해 노력했지만 일본인들은 어떨까? 1980년대 한일 회담에 참가한 소노다

스나오(園田直) 외상이 진구 황후의 신라 정벌을 인용하며 과거 한일 관계를 유추하는 발언을 한 적이 있다. 소노다 같은 나이 든 일본인들에게 진구 황후의 이야기는 어릴 때 배운 역사 그대로였을 것이다. 그리고 현재의 일본 사회·역사 교과서에 실려 있는 임나일본부설은 일본 역사학계가 『일본서기』의 진구 황후 기록을 문헌 비판하지 않고 사실로 인정하고 있다는 것을 보여준다.

진구 황후에 대한 서술에서 히미코와 유사한 점이 보이는데 『일본서기』에 나오는 이야기를 조금 발췌해보면 다음과 같다.

> 주아이 천황(仲哀天皇)이 구마소(熊襲)를 치려고 하자, 그때 신이 있어 황후에 지펴 가르쳐 "천황은 어찌하여 구마소를 불복하는 것을 걱정하시는가? 이는 비어 있는 나라로 토벌할 만한 것이 못 된다. 이 나라보다 훨씬 나은, 보물이 있는 나라가 있다. 말하자면 처녀의 눈썹 같고, 항구를 향하고 있는 나라……. 눈이 부시는 금, 은, 채색이 있는 나라가 신라이다. 만일 내게 제사 지내면 칼날에 피를 묻히지 않고 그 나라는 저절로 복종할 것이다. 또 구마소도 복종할 것이다. 그 제사를 지내려고 하면 천황의 배와 아나토노 아타에혼다치(穴門直踐立)가 바친 논을 가지고 폐백으로 하거라"라고 했다.
>
> ─『일본서기』(권 8)(주아이 천황 8년)

진구 황후는 스스로 길일을 택하여 재궁에 들어가 친히 신주(神主)가 되었다. 신에게 여러 날 기도한 결과 신의 이야기를 듣게 되었다.
……
그해 가을, 신라를 토벌할 때 신의 목소리가 있어 "화혼(和魂)의 신령은 왕의 몸에 따라 수명을 시킬 것이고 망혼(忘魂)의 신령은 선봉으로 군선을 이끌 것이다"라고 했다.

……

황후는 신의 가르침이 효험이 있음을 알고 신기(神祇. 천신과 지신)에 제사지내고…… 농사를 지었다. 물을 끌어들이기 위해 도랑을 파는데 큰 바위가 막혀 도랑을 뚫을 수가 없었다. 황후는 다케우치노스쿠네(武內宿禰)를 불러 칼과 거울을 받들고 신기에 기도했다. 돌연 뇌성이 울려 벼락을 쳐 그 바위를 깨치고 물이 통하게 되었다.

— 『일본서기』(권 9)(진구 황후 9년)

진구 황후가 주아이 천황과 다른 점은 신의 말을 듣고 따랐다는 것이다. 신라 정벌도 신의 명령이었으며 그 과정에 도움도 받았다. 언제나 신탁이 따랐기 때문이다. 도랑의 바위를 치우기 위해 칼과 거울을 받들고 기도했다는 장면은 흡사 무당굿처럼 읽힌다. 이는 히미코가 기괴한 술법으로 백성들을 현혹시켜 통치했다는 구절과도 비슷하다.

한국 학자들은 진구 황후가 히미코를 모델로 만든 가상의 존재라고 보고 있다. 『고사기』와 『일본서기』를 기술한 고대의 역사가들이 『삼국지』「위서·왜인전」, 『백제기(百濟記)』 등의 사료를 바탕으로서 진구 황후를 만들어냈다는 것이다. 진구 황후의 신통력은 중국인들의 눈에 신기하게 보였던 히미코의 귀도(鬼道)를, 신라 정벌과 임나일본부 설치는 목라근자(木羅斤資)의 신라 정벌과 가야 7개국 평정을 베낀 거라는 것이다. 목라근자 이야기는 지금은 전하지 않는 『백제기』에 실려 있었을 것으로 보인다.

근래 일본 학자들 중에도 진구 황후가 히미코를 모델로 만든 인물이라는 데 동의하는 이들이 있다. 이렇게 본다면 한반도 남부를 정벌한 진구 황후보다는 동아시아 교류의 중심에 있었던 야마타이국의 히미코를 되살리는 게 오늘날 더 적절하지 않을까란 생각이 든다.

세 여자의 거울

'오랫동안 보지 못하더라도 긴 세월 동안 잊지 않기를' 이라는 로맨틱한 글귀가 새겨진 요시노가리의 청동거울은 사랑의 정표가 아니라 통치자의 권위를 드러내는 위세품이었다. 아마테라스가 손자 니니기를 지상에 내려 보내면서 준 3종의 신기 중에도 거울이 있었다. 아마테라스를 모시는 신궁에 가면 신체(神體)로서 거울을 모시고 있는데, 그것은 거울이 여신의 얼굴이라고 여기기 때문이다. 또한 히미코는 중국에서 가져온 청동거울을 주변의 소국들에게 나눠주면서 여제사장의 지위를 지켜나갔을 것이다. 이렇듯 고대에 청동거울은 왕의 권위를 상징하는 물건이었다.

요시노가리에 인골로 남아 있는 여성, 하늘을 지배하는 여신인 아마테라스, 중국의 역사책에 흔적을 남긴 히미코는 모두 거울을 들고 하늘의 뜻을 대변한 통치자였다. 일본 열도에 쿠니들이 생기고 서로 연합하던 역사를 청동거울이라는 단서를 가지고 추적해 보면, 야마타이국의 위치와 실체를 확인하기에 고대인들의 흔적은 너무 적다. 고대인들이 남긴 흔적의 퍼즐을 맞추고 있는 현대인들은 아직도 야마타이국의 위치를 찾아내지 못하고 있다. 어쩌면 규슈설이나 긴키설이라는 고정관념에서 벗어나야 보일지도 모르겠다.

4

영토 지배 열망의 투영, 임나일본부와 열도 분국

'수수께끼의 시대'

일본을 여행하다 보면, 난고촌(南鄕村)의 백제마을, 구다라군(百濟郡), 가야산(可也山), 가라쿠니다케(韓國岳), 백제 초등학교 등 한반도와 관련된 지명을 볼 수 있다. 왜 일본에 이런 이름이 남아 있는지, 한반도와 일본은 예로부터 어떤 관계였는지, 언제부터 한반도계 이름이 일본 역사 속에 생겼는지 궁금하였다.

한일 양국에서 출간된 일본 고대사 책들을 찾아보아도 의문은 해소되지 않았다. 여기에는 우리 역사에서 가야사가 삼국에 가려져 미완으로 남아 있는 것처럼 일본 역사에서 4세기를 전후한 시기의 역사상이 수수께끼로 가득 차 있기 때문이기도 하다. 이 시기를 알 수 있는 문헌 자료는 거의 없으나 다행스럽게도 유물과 유적은 매우 많이 남아 있다. 우리는 이들 유물과 유적을 직접 보고 확인하는 가운데 왜의 실체와 한반도와의 관계를 이해하는 단서를 찾고 싶었다. 한반도와 왜의 교류에 관계한 고대인의 길을 따라가 보는 여정이었다.

우리는 먼저 세토 내해에 접해 있는 오카야마를 선택했다. 오카야마의 옛 지명은 기비(吉備)로, 5세기 전후에는 가야라 불렸다. 지리적으로는 규슈와 시코쿠, 긴키 지방을 연결하는 곳에 있어 교통과 물류의 요지이다. 일조량이 많고 비옥한 평야인 데다 세토 내해를 앞에 두고 있어 육지와 바다의 산물이 풍부한 곳이다. 기비에는 긴키 세력의 것과 비길 만한 대형 전방후원분들이 있었던 것으로 보아 강력한 경제력과 군사력을 가진 권력 집단이 있었을 것으로 추정된다. 한반도 계통의 무덤 군과 여러 개의 한반도식 산성이 집결되어 있는 것으로 보아 한반도계의 도래인들이 정착했던 것으로 보인다.

고대 기비 지역에서 권력의 핵심은 자신들보다 먼저 일본 열도로 이주해 온 한반도 계통 이주민들과 원주민들을 복속시키고 그 위에 군림한 가야씨 일족이었다. 가야씨는 기비의 가야국이 존재한 기간은 물론이고 긴키 세력에 통합된 이후에도 오랫동안 패권을 가지고 있었다.

기비의 기노 성에 올라보면, 멀리 세토 내해가 펼쳐져 있고, 마을은 넓은 충적 평야와 강으로 둘러싸여 있다. 낮은 언덕에는 무덤 군이 자리 잡고 있으며 그 뒤쪽으로는 산성이 배치되어 있다. 이런 마을의 구조는 한반도의 아라가야(함안)나 대가야(고령)와 아주 유사하다.

산성 축조와 관련한 여러 버전의 '우라' 전설을 종합하면 다음과 같다.

> 고대 기비 지방에는 '우라(溫羅)'라는 오니(도깨비)가 살고 있었는데, 기비의 우두머리라고 불렸다. 그는 자신이 살아갈 성새(城塞)를 갖추고 있었

오카야마의 기노 성 석간(위), 복원 중인 성문과 목책(아래)
기노 성은 한반도 도래인 집단이 외부 침략으로부터 소국을 보호하고 적을 효과적으로 공격하기 위해 축조한 군사 방어시설이다. 산성의 입지 조건과 성벽 축조법, 그리고 흙담, 목책, 해자, 성문, 수문 등을 보면 한반도 계통의 산성임을 알 수 있다.

다. 그런데 이따금씩 서쪽에서 수도에 보내오는 공물이나 미녀를 강탈했기 때문에 백성들은 두려워 떨며 그가 있는 성을 기노 성(鬼ノ城), 즉 귀신의 성이라고 불렀다. 우라는 계속해서 기비 지역을 지배하고 악행을 저질렀다.

이에 스진 천황(崇神天皇)은 고레이 천황(孝靈天皇)의 아들인 기비쓰히코노미코토(吉備津彦子)를 파견했다. 우라는 변화무쌍한 귀신이어서 기비쓰히코노미코토가 아무리 활을 쏘아도 허탕만 쳤다. 그리하여 기비쓰히코노미코토가 화살 두 개를 동시에 쏘아 우라의 왼쪽 눈을 맞추었다. 눈에서 흐르는 핏줄기는 물처럼 흘러 지스가와(血吸川, 피가 흐르는 강이라는 뜻)가 되었다. 그러자 우라는 기가 꺾이어 꿩으로 변해 산속으로 숨었다. 기비쓰히코노미코토는 매가 되어 쫓았다. 이번에는 우라가 잉어로 변하여 도망가자, 기비쓰히코노미코토는 물고기를 잘 쪼아 먹는 물새로 변해 우라를 잡았다. 이렇게 해서 우라는 드디어 항복하고 기비의 우두머리라는 호칭을 기비쓰히코노미코토에게 바쳤다.

— 기비쓰 신사(吉備津神社)의 『연기(連記)』

우라 전설도 다른 전설처럼 만들어진 이야기지만, 일정한 역사적 사실을 나름의 방식으로 변형하여 만든 것으로 볼 수 있다. '기비의 우두머리인 우라가 성을 구축하고 살았다'는 표현으로 보아 우라는 가야씨의 조상일 것이고, 기노 성의 축조자도 가야의 도래인 계통으로 볼 수 있다. 우라가 기비쓰 신사와 더불어 기비의 13곳 신사에 제신으로 모셔져 있는 것으로 보아 우라는 옛 가야국의 세력 있는 인물이었을 것이다. 물론 우라를 굴복시킨 기비쓰히코노미코토는 긴키 세력이 파견한 외부 세력일 것이다. 이 설화는 5세기 중엽 이후 긴키 세력에 의해 기비 세력이 복속당한 역사적 사실을 반영하고 있는 것으로 추정할 수 있다.

기비에는 한반도 계통의 지명들이 무수히 많다. 아소 향, 오사카베 향, 하토리 향 등등.『일본서기』유랴쿠 14년(470) 기록에 따르면, 구레국(吳国)의 사신과 함께 구레하토리(鳴織), 아야하토리(漢織), 직물 짜는 여자인 에히메(兄媛)와 오토히메(弟媛)가 일본으로 건너왔다고 한다. 구레는 고구려를 지칭한다. 아야는 '아라가야'라는 이름 외에 '변진아야'나 '아나가야'로도 불렸다. 또 '하토리'는 함께 온 사람들로 추측하건데 직물 짜는 여자로 보인다. 따라서 아야하토리는 '아라가야의 직물 짜는 여자'로 볼 수 있다.

하토리 향은 기비 가야국의 정치 중심지로서 가야촌이라고도 불렸는데, 이곳에는 나가라(長良)라는 작은 마을이 있었다. 나가라는 '아나가라'를 줄인 말로서 아나가라는 가야를 일컫는다. 즉 하토리 향은 한반도 가야에서 수공업자 집단이 건너와 만들어진 마을이라는 것을 알 수 있다.

기비에 가보니, 고대 한반도와 왜는 문헌 자료에서 확인했던 것보다 훨씬 더 빈번하고 밀착된 관계를 맺고 있었다는 것을 실감할 수 있었다. 시야를 더 확장하여 한반도와 왜와의 교류에 관계한 고대 사람들의 자취를 좇아, 한반도인들이 가장 가깝게 느꼈던 규슈에 가보기로 했다.

한반도 도래인의 열도 소국 건설

후쿠오카 이토시마 반도는 현해탄과 맞닿아 있고 이키 섬을 앞에

이토시마 반도의 가야산과 지등지석묘(志登支石墓)
사진에서 뒤쪽으로 멀리 보이는 것이 가야산이다. 가야산은 이토시마 반도의 어디에서도 볼 수 있는 규슈 북부 지역에서 가장 높은 산이다. 쓰쿠시(筑紫, 규슈 북부의 옛 이름) 후지라고도 불린다. 이곳의 지석묘(고인돌)는 야요이 시대의 유물로 개석만 보이는데, 개석은 가야산에서 가져온 것이라고 한다.

두고 있어 한반도와 규슈를 연결하는 요충지로, 한반도계 도래인의 흔적이 꽤 많이 확인된다. 이곳에는 라이 산성이 있는데, 수문과 해자, 흙담이 있고, 평야를 내려다 볼 수 있는 높은 산에 위치하는 한반도계 산성의 전형적인 특징을 지니고 있다. 후쿠오카 현의 서쪽 가장자리에 있는 마에바루 시(前原市) 일대에는 가야와 관계된 지명이 제법 남아 있는데 가야산(可也山), 가라(加羅)마을과 가후라(加布羅)해안, 가야촌(可也村) 등이 그 예이다.

규슈의 중부로 내려가면 구마모토 현 키쿠치(鞠智)강 유역 일대에 도착한다. 이곳은 규슈 지방에서도 손꼽히는 고분 분포 지역이다. 이

고분들은 전방후원분의 형태를 지니고 있는데, 후원부에 횡혈식 석실이 있다. 그중 가장 대표적인 것이 에타후나야마(江田船山)고분이다. 전방후원분은 일본 고유의 무덤 형식이고, 횡혈식 석실은 백제의 영향이다. 전방후원분은 고분 주위로 해자가 있다. 해자를 넘어 봉분 쪽으로 올라가면 석관이 있는 석실로 들어가는 문에 이른다. 무덤에서는 국왕 급의 도검류, 동경, 옥과 금 귀걸이 등 여러 가지 화려한 장신구, 갑옷 등 무구와 마구에 이르기까지 92종류가 출토되었다. 이 유물들은 가치를 인정받아 모두 일본 국보로 지정되어 도쿄 박물관으로 옮겨졌다.

피장자의 몸을 치장한 물건들과 껴묻거리들, 거울과 금 귀걸이, 금동제 왕관과 금 신발 등 모든 이 무덤의 부장품들이 한반도 백제 계통의 공예 기술로 생산된 것으로 보인다.

이제 규슈에서 세토 내해를 거쳐 오사카 부 가와치 일대로 눈을 돌

에타후나야마 고분 외형과 입구, 집 모양 돌널
구마모토 현에 있는 아소 산 국립공원은 화산, 온천 그리고 넓은 초원으로 어우러진 아름다운 곳으로 규슈 관광에서 빼 놓을 수 없는 곳이다. 온천에서 피로를 푼 뒤 고분에 눈을 돌려보는 것은 재미있는 경험이다. 나무로 둘러싸인 곳이 에타후나야마 고분이다. 이 무덤 입구는 유리로 차단되어 더 이상 들어갈 수 없을 뿐 아니라 불을 켜도 어두워 석실 내부가 잘 보이지는 않았다. 이 고분 안에 집 모양의 돌널이 있었다.

려보자. 이곳에는 가와치 평야가 있고 야마토 강, 이시 강, 요도 강이 있으며 기후가 온화하여 벼농사를 짓기에 적합한 곳이었다. 그래서 도래인들이 많이 모여 들었고, 가와치 평야를 개척하여 정착했을 것으로 추측할 수 있다.

가와치 일대에는 규모가 큰 고분군이 분포한다. 봉분의 길이가 100m도 넘는 거대한 고분들은 그 무덤 주인들의 권력을 상징한다. 일본에서 제일 큰 고분으로 알려진 다이센 고분도 이곳에 있다. 통일국가가 형성되기 전까지 가와치 일대의 정치세력이 왜의 주도권을 장악하고 있었음을 증명해 준다.

하비키노시(羽曳野市)는 예전에는 구다라군(百濟郡)이었다. 이곳에는 아스카베(飛鳥戶) 신사가 있는데, 안내판에는 백제의 곤지왕을 제사 지내는 곳이라고 적혀 있다. 곤지왕은 백제와 왜의 교류를 위해 왜에 머물렀던 왕이다.

사카이시(堺市)는 일본에서 가장 규모가 큰 다이센 고분을 포함한 모즈 고분군이 있는 지역이다. 모즈는 1889년 이전까지는 구다라(百濟)로 불렸다고 한다. 일본에서는 백제를 '구다라'라고 부른다. '구다라'라는 말은 고대로부터 일본에서 백제를 '큰 나라'라고 부른데서 생긴 말이라고 한다. 구다라로부터 '구다라나이'(無い)라는 말이 나왔는데 '백제 물건이 아니면 가치가 없다'는 뜻으로 백제 것만이 최고라는 칭송인 것이다. 당시의 명품인 셈이다. 지금도 구다라 강(百濟川)이 사카이 시 가운데를 흐르고 있으며 그 위로는 구다라 교(百濟橋)가 놓여 있다. 바다와 가까운 사카이 지역은 아마 한반도에서 건너와 정착한 백제인의 마을이 아니었을까?

사카이 시 부근에는 스에키(須惠器) 가마터가 있다. 스에키는 제사용으로 4세기 말~ 5세기에 걸쳐 일본에서 생산되는 한반도식 질그릇인데, 두드리면 쇳소리(스에, 쇠)가 난다 하여 붙여진 이름이다. 스에키는 높은 기술이 요구되는 것으로 일본의 전통 토기인 적갈색의 무른 하지끼(土師器) 토기와는 뚜렷이 구별되는데, 스에키의 제작은 1200℃이상의 열을 올릴 수 있어야만 가능하며 이는 제철 기술의 발달과도 직접 관련되어 있다. 구로히메야마고분(黑姫山古墳)등에서 무구류인 많은 양의 철제 판갑옷이 나온 것이 증명해 주고 있다. 판갑옷은 징으로 철판을 이어서 고정시키는 고도의 숙련이 있어야만 만들 수 있는 것이다.

오바데라(大庭寺), 스에무라(陶邑) 유적지에서 나온 초기의 스에키는 가야 토기와 매우 비슷하며 그 후 점차 일본 고유 양식으로 발전한다. 가야계 도공들이 일본으로 이주해서 스에키를 만들었다고 추측할 수 있다.

흥미로운 것은 가와치에는 백제계 도래인뿐 아니라 가야계 도래인의 영향이 중첩되어 나타나고 있다는 것이다. 도래인들이 여러 차례

오사카 부에 백제 명칭이 남아 있는 곳
시내버스 정류장의 명칭이 백제이고, 철도역이 백제이다.

걸쳐서 왔다는 것을 뒷받침해주는 증거인 것이다.

야마토 정권이 있었던 나라 현 북중부의 덴리 시로 가보자. 덴리 시의 이소노카미 신궁에는 고대 한일관계 규명에서 중요한 위치를 차지하는 칠지도가 보관되어 있다. 칠지도의 존재는 1874년 이소노카미 신궁의 주지 간 마사모토(菅政友)가 칼의 녹을 닦아내다가 금을 새긴 명문을 발견하면서 처음 확인되었다.

> 앞면, 태화 4년(369년) 11월 16일 병오일 정오에, 백 번 단련한 철로 칠지도를 만들었다. 이 칼은 모든 무기를 물리칠 수 있으니 전쟁을 몰아내고, 예의바른 군주에 어울린다. □□□□가 만들다.

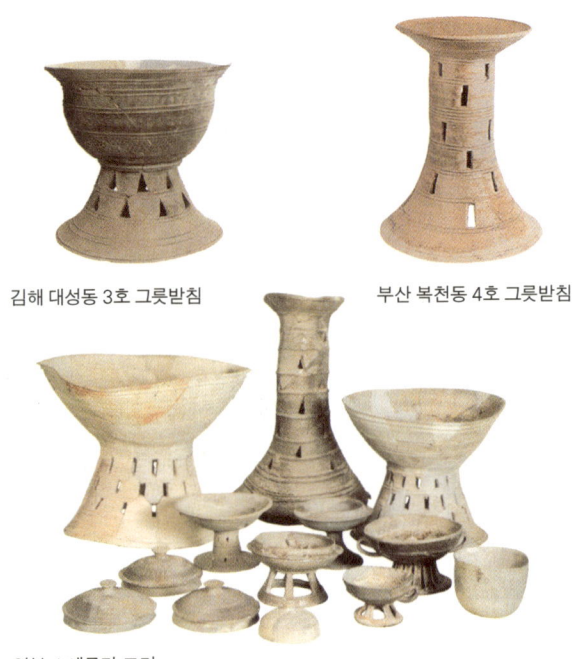

김해 대성동 3호 그릇받침   부산 복천동 4호 그릇받침

일본 스에무라 토기

한반도의 가야 토기와 유사한 일본의 토기

뒷면, 이전에는 이런 칼이 없었다. 백제 왕세자 기(귀수)가 성스럽고 덕이 있어 왜왕인 지를 위해 만들었으니, 후세에 전하라.

앞면 泰和四年十一(?)月十六日丙午正陽 造百練鋼七支刀 出辟百兵 宜供供侯王 □□□□作
뒷면 先世以來 未有此刀 百濟王世子奇生聖音故爲倭王旨造 傳示後世

이 칠지도는 4세기경 백제의 왕이 왜 왕에게 준 것으로 많이 알려져 있다. 당시 가와치에 거대한 전방후원분을 거느릴 정도의 정치 세력가가 있었고 이들과의 정치적 관계를 고려해서 준 것으로 보인다.

그런데 북한 역사학자 김석형은 칠지도 명문의 '백제 왕세자가 왜 왕인 지를 위해' 라는 표현에 주목하여 백제는 천자이고 왜는 제후라고 파악하였다. 5세기에 백제 본국 국왕이 제작하여 가와치에 있는 백제 소국의 제후왕에게 칠지도를 하사한 것이라는 것이다. 이 제후왕은 모노노베씨의 조상일 거라고 추정하였다. 모모노베의 조상은 한반도에서 규슈로, 가와치 지방으로 옮겼다가 또 다시 야마토로 이동해 갔다고 한다. 야마토로 갈 때 이 칠지도를 가져가서 지금 모노노베씨의 씨족 사당인 이소노카미 신궁에 보관하게 된 것이라 추정하였다.

이러한 한반도 계통의 무수한 유물, 유적으로 보아 한반도에서 일본으로 도래인의 이동은 여러 세기에 걸쳐 몇 차례의 대규모와 빈번한 소규모로 계속 이어지고, 일본 열도에는 수많은 한반도 도래인들의 정착지가 생겨난 것으로 추정된다. 도래인은 원주민과, 먼저 이주해 와서 원주민이 된 집단들과 뒤섞여 살면서 일본 열도 곳곳에는 한반도 계통의 소국들이 즐비하게 된 것으로 보인다. 규슈 지방에는 백제 소국과 가야 소국이, 기비 지방에는 가야 소국, 긴키 지방에는 백제 소국, 혼슈와 동해 연안에는 고구려와 신라 소국이 있었던 것으로 보인다.

규슈에서 세토 내해를 지나 오사카와 나라까지 도래인들의 행로를 따라 가 보니 실제로 존재했던 한반도 계통 소국들의 실체와 만날 수 있다. 책을 읽으며 상상했던 것보다 한반도와 왜가 훨씬 더 긴밀한 관계를 맺고 있었다는 것을 실감할 수 있었다. 곳곳에 남아 있는 지명, 출토된 유물과 무덤형식들, 그리고 산성들과 마주할 때마다 한반도 계통이 수적으로 무수히 많을 뿐 아니라 한반도 계통과 외형이 빼닮은 것들도 부지기수라 놀라움을 감출 수가 없었다.

우리가 찾아다녔던 곳보다 실재했던 소국들의 수는 더 많았을 것으로 보이고, 분포 지역은 훨씬 넓었을 것으로 보인다. 우리가 고대인의 길을 따라가며 확인했던 그 소국들을 북한의 역사학자 김석형은 '열도분국설'이라는 이름으로 정리하였던 것이다.

칠지도
칠지도는 칼날 양쪽에 작은 칼날이 각각 3개씩 더 붙어 있는 의식용 칼이다. 현재 나라 현 덴리 시 이소노카미 신궁(石上神宮)에 신보(神寶)로 전해오고 있다. 보물 창고에 보존되어 있어 관람이 허용되지는 않는다. 단지 회랑에 걸려 있는 사진으로만 확인할 수 있을 뿐이다. 이소노카미 신궁 안내문에는 '칠지도는 진구 황후 때 백제가 헌상했다고 전해진다'라고 쓰여 있다.

열도분국은 한반도의 식민지였을까?

고대의 한반도 사람들이 일본 열도로 다수 건너간 것은 역사적 사실이며, 일본 역사 발전에도 한반도 계통 소국의 역할은 매우 컸을 것이다. 하지만 일본 열도로 건너간 도래인들의 구체적인 모습은 지금으로서 알 길이 없다. 군사적 힘을 가진 정복 세력이었는지, 대륙과 한반도의 정치적인 격동을 피해 새로운 땅으로 삶의 터전을 옮긴 디아스포라의 행렬이었는지. 아마 시대 상황에 따라 다양한 세력들이 다양한 조건에서 열도로 건너가 자리를 잡았을 것이다. 이주 뒤 시간이 흐르고 몇 세대를 거치면서 도래인들은 토착화하여 살아가게 되었을 것이다.

그런데 이 소국들을 한국쪽에서는 한반도 모국의 식민지로 파악하는 이들도 있다. 임나일본부를 그대로 뒤집어 놓은 모습이다. 과연 그러했을까? 칠지도와 에타후나야마 고분의 상감 칼을 한반도의 본국왕이 일본 열도 소국의 제후왕에게 하사했다고 파악하는 것은 당시의 역사상에 부합하는 것일까?

일본에서는 4~6세기에 야마토 정권이 한반도 남부를 지배했다는 이른바 '임나일본부'설에 대한 다양한 비판적인 논의와 함께 허구성이 지적되었다. 2010년 한일역사공동위원회에서 일본 학계는 '임나일본부설을 공식 폐기한다'고 발표했다. 하지만 아직도 일부 우파 인사들의 저작이나 칼럼에서 임나일본부설의 내용은 가끔 보인다.『새로운 역사 교과서를 만드는 모임』에서 쓴 후소샤 '역사' 교과서에는 다음과 같이 쓰여 있다.

백제는 야마토 조정에 도움을 요청했다. 일본 열도의 사람들은 본래 귀중한 철 자원을 찾아 반도 남부와 깊은 교류를 갖고 있었으므로, 야마토 조정은 바다를 건너 조선에 출병했다. 이때 야마토 조정은 반도 남부의 임나(任那, 가라)라는 지역에 거점을 구축한 것으로 보인다. 야마토 조정의 군대는 백제를 도와 고구려와 격렬하게 싸웠다. 고구려의 「광개토대왕비문」에는 그것이 기록되어 있다. 고구려는 백제의 수도 한성을 함락시켰지만, 백제와 임나를 거점으로 한 야마토 조정 군대의 저항에 봉착하여 반도 남부의 정복은 달성할 수 없었다.

—『중학교 역사』(후소샤, 2005)

한반도 남부에 대한 직접 지배를 사실로 말하지 않지만, '출병', '거점' 등 임나일본부설을 답습한 듯한 용어와 개념을 그대로 사용하고, 정치적인 영향력을 행사했다고 서술하고 있다. 이 교과서로 역사를 배운 사람들에게 임나일본부는 여전히 고대 한일 관계를 바라보는 창이 될 가능성이 높다. 한반도 남부 지배를 사실화하고픈 열망은 멈출 줄 모르고 집요하기까지 하다.

한국에서의 고대 한일 관계, 고대 동아시아 인식 또한 '있는 그대로' 균형감 있게 바라보고 있다고 자신 있게 말할 수 있을까? 근래에도 한국의 학자들 중 일부는 '열도분국설'을 다음과 같이 해석하기도 한다. '2세기에서 6세기에 걸쳐 일본에는 수많은 한반도 식민지촌이 건설되었고 이들은 본국인 한반도와 지속적인 관계를 맺어왔다. 이 식민지촌은 5~6세기 왜가 통일을 이루는 과정에서 이에 편입되었다'고. 이는 한반도와 일본 열도의 관계를 식민지 모국과 식민지의 관계로 파악하여 마치 고대에 한반도가 왜를 식민지로 지배한 것으로 파악하고 있다.

　무의식 깊이 내재된 영토 지배에 대한 욕망의 표출이다. 한국인들도 일본과 마찬가지로 자국 중심으로 역사를 바라보고 있는 것이다.

　이처럼 한국과 일본은 상반된 고대사 인식을 갖고 있다. 하지만 위대함으로 포장한 '만들어진 고대'의 측면은 닮아 있다. 일본은 제국주의 시대 한반도 식민 지배를 합리화하기 위해서라도 고대에 한반도 남부를 지배했다는 역사적인 근거가 필요했다.

　일본 민족의 우월성과 독자성을 주장하고 싶은 나머지 고대 국가 형성에 한반도 도래인의 영향을 숨기려는 경향도 있다. 기비의 기노성은 한반도의 산성 쌓는 기법으로 축조되었음에도 불구하고 일본학자들은 산성의 축조 시기를 6세기 중엽 이후로 내려 잡아, 긴키 세력이 서부 일본을 통합한 이후 자국의 기술에 의해 성을 축조했다고 하기도 한다.

　반면, 한국은 일본 열도 내 소국들의 실체를 확대 해석하여, 고대 한반도가 왜를 식민지 지배한 직접적인 근거로 삼고 싶어 한다. 간접적으로는 우월한 한반도가 선진적인 문화를 전파해 주어 결과적으로 일본에 고대국가가 형성되었다고 한다. 이 또한 '만들어진 고대'의 한 측면이다.

　두 나라 모두 끊임없이 '영광스런 고대사 만들기', '영토 지배의 사실화'에 끈질기게 집착하고 있다. '우리 민족은 위대하다'라는 배타적 민족주의와 국수주의적 시각에 갇혀 있어 영토 지배의 열망을 버릴 수 없기 때문이다.

고대인의 여정에서 만난 짧막한 단상

일본 열도 곳곳을 답사하며 실재했던 소국들을 만났다. 한반도계의 유물들이 무더기로 발견되고 한반도계 문화의 영향이 상당히 짙다는 것을 확인할 수 있었다. 그럼에도 불구하고 4세기 전후의 일본 고대사의 조각 맞추기가 매끄럽게 조립되지 않는 이유는 무엇일까? 이제까지 발굴된 고고학적 유물들로 당시의 모습을 규명하기에 이미 충분하지 않을까?

앞서 본 소국들에서 확인되는 것처럼, 4세기 전후 일본 열도는 통일된 상태가 아니었다. 단지 긴키 지역의 세력이 대표 세력으로 존재하고 있었고, 그 외 지역에는 다양한 정치 세력이 존재하고 있었다. 그런데도 한일관계에 등장하는 다양한 왜 세력을 야마토 정권이라는 단일한 정치 세력으로 파악하려는 경향이 두드러져 보인다. 각 소국들은 독자적인 세력으로 한반도와 제각각 교류를 맺고 있었을지도 모른다. 한반도에 건너온 왜도 각 지역에 일정 정도 독립 세력으로 존재하고 있던 호족 세력인지도 모를 일이다. 야마토 정권이라는 단일 국가의 관점에서 4세기 전후시기를 본다면 그 역사상은 그려지지 않을지도 모르겠다.

5

귀화인, 도래인, 도왜인

도래인, 그들은 누구인가?

> 조선의 여러 나라와의 교류가 활발해지면서 조선 반도로부터 일본으로 일족이 통째로 이주하는 사람이 늘어났다. 그들 도래인은 철제 농기구를 확산시키고 관개용의 커다란 저수지를 만드는 기술을 전파했다. 또한 경질 토기(스에키)랑 고급 견직물을 만드는 기술을 전했다. 도래인은 또한 한자를 전했으며, 조정의 기록과 외교 문서 작성 등을 담당했으며, 재정이나 정치에서도 활약했다. 한자와 함께 유교 서적도 전해졌다. 6세기 전반에는 백제로부터 불상과 경전이 조정에 보내지고, 불교가 전해졌다.
>
> —『중학교 역사』(도쿄서적)

일본의 중학교 역사 교과서에 실린 글이다. 도래인은 바다를 건너 일본 땅에 들어온 사람이라는 뜻이다. 남방이나 중국 남부에서 일본으로 들어가는 경우도 있겠지만 대부분은 지리적으로 가까운 한반도에서 들어간 사람을 지칭한다. 일본의 교과서에서 언급하는 도래인은 주로 5세기를 전후하여 한반도에서 일본으로 건너간 사람들이다.

그들은 누구였고, 어느 정도의 규모였으며, 왜 일본으로 건너갔을까? 약 30여 년 전에 보도된 다음의 신문 기사에서 그 실마리를 찾아볼 수 있다.

한반도 도래인 고대 서일본 점령, 나라 시대까지 150만 명 추정

고대 일본의 야요이 시대부터 나라 시대에 이르기까지 약 1,000년 동안(B.C. 202~A.D. 784) 대륙, 특히 한반도에서 약 130만~150만 명에 이르는 놀라울 만큼 많은 도래인이 일본에 건너가, 서일본 및 관서 지방은 이들에 의해 거의 점령되었을 것이라는 논문이 발표돼 일본 학계의 큰 관심을 모으고 있다.

최근『아사히신문』보도에 따르면 도쿄대학교 이학부 인류학 교실 하니하라 가즈로(埴原和郎) 교수는 최근 일본『인류학 잡지』최신호에 컴퓨터를 이용한 최신 연구 결과를 발표, 야요이 시대부터 나라 시대까지 약 1,000년간 100만 명이 넘는 사람이 일본으로 건너왔을 것으로 추정했다. 하니하라 교수는 "누구도 상상하지 못할 만큼 많은 도래인이 건너온 것으로 나타나 나도 놀랐다"라고 말하고, "아마도 대륙의 정치적 동요의 여파로 다수의 난민들이나 정치적 망명자들이 바다를 건너왔던 것 같다"라고 설명했다.

종래 일본 학계에서는 야요이 시대(B.C. 202~A.D. 220)에 청동기 기술이 한반도의 도래인과 함께 건너오긴 했으나 도래인의 숫자는 무시할 정도인 것으로 믿어왔다. 하니하라 교수가 이 같은 새 학설을 내놓은 근거는

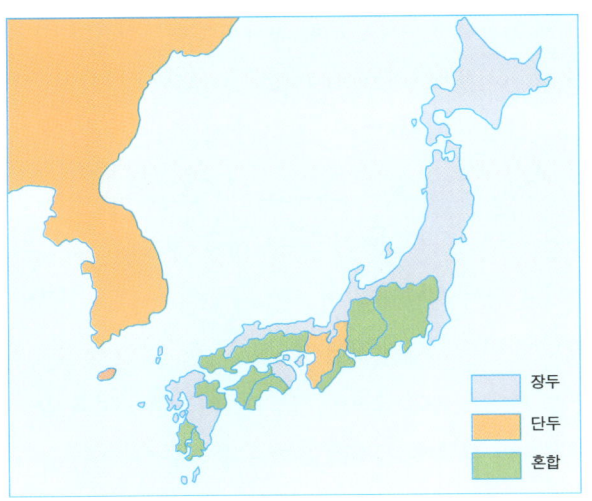

일본인의 두장폭에 따른 분포도
긴키 지방이 한반도와 동일한 단두 분포지역이라는 점이 주목된다.
하니하라 가즈로, 『일본인의 기원』(학연문화사, 1992)

> 인구 증가율과 혼혈률 비교 연구에 따른 것. 일본 인구는 야요이 시대 직전 조몬 시대 말기가 약 7만 6,000명, 나라 시대 말기가 약 540만명 정도로 추정되고 있다.
>
> ―『동아일보』(1987년 9월 1일)

지금으로부터 약 25년 전쯤의 신문 기사이다. 일본인 인류학자인 하니하라 교수는 일본인이 단일 혈통이라는 관념에 회의를 품고 자연 인류학에 근거하여 '일본인의 기원'을 추적했다. 그는 유적지에서 발굴된 인골과 현대 일본인의 체격, 뼈 또는 치아의 형태를 분석했다. 그 결과 오늘날의 일본인이 균질한 단일 혈통의 동족이 아니라 다양한 집단의 혼혈이라는 것을 밝혔다. 이러한 다양한 주민 구성 양상을 주변 민족과 관련시켜보니 한반도 주민들과 유사성이 두드러졌다. 결국 그 혼혈의 주요한 요인이 도래인이라는 것이다.

하니하라 교수는 두상의 크기와 모양에 따라 일본인을 장두형(長頭形)과 단두형(短頭形)으로 나누었는데, 그 분포 지역은 앞쪽의 그림과 같다. 이 분포도에서 특히 주목되는 지역은 오사카, 교토, 아스카, 나라 등의 도시가 있는 긴키 지역이다. 이 지역 주민의 두상은 일본의 다른 지역 주민보다 한반도 주민과 훨씬 가깝다.

하니하라 교수는 현대 일본인 중 북쪽 끝의 아이누인과 남쪽 끝의 오키나와인은 조몬인의 특징을 간직하고 있으며 혼슈, 시코쿠, 규슈 지역의 일본인은 도래인과 혼혈이 있었던 것으로 추론한다. 특히 서일본의 일부 및 긴키 지방은 도래인과 관계가 좀 더 밀접했던 것으로 파악하고 있다. 이 지역은 고분 시대(3세기 후반~6세기) 이후 도래인이 직접 긴키 지방으로 이주하여 거주했을 것이다.

오래전부터 있었던 인구 이동과 문화 교류

한반도에서 일본으로의 인구 이동은 장기간에 걸쳐 지속적으로 이루어졌다. 해수면이 낮아지는 빙하기에는 한반도와 일본 열도가 육지로 연결되어 있었다. 그래서 한반도와 일본 열도에서는 동일 계통 신석기 시대 유물이 발굴되기도 한다. 한국의 덧무늬토기와 일본의 도도로키식 토기는 닮은꼴이며, 빗살무늬토기와 소바타식 토기 역시 모양이 매우 흡사하다. 덧무늬토기는 한반도 남해안과 일본 북규슈 해안에서 동시에 발견된다. 부산 동삼동 지역에서 발견된 흑요석도 성분 분석 결과 일본 규슈 지역에서 나는 것으로 확인되었다.

　유사한 유물의 분포 외에도 오늘날까지 흔적을 남길 정도의 인구 이동이라면 집단적이고 대규모로 이루어져야 할 것이다. 이동의 계기는 다양할 것이다. 기후 변동과 같은 자연 현상의 변화로 말미암아 좀 더 나은 생계 조건을 찾아 이동하는 경우도 있을 것이고, 정치적인 격변에 따른 난민, 또는 정복 후 정착과 같은 경우도 생각해볼 수 있다. 한반도에서 일본 열도로 대대적인 인구 이동은 대략 서너 차례 정도였을 것으로 보인다.

　최초로 대대적인 인구 이동이 있었던 시기는 B.C. 3세기 전후이다. 이 인구 이동과 함께 농경 및 금속기가 전파되면서 일본에 야요이 문화가 성립되었다. 일종의 '문화대혁명'으로 부를 만한 엄청난 변화를 가져온 이동이었다. 이때의 이동으로 일본 열도에 토착 신석기인이던

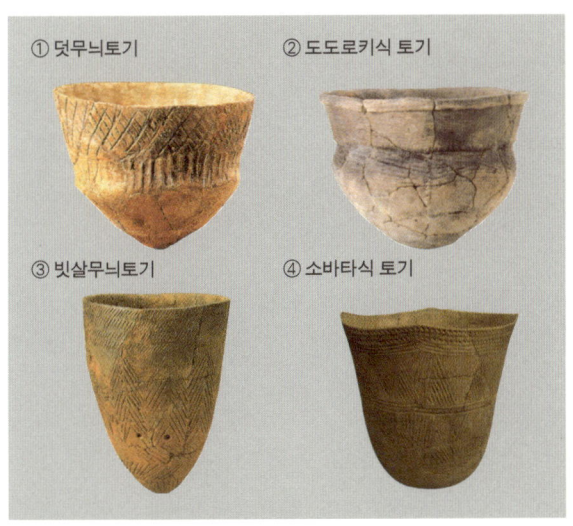

한국과 일본의 신석기 시대 토기

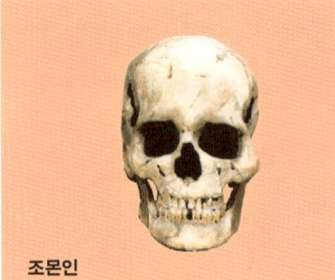
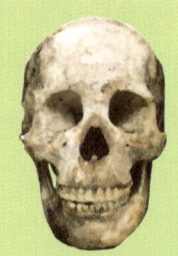

조몬인
- 단신(남자 평균 신장 약 158cm)
- 두상은 전후 장형, 상하 짧고 폭이 넓음
- 눈 두둑과 미간 도출. 코는 펑퍼짐
- 채집 경제 수준의 원시공동체 사회
- 조개껍데기 팔찌, 조몬 토기(화염문)

야요이인
- 상대적 장신(남자 평균 신장 약 163cm)
- 머리가 둥글고, 얼굴이 김.
- 눈 두둑이 낮고 코가 길며, 눈초리가 높음
- 농경 생활

토착민과 이주민의 인종적 특성

조몬인과 여러 면에서 다른 야요이인이 등장하게 된다.

이 시기에 이르러 10만 명 미만이던 일본 열도의 인구는 50만 명 이상으로 급증한다. 이러한 인구 증가가 모두 도래인 때문이라고 볼 수는 없지만, 어쨌든 B.C. 3세기를 전후로 한반도에서 일본 열도로 대규모 인구 이동이 있었던 것은 분명하다. 이는 농사의 시작과 집터, 묘제 등에서 확연하게 드러나는 한반도적 특성을 통해 확인할 수 있다.

한반도에서 벼농사 문화가 유입되면서 일본 열도의 삶의 모습은 전혀 새로운 양상을 띤다. 먼저 이전까지 볼 수 없었던 논과 농기구 등이 등장했다. 초기 벼농사 유적으로 알려진 이타즈케 유적에서는 벼농사와 관련된 돌자귀, 돌칼, 반달돌칼, 돌도끼, 돌화살촉, 시루 등이 발굴되었다. 초기 벼농사 유적지는 주로 북규슈 해안에 인접한 지역에서 발견되는데, 한반도와 가까운 바다에 면한 충적 평야 지대에 이

주민 집단이 정착하여 점차 자기 생활 범위를 넓혀갔다는 것을 확인할 수 있다.

벼농사와 함께 청동기와 철기 등 금속기 문화도 일본에 전파되었다. 좁은 놋단검, 좁은 놋창, 잔무늬거울 같은 청동기와 함께 한반도에서 볼 수 있는 민무늬토기도 발견되고 있다. 무덤 양식에서도 옹관묘, 고인돌, 석관묘 등이 등장한다. 이를 통해 야요이 시기에 편차를 두고 상이한 한반도 주민들이 이주 및 집단 정착했다는 것을 추측할 수 있다.

기마 민족이 정말 일본 열도를 정복했을까?

두 번째 이동은 5세기 전후로 일본의 고분 시대에 이루어진다. 당시 한반도는 백제의 마한 정벌, 고구려의 신라, 가야 지역에 대한 압박이 있던 시기로, 한반도 남부 주민들이 복잡한 한반도 상황을 피해 일본으로 건너갔을 것으로 보인다. 이들은 제철 기술이나 철제 농구, 관개 기술 등을 일본 열도에 전했고, 이들의 도래로 생산 방법이나 노동 형태 등 일본 사회가 다시 한 번 크게 변화했다. 이때 말이나 마구, 철제 무기, 기마술 등이 전래된 것으로 보이며, 이른바 '기마 민족 정복설'과 관련된 이동이라고 할 수 있다.

이 시기 일본 열도는 이른바 고분 시대였다. 고분 시대의 인구 이동은 야요이인과는 이질적인 문명을 가진 종족들의 이주였다. 관, 곽을 갖춘 고분 시대의 무덤 형식이 이것을 잘 말해준다. 무덤 형식은 가야 계통에 가까운 것으로 보아 주로 가야, 신라계 주민들의 집단 이주가 있었던 것 같다. 이러한 무덤 및 관련 유적은 주로 후쿠오카, 오카야마 등을 중심으로 분포한다. 무덤 형식은 석실 목곽, 수혈식 석실 등이며 거울, 검, 칼, 곡옥 등이 부장되어 있다.

이 시기와 관련 있는 문헌 자료로 이른바 천일창(天日槍) 설화가 있다.

> 신라 왕자 천일창이 일본에 왔는데, 여러 가지 구슬과 창, 거울, 칼 등 일곱 가지를 가지고 왔다. …… 그는 우지 강을 거슬러 올라가 오미국(近江國) 아나 마을(伍名邑)에 잠시 살다가, 오미에서 와카사카국(若狹國)을 거쳐 다지마국(多遲摩國, 但馬國)에 들어갔다. 오미국의 가가미 마을(鏡谷)의 질그릇 빚는 사람은 천일창을 따라다니던 사람이다.
>
> ―『일본서기』(권 6) (스이닌 천황 3년)

4~5 세기의 종족 집단 도래의 사례로 꼽을 수 있는 것이 하타씨(秦氏)와 아야씨(漢氏)이다. 이들은 일족이 이동하여 교토 지역에 거주하면서 제방 축조술, 농업 기술, 직조술 등을 바탕으로 부를 축적한 것으로 보인다. 나중에 이들은 헤이안 천도에서 중요한 역할을 한다.

그런데 에가미 나미오라는 역사학자가 1940년대 후반에 이른바 정복 왕조설을 주장했다. 즉, 5세기를 전후로 대륙의 기마 민족이 한반도를 거쳐 일본 열도를 정복하고 새로운 왕조를 수립했다는 것이다. 에가미는 1960년대에 좀 더 정교하게 자신의 학설을 다듬어 제시했다. 그 주장은 다음과 같다.

> 한반도로 내려온 북방 기마 민족이 남한에 처음으로 진국(辰國)을 세웠다. 진국은 중국 위(魏)의 팽창 정책으로 쇠퇴했다.
>
> 4세기 전반, 진국을 대체하여 마한이 있던 자리에 백제가, 진한이 있던

자리에 신라가 세워졌다.

진(辰) 세력은 한반도에서 일본의 북규슈로 진출하여, 왜한연합왕국(倭韓聯合王國, 任那築紫聯合王國)을 세웠으며, 수도는 쓰쿠시였다. 이를 주도한 인물이 스진 천황이다. 천손인 니니기노미코토 신화는 이러한 역사적 사실을 배경으로 형성된 신화이다.

4세기 말 5세기 초, 가야 지역 세력이 고구려의 압박으로 일본으로 건너가 긴키 지방을 정복해 야마토 왕국을 세웠다. 이때 즉위한 왕이 오진 천황(應神天皇)이다.

— 에가미 나미오, 『일본 고대 문화의 성립(日本古代文化の成立)』(마이니치신문사, 1973)

기마 민족 정복설은 일본 역사학자들의 비판을 받았다. 일본인들은 단일민족으로서 오래전부터 일본 열도에 살던 종족들이 혈통의 순수성을 유지해왔다고 믿었기에, 기마 민족 정복설을 받아들이기 어려웠다. 다른 측면에서 보면 이 주장은 식민 통치 시기 일본 역사학자들이 주장한 일선동조론(日鮮同祖論)과 맥을 같이하고 있다는 점도 간과할 수 없다. 에가미 스스로도 자신의 주장이 일선동조론의 현대판이라고 말하고 있다. 어떻든 5세기 전후 한반도에서 고구려, 백제, 신라 삼국의 대결이 고조되면서 한반도 남쪽 지역 사람들이 대거 일본 열도로 건너간 것만은 분명하다.

세 번째 이동은 7세기에 이루어졌다. 7세기 동북아시아 대전 과정에서 백제와 고구려가 멸망하고, 두 나라의 유민 중 상당수가 일본으로 건너갔다. 이들 역시 야마토 정권에 최신 기술이나 문화 등을 전했고, 야마토 정권이 강력한 국가 체제를 갖추는 데 기여했을 것으로 보인다.

고대 문화 전파의 행로도 동판
오사카에서 아스카로 들어가는 길목인 야마토야기 역 앞에 세워진 고대 문화 전파의 행로를
표시한 커다란 동판이다. 대륙에서 일본 열도로 직행하거나 한반도 서남 해안을 거쳐 일본 규슈로
들어오는 행로가 보인다. 이런 식이다. 이들의 고대사 인식을 보면, 문화 전파에서 한반도는
경유지일 뿐이라는 의식이 각인되어 부지불식간에 이런 식으로 표출된다.

귀화인인가, 도래인인가, 도왜인인가?

도래인을 어떻게 볼 것인가? 오늘날 일본은 도래인들을 어떻게 인식하고 어떤 모습으로 기억하고 있을까? 한국에서는 또 어떻게 인식하고 있을까? 우리는 이 도래인을 어떻게 볼 것인가? 이 질문이 우리의 일본 고대사 여행 내내 가장 중심에 있었다.

일본에서는 1970년대까지 한반도에서 일본으로 건너간 사람들을 귀화인이라고 불렀다. 『일본서기』 등의 기록에서 따온 것이다. '귀화'라는 단어에는 '천황을 흠모하여 몸을 맡긴다'는 의미가 강하게 담겨 있다. 이러한 단어는 일본에서 천황제가 공고해진 이후의 관념으로, 당시 상황을 적절하게 반영한 용어라고 볼 수 없다.

1970년대 이후 '귀화'라는 용어가 부적절하다는 주장이 제기되면서 근래에는 주로 '도래인'이라는 용어를 일반적으로 사용하고 있다. 최근 한국쪽에서도 왜로 건너간 사람이라는 뜻으로 도왜인이라 부르자는 제안도 있다. 한반도의 시각에서, 한국사의 시각에서는 도래인보다는 도왜인이라는 표현이 좀 더 적절할 수 있겠다.

그러나 이들의 명칭을 어떻게 하건간에 이들에 대한 생각이 근본적으로 바뀐 것은 아니다. 일본인들은 한반도에서 시작된 인구 유입이나 문화 전파의 의미를 인정하는 데 여전히 인색하다. 개별 유적지의 유물을 설명할 때는 한반도와 일본의 관련성 혹은 영향을 밝히고 있지만, 전체적인 흐름을 설명할 때는 '대륙'의 문화가 '반도'를 거쳐 유입되었다는 식으로 표현한다.

현재 일본 고대사에서 도래인의 역할을 점차 인정하는 분위기다. 하지만 도래인의 역할과 의미를 강조하는 사람들은 단순히 '영향'이라고 표현하는 것으로는 부족하다고 보고 있다. 영향 정도가 아니라 일본 문화 그 자체라는 것이다. 야요이 문화가 그렇고, 고분 시대 및 아스카 시대가 그렇다.

예를 들어 문명에서 가장 기본인 문자의 사용이라는 점을 보면 분명해진다. 일본에 문자를 전하고, 그 문자를 사용하여 기록하고, 일본 토착어의 한자 표기 방식을 고안해낸 것은 다름 아닌 도래인들이었다. 기록을 담당했던 도래인과 그 후예들이 '후히토〔史〕', '후히토베〔史部〕' 집단을 이루었던 것이다. 일본 고대 시가집인 『만엽집』에서도 도래인의 흔적을 쉽게 찾아볼 수 있다.

그런데 문화의 전파라는 면에 초점을 두면서, 그것을 옮기고 일본 열도에 뿌리내리게 한 주체는 지워지고 있다. 문화만 남고 인간은 소거된 것이다. 이는 한국에서도 일본에서도 비슷하다. 한국에서는 왕인, 아직기(阿直岐), 담징(曇徵) 등 기록에 남아 있는 몇몇 유명한 사람만 언급될 뿐이다. 일본에서도 사정은 비슷하다. 그러나 문화 전파, 이동, 교류의 행위 주체는 이들에 한정될 수 없다. 역사가 몇몇 지배층에 속한 사람들로만 이루어질 수 없기 때문이다.

야요이 문화의 성립기에는 규슈 지방의 주민 구성이 조몬인에서 야요이인으로 바뀔 만큼 거대한 인구 이동이 있었다. 5세기 전후 역시 긴키 지방이 도래계 집단의 정착지가 되었다. 오늘날 인류학적 증거를 통해 확인할 수 있을 정도로 대규모 이동이었다.

여기서 이들 도래인을 한국인으로 볼 것인가, 일본인으로 볼 것인가를 묻는 것은 몰역사적인 난센스일 뿐이다. 도래인은 대륙과 한반도의 정치 변동이나 기타 이러저러한 요인 때문에 삶의 터전을 떠나 낯선 지역으로 기약 없는 불안한 여행을 떠난 사람들이다. 그 양상은 아마도 프런티어보다는 디아스포라에 가까웠을 것이다. 혹은 그 두 양상이 뒤엉켜 있었을 수도 있다.

정착민들, 특히 농경 정착민들이 삶의 터전을 떠난다는 것은 대단히 급박한 상황이었다는 의미다. 지금 살고 있는 땅의 불안과 고통, 바다 건너 미지의 땅에 대한 두려움과 그 안에 내재되어 있는 새로운 삶에 대한 기대감. 도래인의 이러한 처지를 생각할 수 있을 때 비로소 편안한 쉼터라는 의미인 '아스카'라는 지명이 생생하게 다가올 것이다.
　고대사를 공부하고 그 지역을 여행하다 보면 도래인의 숨결을 좀 더 생생하게 느낄 수 있다. 선입견 없이 그들 옆으로 한 걸음 다가갈 수 있다. 그 걸음은 도래인에게 투영된 오늘날의 국가, 민족 관념을 걷어내고 도래인의 실체에 최대한 가까이 다가가는 것이다.

사카이 시 다이센 고분

2부

고대 왕국을 찾아
난바와 아스카

	250년경	고분 시대 시작
		나라 현 마키무쿠에서 전형적 전방후원분 출현
	380년경	가와치 평원에 모즈·후루이치 고분 조성
	478년	왜왕 무, '사지절도독왜·신라·임나·가라·진한·모한육국제군사 안동대장군왜왕'으로 책봉됨
		아스카시대 시작
백제 성왕, 일본에 불교 전파	552년	
수나라의 중국 통일	589년	
	593년	쇼토쿠 태자, 나니와에 시텐노 사 건립
	600년	견수사 파견
당나라 건국	618년	
고구려 연개소문, 정변으로 권력 장악	641년	
	645년	을사의 변
		소가 씨 몰락, 다이카 개신, 율령제 시작
백제 멸망	660년	
백강 전투	663년	
	667년	오미의 오쓰 궁으로 천도
고구려 멸망	668년	나카노오에 황자, 덴지 천황으로 즉위
	677년	임신의 난, 덴무 천황 즉위
	694년	후지와라쿄 천도
	701년	다이호 령 완성
	710년	나라 시대 시작, 헤이조쿄 천도
	720년	『일본서기』 완성

- 호류지
- 요도 강
- 가와치 평야
- 오쓰 궁
- 비와 호
- 텐리 시(이소노카미 신궁)
- 모즈 고분군
- 마키무쿠(구로쓰카, 하시하카)
- 후지와라 궁과 야마토 삼산
- 야마토 강
- 요시노
- 나니와 궁
- 나라 분지
- 시텐노 사
- 오사카 박물관

아스카 지역 개관

아스카!

많은 일본인이 생전에 꼭 한 번은 가고 싶어 하는 곳이라고 한다. 일본 고대 문화의 요람으로 여겨지는 곳이다. 나라 분지의 남단에 있으며, 오사카나 나라에서 대략 1시간쯤 거리이다. 아스카를 가려면 오사카나 교토에서 열차를 타고 아스카 역에서 내려야 한다. 역에서 내리면 한적한 농촌 마을과 산자락이 펼쳐지는데, 우리나라의 여느 농촌과 크게 다르지 않은 풍경이다.

아스카는 한자로 '飛鳥'라고 쓴다. 아스카의 행정상 지명은 '明日香村'인데, '明日香'도 역시 아스카라고 읽는다. '明日香'은 뜻으로 풀면 '날이 새다', 혹은 '새날'이 된다. '飛鳥', '明日香' 외에도 아스카를 지칭하는 한자 표기로 '安宿'을 사용했다고 한다. '편히 잠자다'라는 의미를 갖고 있는 '安宿'의 발음에서 아스카라는 지명이 유래했을 것으로 보기도 한다. '飛鳥'를 우리말로 훈독하면 '날다' '새'가 된다. 이를 붙이면 '날이 새다'가 된다. 이렇게 한자 표기는 다양하지만 모두 아스카로 읽는다.

이 지명들은 한반도에서 건너온 이른바 '도왜인'과 관련 있을 것으로 보고 있다. 즉, 한반도에서 규슈로 건너와 세토 내해를 거쳐 나니와(난바, 오사카)에 상륙하여 야마토 분지 남단에 이르러 마침내 편히 정착할 수 있는 터전을 찾았고 그곳을 '安宿', 즉 아스카로 명명했다는 것이다. 수십 혹은 수백 년에 걸친 여러 세대 동안의 긴 여정의 끝에 마침내 평온하게 정착할 수 있는 땅을 찾았고, 희망찬 새날을 기대할 수 있게 되었다는 의미가 이 지명에 녹아 있으리라 추측하고 있다. 모세의 인도로 젖과 꿀이 흐르는 가나안을 찾아 나선 유대인들의 출애굽보다 더 멀고 긴 여정이었을 것이다.

그런데 아스카라는 지명은 이곳뿐만 아니라 다른 곳에도 존재한다. 그중 대표적인 곳이 오사카의 가와치아스카〔河內近飛鳥〕이다. 나라 분지 쪽에서 발원하여 오사카 쪽으로 흘러드는 야마토 강과 이 야마토 강에 합류하는 이시 강〔石川〕을 북, 서로 끼고 가와치아스카가 있었다는 것이다. 이 두 아스카를 부를 때 오사카(나니와)를 기점으로 하여 가와치아스카를 '가까운 아스카', 나라 분지의 아스카를 '먼 아스카'로 가려 부르기도 한다. 근래에는 좁게 보아 '明日香村'만을 아스카로 지칭한다.

아스카는 일본 고대 문명이 화려하게 꽃핀 아스카 시대의 거점이다. 아스카 시대는 긴메이 천황〔欽明天皇〕 7년(538) 백제 성왕이 불교를 전한 때부터 다이카 개신〔大化改新〕이 행해진 645년까지 아스카 지방을 중심으로 불교 및 그에 수반한 대륙의 문화가 개화한 시기를 지칭한다.

아스카 시대는 소가씨〔蘇我氏〕의 집권 및 불교의 수용과 함께 대륙과 한반도 문화의 수입을 통해 일본 고대 문화의 기틀을 다진 시기이다. 불교는 6세기 말 소가씨가 아스카 사〔飛鳥寺〕를 건립하면서 본격적으로 전래된다. 이후 쇼토쿠 태자의 불교 장려에 힘입어 점차 한반도풍의 기와집 형식의 사원 건축이 들어선다. 아스카에는 일본 최초의 사원인 아스카 사가 있다. 그 외에도 다치바나 사〔橘寺〕, 가와라 사

〔川原寺〕, 야마다 사〔山田寺〕 등의 절 혹은 절터가 지금도 남아 있다. 아스카는 또한 일본 고대 시가집인 『만엽집』의 무대이기도 하다.

아스카의 산 중턱쯤에 소가노 우마코〔蘇我馬子〕의 무덤으로 여겨지는 이시부타이 고분이 있는데, 소가씨의 권력을 웅변해주듯 거대한 규모를 자랑한다. 그 외에도 긴메이천황릉, 덴무·지토천황릉, 몬무천황릉 등이 아스카 구릉지 곳곳에 자리를 잡고 있다. 한반도와 관련이 깊은 것으로 여겨지는 다카마쓰 고분과 기토라 고분 역시 아스카에 자리 잡고 있다.

아스카 주변 지역에는 아스카 시대와 그 전후 유적이 도처에 분포한다. 아스카 북쪽의 가시하라 시 우네비 산에는 초대 천황인 진무천황릉과 가시하라 신사〔橿原神宮〕가 있다. 진무 천황이 동쪽 정벌에 나섰다가 이 지역에 터를 잡고 일본을 건국했다는 것인데, 이것은 신화 혹은 설화일 뿐 사실로 확인된 것은 아니다. 진무천황릉도 19세기 후반에 가서야 정해진 것으로 능보다는 절터에 가까웠다는 당시 기록도 보인다. 아스카 북쪽 사쿠라이 시 주변에도 고대 유적이 산재해 있다. 전방후원분의 초기 형태가 만들어지고, 야마토 조정이 위치했을 것으로 추정되는 마키무쿠 유적도 이곳에 있다.

아스카의 지형이 한반도의 부여 혹은 경주와 닮았다고 이야기하는 일본인들을 종종 볼 수 있다. 한반도 도래계 집단이 자리를 잡았다면 아마도 그들이 떠나온 고향 산천과 비슷한 곳에 터를 잡았을 것이다. 일본의 궁이나 주거지는 대체로 평지인데, 아스카는 구릉지라는 점도 한반도의 관련성을 생각해보게 한다.

아스카 역을 나서면 낯설지 않은 풍경을 만날 수 있다. 몇몇 고분이나 석조 유적을 제외하면 아스카 시대의 흔적이 남아 있지 않은 한적한 농촌 풍경이 펼쳐진다. 시간이 인간의 흔적을 지워 다시 자연으로 돌려놓았다. 땅속에 묻힌 인간의 흔적만이 남아 당시를 증언해주고 있다. 그리하여 아스카는 유적들이 다투어 나서면서 자신을 과시하지도 않고, 현대 물질문명의 번다함에서도 비켜서 있다.

아스카를 좀 더 느끼며 보고 싶다면 천천히 걷는 것이 좋다. 아스카 역 앞에서 자전거를 대여하여 잘 다듬어진 자전거 길을 따라 도는 것도 아스카를 맛스럽게 즐기는 좋은 방법이다. 구릉과 산록을 바람과 함께 달리면서 골짜기, 골짜기 잠겨 있는 천수백 년 전의 흔적들과 만나는 것은 현대인으로 누릴 수 있는 대단한 사치이다.

飛鳥! 하늘을 나는 새처럼, 서두르지 않고, 느긋하고 여유 있게 창공을 솟아올라, 시간을 거슬러 아스카로 가볼 일이다.

6

전방후원분의 수수께끼, 일본 고대 국가의 시작

세토 내해를 지나 도착한 나니와

시모노세키에서 오사카로 가는 세토 내해는 아름답기로 유명하다. 국사를 배운 한국 학생들은 부산에서 출발한 조선통신사의 행로를 떠올릴 것이다. 그러나 한반도에서 세토 내해를 거쳐 오사카로 간 옛 사람들은 평화사절단인 조선통신사만이 아니었다.

고대의 한반도에서 긴키 지방으로 간 도래인들도 세토 내해를 지나갔다. 고대인들은 현해탄의 거친 파도를 지나 시모노세키를 거쳐 잔잔한 호수 같은 세토 내해를 건너 나니와 나루에 내리면서 "무사히 도착했구나" 하며 안도의 숨을 쉬었을 것이다.

오사카의 옛 지명은 나니와 혹은 난바(難波)로, 거친 파도라는 뜻이다. 고대에 한반도를 출발한 사람들이 거친 파도를 헤치고 도착한 곳이 난바였다. 물론 한반도로 출발하는 사람들도 이곳에서 배를 띄웠다. 과거 중국 수나라와 당나라를 견학하기 위해 일본에서 보낸 외교

아름다운 세토 내해
세토 내해는 혼슈와 시코쿠 사이의 바다로 사시사철 아름다운 풍경으로 일본인들의 사랑을 받는 관광지다. 1934년 세토 내해의 일부 바다가 국립공원으로 지정되었는데 지금은 세토 내해 전역이 국립공원으로 지정되어 있다. 문명이 긴키 지방으로 이동한 통로라서 역사적으로도 중요하지만 세토 내해의 일몰 또한 놓쳐서는 안 될 절경이다.

사절인 견수사, 견당사가 오사카에서 출발한 흔적은 수상 마츠리의 형태로 아직까지 남아 있다. 그리고 오사카를 여행한 사람이라면 한 번쯤은 스쳐 지나갔을 난바 역도 옛 지명의 흔적이다.

현재 난바 역은 주변에 바다라고는 눈 씻고 찾아도 없는 시내 한복판에 있다. 하지만 고대인들이 배에서 내린 곳은 지금의 오사카 남항이 아니라 시내 한복판의 난바 역 주변이었을 것이다. 고대에는 바닷물이 지금의 오사카 성과 오사카 역사 박물관 있는 곳까지 들어왔기 때문이다. 오사카의 모습은 에도 시대와 근대에 이르는 동안 자연적인 퇴적과 인공적인 매립을 통해 이루어졌다.

고대에는 배가 닿고 떠나는 곳을 나니와라고 불렀고, 오사카를 흐르는 요도 강과 옛 야마토 강 사이의 넓은 평야를 가와치(河內)라고 불렀다. 가와치는 '강 사이'라는 뜻이다. 현재 오사카와 사카이를 포함하는 넓은 지역이 가와치 평야이다. 오사카에서 기차를 타고 가다 보면 '가와치'라는 옛 지명이 역 이름으로 남아 있는 곳이 제법 있다.

가와치 평야를 만든 요도 강과 옛 야마토 강은 고대사에서 중요한 두 장소로 연결된다. 요도 강을 따라 올라가면 현재의 교토에 닿고, 옛 야마토 강을 따라 올라가면 아스카 지역과 연결된다. 그리고 저습지였던 오사카는 이 두 강이 실어 나른 모래가 퇴적되어 단단한 육지로 변했다.

고대의 나니와였던 오사카 역사 박물관에는 가와치 지역과 해상 교역로를 장악했던 가와치 왕의 흔적이 남아 있다.

거대 창고와 부를 독점한 '왕'의 등장

NHK 방송국과 같은 건물을 쓰고 있는 오사카 역사 박물관 앞에는 5세기의 거대한 창고군 유적인 호엔자카(法円坂) 유적이 있다. 복원한 1개의 창고는 가야 토기에 묘사된 건물이나 고구려 부경(桴京, 고구려 때 집집마다 있었다는 작은 창고)과 유사하다. 높은 마루가 있는 고상식 건물이다. 이런 고상식 창고가 16개 있었는데, 남북을 의식해서 나란히 서 있었다. 지금은 기둥 돌로 그 흔적만 표시해놓았다. 호엔자카 창고는 지붕이 높은 건물인데, 이는 한반도에서 건너온 높은 기둥을 세우는 기술(棟持主)이 있어서 가능했다.

호엔자카 창고에는 무엇이 쌓여 있었을까? 가장 먼저 생각할 수 있는 것이 쌀이다. 규슈에서 시작된 벼농사는 세토 내해를 통해 일본 전역으로 전파되었다. 가와치의 저습지는 벼가 자라기에는 최적의 조건이었고, 5세기 가와치 지역에서 생산된 벼가 호엔자카 창고에 가득 쌓여 있었을 것이다.

또 주변에서 스에키 토기 조각들이 발견된 것으로 보아 창고에 스에키 토기도 있었을 것으로 추정된다. 5세기 스에키 토기를 제작하던 유적으로 가와치(현 오사카) 주변의 스에무라(陶村)가 있다. 스에무라는 1,000개의 가마터가 발견된 일본 최대의 가마 유적으로, 가야에서 이주한 도래인들이 모여 살았을 것으로 추정하고 있다. 스에무라에서 만들어진 토기는 호엔자카 창고에 쌓여 있다가 나니와 나루를 통해

오사카 역사 박물관 앞 호엔자카 창고 유적
오사카 역사 박물관 앞에 복원되어 서 있는 창고와 그 기둥 자리에 갔다. 앉기 좋게 만든 기둥 자리에 앉아서 기둥 사이를 뛰어다니는 꼬마들을 바라보았다. 꼬마들에게 놀이터에 불과한 역사 박물관 앞 기둥 모형이지만 우리 일행에게는 5세기 가와치 왕의 실체를 알려주는 실마리였다.

전국으로 퍼져나갔을 것이다.

그럼, 나니와를 통해 수입된 물품 중 중요한 것은 무엇이었을까? 역사 학자들은 가장 중요한 수입품으로 철을 꼽는다. 4세기부터 가와치를 비롯한 일본 열도의 각지에서 한반도에서 수입한 철제 무기와 마구류가 발견되었다. 그런데 호엔자카 유적의 창고가 5세기의 건물이니까, 아마 호엔자카 창고에는 철제 무기나 마구류 등이 주요 교역품으로 쌓여 있었을 가능성이 높다.

5세기 오사카 역사 박물관 옆 창고에 쌀, 철, 스에키 토기를 쌓아놓았던 가와치의 왕은 세토 내해를 통해 규슈와 한반도를 연결하는 바닷길을 장악하여 문물 교류를 주도했을 것이다. 일본의 고대사에서는 '수수께끼의 4세기'라는 말이 있다. 4세기에서 5세기 초까지 중국의 문헌 자료에 왜국에 대한 기록이 없기 때문이다. 하지만 이 시기에 일본 각지에서 소국들이 발전하고 있었던 것이 고고학적 연구와 발굴을 통해 확인되고 있다. 이 시기를 일본 역사에서는 고분 시대라고 한다. 호엔자카 유적의 가와치 왕도 고분 시대가 열리던 시기에 가와치 지역을 다스리던 세력가였을 것이다.

세계 최대의 무덤, 닌토쿠천황릉이 모즈에 있는 까닭?

고분 시대의 유적들은 일본 곳곳에 남아 있는데, 오사카 부근 가와치 평야에는 고분 시대를 상징하는 유적이 있다. 사카이 시에 있는 닌토쿠천황릉이 그것이다. 세계 최대 규모의 고분인 닌토쿠천황릉이 포함된 모즈 고분군은 행정 구역으로 다이센 정(町)에 속한다. 이 지역의 무덤 무리를 모즈 고분군이라고 부르는 것은 닌토쿠천황릉 때문이다. 『일본서기』의 닌토쿠 천황(仁德天皇)에 대한 기록을 보자.

> 즉위한 지 67년(379) 가와치의 이시즈하라(石津原)에 가서 능으로 할 땅을 정했다. 이 해에 처음으로 능을 만들었는데 이날 사슴이 갑자기 들판에서, 달려가 인부들 사이로 돌진하여 넘어져 죽었다. 갑자기 죽은 것이 이상하여 그 상처를 찾았다. 그랬더니 귀에서 백설조(百舌鳥, 지빠귀를 가리킨다. 일본식 발음으로 '모즈'라고 부른다)가 나와 날아갔다. 사슴의 귓속을 보니 모두 먹히고 할퀴어져 벗겨져 있었다. 그래서 그곳을 모즈미미하라(百舌鳥耳原)라 했다.
>
> 87년(399)년 천황이 붕했다. 모즈 야릉(百舌鳥野陵)에 장사지냈다.
>
> —『일본서기』(권 11)(닌토쿠 천황 67년)

닌토쿠 천황은 가와치의 모즈 들판에 무덤을 만들기 시작한 지 20년 만에 죽었다. 『일본서기』에 묘사된 닌토쿠 천황은 궁궐 보수를 뒤로 미루고 백성들의 세금을 감면해주는 등 민생을 안정시킨 성군이었다. 닌토쿠 시대에 대대적인 제방 공사가 이루어졌다. 가와치 지방은 저습지여서 농경과 주거를 위해 제방 공사가 필수적이었다. 물의 신을 달래기 위해 인신 공양까지 하면서 제방을 쌓고 농경지를 확보했다. 이런 제방 공사를 총지휘하려면 왕이 절대 권력을 장악했으리라고 보는 것이 자연스럽다.

닌토쿠 천황이 20년간 만든 무덤이라면 그 규모가 최대일 거라는 전제 아래, 일본 궁내청에서는 가와치 무덤 무리에서 가장 큰 무덤을 닌토쿠천황릉으로 지정했다. 그리고 그 일대 무덤을 모즈 고분군으로

닌토쿠천황릉으로 알려진 다이센 고분
난카이 선을 타고 간사이공항으로 가던 기차 안에서 도심지에 있는 거대한 숲을 보면서 깜짝 놀란 적이 있다. 사카이 시에 있는 거대한 숲은 세계 최대의 무덤인 다이센 고분이었다. '왜 저렇게 거대한 고분을 만들었을까'라는 의문을 가질 수밖에 없었다.

이름 지었다. 그러나 이 무덤이 인덕천황릉이라는 증거는 없다.
 JR 모즈 역을 나서면 닌토쿠천황릉의 정면으로 갈 수 있다. 닌토쿠천황릉은 분구의 길이가 486미터에다가 주위의 3중 해자를 포함하면 총 길이가 840미터로, 이집트 피라미드보다 규모가 크다. 지금에야 민가나 현대식 건물에 에워싸인 거대한 숲처럼 보이지만, 5세기의 모습을 상상해본다면 저습지 들판에 우뚝 서 있는 거대한 무덤이었을 것이다.

고분 시대의 전방후원분

 닌토쿠천황릉은 고분 시대를 대표하는 전방후원분이다. 전방후원분은 매장부인 뒷부분은 둥글고 제사를 지내는 앞부분은 네모난 형태의 무덤으로, 3세기 후반부터 형성되어 일본 전역으로 확산되었다.
 일본인들은 전방후원분을 아주 특별하게 생각한다. 일본만의 독특한 무덤 양식인 데다가 세계 최대의 무덤인 닌토쿠천황릉도 전방후원분이기 때문이다. 3세기 후반 나라 분지에서 만들어진 전방후원분은 4세기 말에서 5세기 초에 대형화되었고, 그 정점에 닌토쿠천황릉이 있다. 5세기에 규슈, 기비 지방에도 대형화된 전방후원분이 만들어졌는데, 지방 호족들의 무덤으로 추정하고 있다. 아직은 중앙 집권화가 이루어지지 못한 시기에 각지의 호족들이 자신의 세력을 과시하기 위해 거대 무덤을 만든 것으로 보인다.
 가와치 평야를 포함한 긴키 지방에는 전방후원분이 아주 많다. 닌토쿠천황릉 다음으로 큰 무덤이 기비 지역에 있는데, 무덤의 크기로 보아 기비 지역에 거대한 정치 집단이 있었던 것으로 보인다.

『고사기』에 나오는 닌토쿠 천황의 외도 이야기에 기비 세력이 등장한다. 닌토쿠 천황의 황후 이와노히메노미코토(磐之媛命)는 가쓰라기씨(葛城氏) 출신이었다. 가쓰라기씨는 나라 현 고세 시 부근을 근거지로 한 씨족으로, 당시 막강한 영향력을 행사하고 있었다. 이와노히메노미코토는 리추 천황(履中天皇), 한제이 천황(反正天皇), 인교 천황(允恭天皇)의 생모이기도 하다. 그런데 가쓰라기씨의 힘을 배경으로 황후가 된 이와노히메노미코토에게 라이벌이 등장한다. 기비국(吉備國)에서 온 구로히메(黑媛)였다. 구로히메는 황후의 질투를 견디지 못하고 배를 타고 친정으로 도망가려 한다. 그러나 닌토쿠 천황이 자신의 마음을 담은 노래를 보내 구로히메의 발길을 붙잡으려 했고, 그 노래를 전해들은 황후는 심부름꾼을 보내 구로히메의 배를 빼앗아버린다. 구로히메는 어쩔 수 없이 걸어서 기비로 돌아갔다. 이후 구로히메를 잊지 못한 닌토쿠 천황은 황후 몰래 기비까지 가서 그녀를 만났다고 한다.

강력한 권력을 가진 닌토쿠 천황이지만 황후와 관련된 이야기 속에서는 늘 공처가로 묘사된다. 그것은 아직 왕권이 강하지 않았던 시대상을 반영하는 것으로 보인다. 닌토쿠 천황과 구로히메의 사랑은 가와치의 정치 세력이 기비 세력과 연계하려는 노력으로 봐야 할 것이다. 기비 지역의 고고학적 유적들을 보면, 상당한 정치 세력이 있었다는 것을 가늠할 수 있다. 또 가쓰라기씨의 반대로 가와치와 기비의 연대가 쉽지 않았던 당시의 정황도 짐작할 수 있다.

전방후원분은 5세기에 각 지역을 호령하던 호족들이 자신의 위엄을 보여주기 위해 만든 것이지만, 현대인의 눈에는 그저 신기하고 놀라울 뿐이다. 세계 최대라면 눈이 휘둥그레져서 보는 사람도 있겠지만, 그 많은 노동력을 동원해서 꼭 이리 거대하게 만들어야 했을까라는 생각을 지울 수가 없다. 해자가 3중이라는 것도 거리감을 느끼게 한다. 닌토쿠천황릉 앞에 서면 세 번째 해자만 보인다. 그리고 제방 너머 보이는 두 번째 해자는 거리 가늠도 안 될 만큼 멀다. 눈앞 전방부의 숲을 바라보면 이쪽과 저쪽의 경계가 실감난다. 3중 해자의 저편은 우리 같은 아랫것들은 접근 못할, 신성한 곳처럼 느껴진다.

닌토쿠천황릉에서 나온 의자손수대경

닌토쿠천황릉 바로 앞에는 사카이 시 박물관이 있다. 사카이 지역에서 출토된 선사 시대에서 근세까지의 유물과 함께 닌토쿠천황릉에서 출토된 유물의 모조품들이 전시되어 있다. 1872년 폭우로 닌토쿠천황릉의 전방부가 허물어졌을 때 수혈식 석실과 장지형 석관, 철제 투구, 철검, 유리 그릇 등이 대량으로 쏟아져 나왔다. 당시 메이지 정부는 상세한 모사도를 그린 다음, 유물을 원래 자리에 다시 묻었다. 에도 시대의 또다른 기록에는 후원부에도 대형 석관이 있었다고 한다.

박물관에서 가장 시선을 끄는 것은 전방부에서 발견된 장지형 석관(長持形石棺)의 모형이다. 한반도에서 보던 목관과 석관은 네모반듯하지만 장지형 석관은 앞뒤의 폭과 높이가 다르다. 석관의 옆면에 손잡이처럼 튀어나온 부분도 특이하고 채색되어 있는 것도 본 적 없다.

그리고 현재 미국 보스턴 박물관에서 소장하고 있는 '닌토쿠천황릉에서 나왔다'고 전해지는 유물의 모조품들도 전시되어 있다. 철제 투구는 고구려나 가야의 것을 연상시킨다. 금제 환두대도 역시 백제

이타즈케 고분에서 출토된 하니와
이타즈케 고분에서 나온 철투구 모양의
하니와는 사카이 시 문화재의 상징이다.
사카이 시에 분포된 전방후원분을
출현시킨 철기 문화를 상징한다.

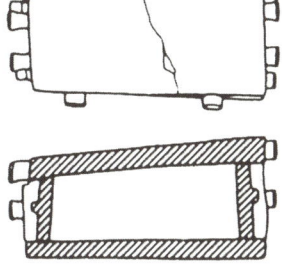 

장지형 석관
4세기 이후
전방후원분에서 출토되는
석관으로 옆면에 손잡이
같은 돌출된 부분이 있다.

나 가야, 신라 지역에서 출토된 한반도 계통이라는 것을 금방 알 수 있다. 고리 모양, 금박 모양이 눈에 아주 익숙하다.

그리고 그 옆에는 근래에 한반도를 들썩하게 했던 의자손수대경이 놓여 있다. 그 청동거울은 백제의 무령왕릉에서 나온 것과 같은 것이다. 이를 근거로 한국의 모 방송국에서는 닌토쿠천황릉에 누워 있는 사람이 백제인이라고 추정하는 프로그램을 방영하기도 했다.

일본 천황가가 백제계라는 것을 증명하고 싶어 하는 한국인들이 열광할 스토리였다. 그러나 같은 거울이 나온 것을 가지고 혈통과 연결시키는 것은 억측이다. 시기도 닌토쿠천황릉이 앞선다. 닌토쿠천황릉

무령왕릉에서 출토된
의자손수대경(국립 공주 박물관)
이것과 같은 틀에서 만들어진
의자손수대경이 닌토쿠천황릉(다이센
고분)에서도 출토되었다.

은 출토된 유물과 석실 구조로 보아 5세기에 만들어졌다. 그런데 무령왕은 6세기 사람이고 무덤도 6세기에 만들어졌으니, 나온 유물이 같다고 그 혈통을 연결시킨다면 백제 왕이 일본 천황가의 핏줄을 이어받았다는 주장이 더 논리적일 것이다.

그보다는 닌토쿠천황릉에서 나왔다는 철제 투구와 철검이 더 중요하다. 당시 철은 선진 문물의 상징이었기 때문이다. 이런 거대한 무덤에서 철제 투구와 철검이 나왔다는 것은 이 시기 지배자의 권력이 무기, 즉 정치력에서 나왔다는 것을 보여준다. 더하여 저습지를 농경지로 바꾼 축제술도 빼놓을 수 없다.

가와치 평야에서 마키무쿠 유적으로 가는 길목에 있는 구로히메 고분에서는 한반도 남부의 가야 지방에서 나온 것과 비슷한 갑옷과 투구가 대량으로 출토되었다. 또한 오사카의 전방후원분에서 출토된 마구류도 많은 추측을 낳았다. 왜냐하면 2세기 중국인들의 사서에 "왜에는 말이 없다"고 기록되어 있는데, 4~5세기 무덤에서 마구류가 쏟아진다는 것은 고분 시대의 주요 정치 세력들이 기마 문화를 수용

구로히메 고분에서 출토된 철제 갑옷(왼쪽)과 고령 지산동에서 나온 갑옷(오른쪽). 투구의 모양은 약간 다르지만 일본의 철제 갑옷은 가야의 것과 비슷하다.

했다는 의미이기 때문이다. 이런 이유로 한때 만주와 한반도에서 남하한 기마 민족이 일본 열도를 정복하고 지배자가 되었다는 기마 민족 정복설이 제기되기도 했다. 그러나 무덤 형식이나 문화의 급격한 변화가 없는 점 때문에 기마 민족 정복설은 설득력을 잃었다.

전방후원분의 시원을 둘러싼 논쟁들

전방후원분의 형태는 특이하다. 뒤가 둥글고 앞부분이 네모난 형태이다. 전방부 중간쯤 되는 곳에는 쓰쿠리다시라는 돌출부가 있는데, 제사 의식을 행하던 공간으로 추정된다. 일부러 깨뜨린 하니와(埴輪, 토용 또는 토우를 말한다) 조각들이 이곳에서 발견되기도 하고, 후원부의 매장부가 석실일 경우 돌출부인 쓰쿠리다시를 향해 입구를 내기도 했기 때문이다.

이런 특이한 전방후원분의 시원(始原)에 대해서도 한일 두 나라는 자국 중심의 학설을 늘어놓았다. 일제 강점기에 영산강 유역을 비롯한 한반도 남부에서 전방후원분과 유사한 무덤이 발견되었다. 일본 학자들 중 일부는 이를 임나일본부를 뒷받침하는 근거로 제시했다. 즉, 임나일본부가 설치된 시기에 일본의 영향을 받아 만들어진 무덤이라는 것이다.

하지만 한국 학자들은 『일본서기』의 임나일본부 기록이 거짓일 가능성과 당시의 문화 수준이 한반도가 더 뛰어났다는 것을 근거로 이 주장을 '절대로' 인정하지 않는다. 더 나아가 일본의 전방후원분이 한반도의 영향으로 만들어졌다고 주장하기도 한다. 그러나 한반도의 전방후원분이 일본보다 발생이 더 늦어 설득력을 얻지 못했다.

일본 학계에서는 전방후원분의 시발점을 마키무쿠 유적의 하시하카 고분으로 보고 있다. 하시하카 고분은 3세기 후반의 무덤으로 전방부와 후원부가 길이가 같고, 주변에 하니와를 두르고 해자까지 갖추고 있다. 전형적인 전방후원분의 형태이다. 이와 비슷한 형태로 좀 더 앞선 시기의 무덤들이 마키무쿠 지역에 있지만, 전형적인 전방후원분에 앞서는 형태라고 하여 '마키무쿠형 전방후원분'이라고 한다.

마키무쿠의 전방후원분이 만들어진 시기가 한반도의 전방후원분을 앞서자, 일부 한국 역사학자들은 이전의 주장을 수정하였다. 전방후원분의 형태는 일본에서 처음 유래했지만 무덤의 봉분을 높게 쌓은 방분과 분구묘는 한반도의 영향이라는 것이다. 야요이 시대의 분구묘와 기대(器臺)가 높은 제사용 그릇과 석실을 만드는 한반도 무덤 양

전방후원분의 시초로 알려진 하시하카 고분(3세기)
하늘과 호수로 에워싸인 하시하카 무덤은 신성한 느낌을 준다. 전방후원분은 앞부분의 네모진 부분의 한 변과 후원의 지름이 1:1이다. 하시하카 무덤은 그 비율을 잘 보여준다.

식이 더해져서 마키무쿠 지역에서 전방후원분이 처음으로 만들어졌다는 것을 강조하였다.

마키무쿠 지역의 전방후원분에서는 주로 제사용 도구들이 출토되었다. 칼, 거울, 옥으로 구성된 3종 신기 세트와 의례용 그릇으로 물새 모양 그릇이 많이 출토된다. 이를 통해 3세기 제사장이 묻힌 무덤이라는 것을 추측할 수 있다.

전방후원분은 제사장들이 지배하던 3세기에는 마키무쿠 지역에서만 축조되었지만, 4세기가 되면 가와치, 나니와, 기비, 규슈, 도고쿠 지방으로 전방후원분이 확대된다. 그리고 출토 유물도 철제 무기나 마구류로 바뀐다. 이 4세기에 나타나는 전방후원분은 정치적 지배자의 것으로, 일본 학계에서는 이들이 세력을 점점 넓혀서 한반도 남부까지 진출했다고 보고 있다.

일본 학자들이 "전방후원분은 일본의 고유하고 독특한 무덤으로 나라 분지 마키무쿠에서 시작하여 나라(야마토)→가와치→일본 전역으로 확산되어갔다"고 말하는 것이나, 한국 학자들이 "전방후원분의 기원은 한반도"라고 주장하는 것은 둘 다 자기 나라 역사를 중심에 놓고 외래의 영향을 축소시키려는 것이다.

전방후원분의 정형화된 형태는 마키무쿠 지역에서 만들어졌지만 그것은 외래문화 수용의 결과였다. 그리고 영산강 유역의 전방후원분에서 왜 계통의 유물이 나온 것은 6세기 이 지역에 왜 문물이 들어오고 있었다는 것을 보여준다.

현대의 관점으로 '그때 일본/한반도 남부는 우리의 영향력 아래에 있었어'라는 식으로 정리하려 하지만, 사실 고대인들에게 한반도 남부와 일본은 아주 가까운 이웃이었다. 그리고 일본의 전방후원분과 영산강 유역의 유물은 자유롭게 교류하며 영향을 주고받은 결과물일 것이다.

수수께끼, 닌토쿠천황릉의 주인은?

일본의 천황릉은 궁내청에서 여러 정황을 바탕으로 어느 천황의 무덤인지 정하는데, 대부분의 고분에서 지석(誌石)이 나오지 않기 때문에 그 주인을 명확히 알 수 없다. 그런데 지정 과정에서 일본인들의 고대에 대한 역사관이 투영되기 때문에, 이후에 발견된 고고학 증거가 천황릉 주인이 살던 시기와 일치하지 않는 경우가 많다.

모즈 고분군의 닌토쿠천황릉을 중심으로 일본 학자들이 그리는 고대사는 다음과 같다.

3세기 마키무쿠 지역에서 전방후원분이 축조되기 시작했는데, 4세기에 전방후원분을 만든 세력은 나라 분지를 벗어나 가와치 지역으로 진출한다. 이 시기 고분으로 진구 황후의 아들인 오진천황릉을 후루이치 고분군에 비정하고 그의 아들인 닌토쿠천황릉을 모즈 고분군으로 비정하면, 일본의 고대사가 야마토-마키무쿠 지역에서 시작하여 밖으로 확산되는 과정을 전방후원분의 발생과 확대로 설명할 수 있다.

일본 학계는 현재 하시하카 고분을 히미코나 그의 후계인 이요의 무덤으로 추정하고 있다. 무덤 후원부 정상에서 발견된 호형 토기와 특수 기대가 280~290년에 만들어진 것으로, 중국 사서에 등장하는 히미코의 활동 시기와 일치하기 때문이다.

그런데 문제는 『일본서기』에 히미코의 이름이 없다는 것이다. 『일본서기』를 서술한 사람들이 히미코를 모델로 하여 진구 황후를 창조했다는 것이 통설이다. 그래서 히미코와 진구 황후를 같은 인물로 보고 하시하카 고분에서 후루이치 고분군, 모즈 고분군으로 이어지는 일본 고대 국가의 성립과 확산과정을 상정하기도 한다.

또 하나의 문제는 하시하카 고분을 히미코의 무덤으로 증명해줬던 고고학 증거가 다른 천황릉과는 맞지 않다는 것이다. 진구 황후의 손자인 닌토쿠 천황은 재위 67년에 무덤을 만들기 시작했고, 그 후 20년 후 무덤이 완성되고 나서 죽었다. 닌토쿠 천황의 재위가 313년에서 399년이니, 그의 무덤은 4세기 말경에 만들어졌다고 볼 수 있다.

	200	269	310	399	404	450	507	531
『일본서기』 왕위 계보	14대 진구 황후	15대 오진 천황	16대 닌토쿠 천황	17대 리추 천황			26대 게이타이 천황	
고분의 편년	마키무쿠 하시하카 고분				모즈 리추 천황릉	후루이치 오진천황릉 오다차우스야마 고분 게이타이천황릉	모즈 닌토쿠천황릉	

왕위 계보와 고분 편년
『일본서기』의 왕위계보와 궁내청에서 지정한 천황릉의 편년을 대조하면 일치하지 않는다.
천황릉이라 명명된 고분들은 천황릉이 아닐 가능성이 많다.

그런데 닌토쿠천황릉은 5세기의 무덤이라고 말하고 있다. 닌토쿠천황릉은 분구가 거대화되고 전방부가 후원부를 압도하며, 부장품을 따로 묻는 무덤인 배총과 제사 공간인 돌출부가 있다. 또한 2만여 개의 하니와를 사용했는데 이러한 형태는 5세기 무덤이라는 근거이다. 기록에 닌토쿠 천황은 자신의 무덤을 만들고 죽었다고 했기 때문에 그의 무덤에서는 4세기 유물이 나와야 한다. 그런데 닌토쿠천황릉에서는 5세기 이후의 것들만 쏟아져 나왔다.

더 재미있는 것은 닌토쿠 천황의 아들 무덤으로 알려진 리추천황릉이다. 리추천황릉에서는 철제 농기구와 무기가 많이 나왔는데, 닌토쿠천황릉보다 앞선 5세기 초에 만들어진 것으로 밝혀졌다.

그 외에도 게이타이 천황(繼体天皇)의 무덤으로 알려진 오다차우스야마 고분도 5세기 중엽의 것으로 드러났다. 게이타이 천황은 야마토 정권의 직계 조상으로 6세기 초의 인물이다. 그래서 현재 천황릉으로 알려진 전방후원분들은 『일본서기』 속의 천황 무덤이 아닐 가능성이 훨씬 높다. 그러면 이 무덤의 주인들은 누구일까?

중국 역사책에 등장하는 왜 5왕

가와치 지역의 모즈와 후루이치에 거대한 전방후원분이 만들어지던 5세기에 중국 사서에 '왜왕'이 다시 등장한다. 히미코 이후로 150년간 중국과 교류가 없다가, 다시 왜왕이 중국에 사신을 보냈고 그 내용이 『송서』에 기록되었다. 그런데 중국의 역사책에 등장하는 왜왕의 이름도 『일본서기』에 등장하는 천황의 계보와 전혀 맞지 않다.

『일본서기』가 많이 윤색되었다고 보기 때문에 역사가들은 중국 사서에 나오는 왕의 이름을 더 신뢰한다. 왜 5왕은 찬(讚), 진(珍), 제(濟), 홍(興), 무(武) 다섯이다. 중국 사서에 첫 번째로 이름을 올린 이는 찬으로 동진에 사신을 보내면서였다. 『일본서기』에는 오진 천황이 중국인과 함께 사신을 보낸 것으로 적혀 있지만, 오진 천황을 왜왕 찬으로 보기는 어렵다. 왜냐하면 중국은 외국 사신의 왕래를 꼼꼼하게 기록했는데, 히미코 이후 150년간 중국과 왜 사이에 왕래한 기록이 전혀 없다. 그러니 히미코(진구 황후)의 아들인 오진 천황을 왜왕 찬으로 보는 것은 무리가 있다. 또한 오진 천황이 실제로 존재했는지도 명확하지 않다.

하지만 5세기에 가와치 지역의 전방후원분의 규모가 최고조에 달한 것으로 보아, 이 지역의 정치 세력이 빠르게 성장했다는 것을 가늠할 수 있다. 그리고 이들이 중국에 사신을 보냈을 가능성도 충분하다. 현재 일본 학계에서도 이 가능성을 인정하고 있다.

5세기에 '가와치의 왕'은 각 지역의 호족들보다 더 큰 전방후원분을 만들었다. 그러나 한반도와 연결된 선진 문물의 수입 경로였던 규슈와 세토 내해의 호족들을 한 번에 복속시킬 정도는 아니었을 것이다. 그래서 중국이나 한반도와 교류가 더욱 절실하게 필요했을 수도 있다.

이후 가와치의 왕은 가와치 평야의 생산력을 바탕으로 세력을 더욱 키워, 규슈나 도고쿠 지방으로 세력을 뻗게 된다. 『일본서기』에는 유랴쿠 천황 등이 강력한 군사력을 앞세워 정벌했다고 하는데 지방 세력과 연합했을 가능성도 있다. 어쨌든 긴키 지방의 가와치 세력과 각 지역 세력의 관계를 알려주는 명문이 발견되었다. 서쪽 끝이자 한반도로 가는 관문인 규슈의 구마모토 현과 동쪽 끝인 도쿄 부근 사이타마 현의 전방후원분에서였다. 5세기 전방후원분인 규슈 구마모토 현에타후나야마 고분에서는 은으로 명문을 새긴 철제 칼이 출토되었다. 그 표면에 다음과 같은 글이 쓰여 있었다.

> 천하를 통치하시는 와카타케루 대왕(일부 문자 파손), 전조를 봉사하는 자, 이름은 무리테, 8월에 커다란 부를 사용하여 4척의 칼을 만들다. 80번 연마하고 □□□ □□□ 좋은 칼이다. 이 칼을 지닌 자는 장수하고 자손이 대대손손 왕의 은혜를 얻을 것이다. 칼을 만든 자 이름은 이태가, 글을 쓴 자는 장안이다.

> 江田船山鐵刀銘
> 治天下獲□□□鹵大王世 奉事典曹人名无利弖 八月中 用大□釜 幷四尺廷刀 八十練□十振三□上好利刀 服此刀者 長壽子孫綿綿 得王恩也不失其所統 作刀者名伊太加□書者張安也

금동제 관모와 신발(에타후나야마 고분)
한반도에서 흔히 보던 금동제 관모와 신발이다. 이 유물을 보고 '무덤의 주인이 한반도계이다', 혹은 '한반도에서 책봉을 받았을 것이다'라고 추정하는 한국인들이 있다. 하지만 철검은 가와치 지역의 지배자가 준 것으로 보인다. 에타후나야마 고분의 주인은 한반도와 가와치 지역과 관련된 인물로 볼 수 있다.

　천하를 통치하는 '대왕'의 등장을 알리는 명문으로, 이 대왕이 누구인가에 대해 논란이 많았다. 에타후나야마 고분에서 함께 출토된 유물은 한반도 계통의 금동제 관모, 신발, 금귀고리, 6개의 청동거울, 마구와 도질 토기 등이 출토되었다. 글씨의 모양이 고구려, 백제, 신라의 비문과 유사하고 '대왕' 앞의 글자가 개로왕의 한 글자가 떨어진 것이라고 하여 에타후나야마 고분에 묻힌 사람에게 칼을 준 대왕은 백제왕이라는 해석도 있었다.
　그러나 같은 5세기 중반에 조성된 무덤에서 비슷한 칼이 발견되면서 칼에 새겨진 대왕이 백제왕이란 해석은 힘을 잃었다. 규슈와 정반대 쪽인 동쪽 끝, 도쿄 부근 사이타마 현의 이나리야마 고분에서 발견된 칼은 명문 상태가 아주 양호했다.

(앞면) 신해년 7월(471) 7월에 기술한다. 오와케노오미의 조상, 그 이름은 오호히코. 그 자손의 이름은 다카리스쿠네. 그 자손의 이름은 데요카리와케. 그 자손의 이름은 다카히시와케. 그 자손의 이름은 다사키와케. 그 자손의 이름은 하테히.

(뒷면) 그 자손의 이름은 가사히요. 그 자손의 이름은 오와케노오미. 대대로 장도인의 우두머리가 되어 봉사한 지 지금에 달한다. 와카타케루 대왕 시키 궁에 계실 때, 본인은 천하를 통치하고 이 백련의 칼을 들게 하여 봉사의 근원을 기록한다.

(표) 辛亥年七月中記 乎獲居臣 上祖名意富比垝 其児多加利足尼 其児名弖已加利獲居 其児名多加披次獲居 其児名多沙鬼獲居 其児名半弖比

(裏) 其児名加差披余 其児名乎獲居臣 世世為杖刀人首 奉事来至今 獲加多支鹵大王寺在斯鬼宮時 吾左治天下 令作此百練利刀 記吾奉事根原也

이 철검에는 에타후나야마 고분에서 지워진 대왕의 이름이 선명히 남아 있고 서체도 같다. 규슈의 구마모토와 혼슈 끝 사이타마 지역에 이 칼을 내린 와카타케루 대왕은 누구일까? 칼에 적힌 신해년을 일본 학계는 471년으로 해석했고, 칼에 새겨진 와카타케루를 중국 사서에 등장하는 왜 5왕 중 '무'로 추정하고 있다. 규슈와 사이타마 지역에 영향력을 미칠 정도의 권력을 가진 세력이라면, 외교력이나 경제적 부에서도 가장 강력한 세력이었을 것이다. 그렇다면 이들이 가와치에 거대한 전방후원분을 쌓은 정치 세력일 가능성이 높다.

현재의 오사카에 있었던 나니와와 가와치는 고대 문물 교류의 창구였다. 이 지역을 장악한 가와치의 왕은 관개 시설 정비와 농경에 힘쓰면서 동시에 한반도의 철기 문화 수입에 적극적이었다. 이런 생산과 교역 활동을 통해 규슈나 일본의 동남부로 뻗어나갈 힘을 길렀다. 바닷길을 따라 들어온 문화는 다음 세기에도 이어져 야마토 정권이 고대 국가를 형성하는 밑바탕이 되었다.

7

아스카 시대, 불교와 함께 열리다

불교, 국가의 지배 이데올로기가 되다

일본에서는 오랫동안 '만세일계(萬世一系)', 즉 초대 진무 천황 이래 천황의 계보가 한 번도 단절되지 않고 현재까지 이르렀다고 가르쳤다. 그러나 역사학자들은 일본 고대 역사에서 최소 세 번의 왕권 교체가 있었을 것으로 추론하고, 그 세 번째 왕국이 26대 게이타이 천황에서 시작된 것으로 보고 있다. 그래서 현 천황가는 자신의 직접 조상을 게이타이 천황으로 상정하고 있다. 게이타이 천황에 이르러서 오사카 지역의 다이센 고분의 주인공을 이어 나라 분지의 아스카 지역에 새로운 왕조가 열린 것이다. 이 시기를 아스카 시대라고 한다.

아스카 시대는 대체로 스이코 조정 전후 100여 년, 즉 6세기에서 7세기 전반에 걸친 시기를 지칭한다. 이 시기는 일본 고대 국가의 기틀이 확립된 때로, 체제가 정비되고 불교와 유교, 도교 등 종교 사상이 유입되었다.

이 시기 동북아시아 국제 정세는 아주 복잡했다. 한반도 삼국은 격렬하게 부딪치며 전쟁의 소용돌이 속으로 들어가고 있었고, 중국에서는 수나라가 남북조를 통일했다가 이후 망하고 다시 당 제국이 동아시아의 패권을 잡아가고 있었다. 이러한 시대의 소용돌이 속에 일본에서는 아스카 문화가 꽃을 피우기 시작했다.

아스카 문화는 중국과 한반도의 문화를 기반으로 하고, 나아가 멀리 페르시아 문화도 수용했다. 물론 고구려, 백제, 신라와 가장 활발하게 교류하며 문화를 받아들였다. 그중에서도 불교의 융성이 두드러진다. 현재의 아스카 지역을 둘러보면 아스카 시대 때 창건된 절과 절터를 도처에서 만날 수 있다.

그런데 아스카의 역사를 돌아보면 다른 나라들과 마찬가지로 불교의 수용이 단순히 종교 차원에서 이루어진 게 아니라는 것을 알 수 있다. 지금부터 불교를 실마리 삼아 역사 속의 아스카로 들어가보자.

아스카 시대를 이끈 세력은 소가씨이다. 소가씨는 한반도, 특히 백제에서 건너온 이른바 '도래계' 세력으로 보인다. 그 가문의 계보를 보면 가라코(韓子), 코마(高麗) 등의 이름을 가진 조상이 보인다. 소가씨는 일찍이 한반도에서 건너와 나라 분지 서남쪽 가쓰라기 지방에 자리를 잡고, 한반도에서 건너오는 도래인들을 규합하여 영향력을 키웠다.

이후 소가노 이나메(蘇我稲目)가 센카 천황(宣化天皇) 때 최고 지위인 대신(大臣)이 되었다. 게다가 자신의 두 딸을 긴메이 천황의 비로 들여보내 세력을 더욱 넓혀갔다. 비다쓰 천황(敏達天皇) 때는 소가노 우마코가 아버지 이나메의 뒤를 이어 대신의 지위에 오르면서, 소가 가문은 조정의 핵심 세력으로 자리 잡았다.

그러나 이때까지는 아직 소가씨가 절대 권력을 누리지는 못했다.

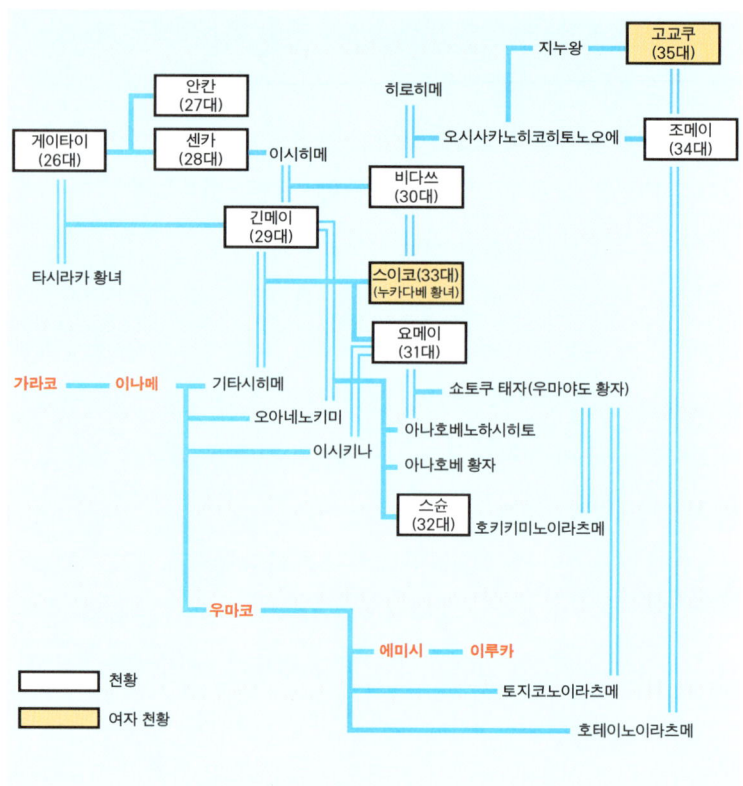

아스카 시대 천황가와 소가씨 가문의 가계도

가장 강력한 라이벌인 모노노베씨(物部氏)가 버티고 있었기 때문이다. 이 두 가문의 경쟁과 대결은 두 세대에 걸쳐 지속되었는데, 흥미롭게도 불교의 수용을 둘러싸고 전개되었다.

기록상으로 일본에 불교가 공식적으로 전해진 것은 긴메이 천황 때로, 백제에서 전해졌다. 긴메이 천황 13년(6세기 중엽), 백제는 불상과 경전 등을 보내면서 다음과 같이 권했다.

> 이 법은 모든 법 중에서 가장 훌륭한 것이다. 이해하기 어렵고 입문하기 어려우며, 공자도 알지 못하는 것이다. 이 법은 한없는 복을 쌓고 무상의 세계에 이르는 길을 말해준다. 인도에서 삼한에 이르기까지 받들어 모시고 있으며, 존경하지 않는 자가 없다. 일본에 널리 전파되기를 바란다.
>
> ―『일본서기』(권 19)(긴메이 천황 13년)

이에 긴메이 천황이 여러 신하를 불러모아놓고 의견을 물었고, 소가노 이나메가 "서쪽의 여러 나라가 다 같이 모시고 있는데, 우리만 안 모실 수 있겠습니까?"라고 답했다. 그러자 모노노베씨 측에서 "우리가 큰 문제없이 나라를 유지하고 있는 것은 이 땅의 신들이 보살펴주기 때문인데, 나라 밖 신을 모셔오면 나라 안 신들의 노여움을 살 것입니다"라고 반대했다.

당시 일본 조정에서 불교 수용을 둘러싸고 벌인 논쟁을 보면, 마치 신라가 불교를 받아들일 때 법흥왕과 이차돈(異次頓), 신라 귀족 간에 벌였던 논쟁과 흡사하다. 신라 법흥왕은 불교를 지배 이데올로기로 삼아 왕권을 강화하고자 이차돈을 앞세워 불교 수용을 시도했다. 일본의 경우에는 소가씨가 새로운 사상 수용을 통해 모노노베씨에게 대적하고 자신들이 권력의 중심이 되고자 불교 수용을 적극 주장했다. 당시 모노노베씨는 일본의 토착 신앙을 기반으로 삼고 있었다.

긴메이 천황은 불교 수용을 찬성하는 이나메에게 불상과 불경을 주며 시험 삼아 모셔보라고 명했다. 그 후 나라에 전염병이 퍼지자, 모노노베씨 등이 이를 빌미로 불교를 폐할 것을 주장했다. 긴메이 천황은 불상을 강에 버리고 절을 불태우게 했다. 이렇게 일본에서 불교 수용 논쟁은 종교를 넘어 소가씨와 모노노베씨의 정치 세력 다툼이었다. 1차전은 모노노베씨의 승리였다.

소가씨는 국가의 공인은 받지 못했지만, 불교를 받아들이고 전파하는 데 노력을 계속 기울였다. 이나메의 아들인 우마코는 불상 두 구를 구하여 자신의 집에 불전을 짓고 고구려에서 건너온 승려를 초빙했다. 그때 다시 역병이 돌자 모노노베씨 등이 트집을 잡았고, 긴메이 천황은 이번에도 불상 숭배를 그만두게 했다. 모노노베씨가 직접 절에 가서 담을 허물고 불을 지르며 승려와 우마코에게 모욕을 주었다. 두 가문의 갈등과 원한은 더욱 깊어졌다.

비다쓰 천황의 뒤를 이어 31대 요메이 천황〔用明天皇〕이 즉위했다. 그런데 즉위 2년째 되던 해에 병이 나자, 요메이 천황은 "나는 불교에 귀의하려 한다. 경들은 이 문제를 상의하라"라고 했다. 모노노베씨는 여전히 "어째서 이 나라의 신을 놔두고 외국의 신을 섬기려 하는가? 도대체 알 수가 없다"라고 했다. 이에 대항하여 소가씨는 "천황의 뜻이 그러하니 도와드려야 한다"라고 하며 대립했다. 또다시 불교 수용을 둘러싸고 갈등이 재연되었고, 요메이 천황은 병석에서 일어나지 못한 채 죽고 말았다.

요메이 천황의 죽음을 계기로 불교 수용을 둘러싼 갈등은 정치적 대립과 내란으로 치달았다. 우마코는 비다쓰 천황의 황후였던 누카타베 황녀〔額田部皇女〕를 앞세워 모노노베씨를 공격했다. 소가씨는 먼저 모노노베씨 측에서 추대하려고 했던 아나호베 황자〔穴穗部皇子〕를 공격하여 상처를 입혔고, 조정의 여러 군신을 동원하여 모노노베노 모리야〔物部守屋〕의 집을 포위했다. 격렬한 전투 끝에 마침내 소가씨는 모노노베씨를 무너뜨리고 실권을 장악했다. 이후 소가씨의 지원 아래 스슌 천황〔崇峻天皇〕이 즉위했다.

이렇게 소가씨가 야마토 정권의 권력을 완전히 장악하게 되는 과정은 불교의 전래와 연결되어 있다. 백제계였던 소가씨는 백제를 통해 들어온 불교를 지배 이데올로기로 삼아 정국을 주도하고자 했다. 천황에게도 숭불을 권유하면서 불교의 교세 확장을 자신의 정치적 영향력을 넓히는 데 활용했다. 결국 일본의 토착 신을 옹호하던 모노노베씨를 제거하고 권력을 틀어쥘 수 있었다.

최초의 여자 천황 스이코의 즉위와 쇼토쿠 태자의 섭정

소가씨의 힘으로 옹립된 스슌 천황은 허수아비에 가까웠고 모든 국정은 소가씨의 뜻대로 움직였다. 이에 스슌 천황의 불만은 나날이 깊어갔다. 즉위 5년째 되는 어느 날, 스슌 천황은 진상받은 멧돼지를 앞에 놓고 나지막하게 부르짖었다.

"멧돼지의 목을 따는 것처럼 내 누군가의 목을 따고 말리라."

그 '누구'는 소가씨를 지칭한다는 것을 말하지 않아도 알 수 있었다. 즉위한 이후 소가씨의 위세에 눌려 기를 펴지 못하던 스슌 천황이 멧돼지를 앞에 놓고 울분을 표출한 것이다. 이 말은 바로 소가씨의 귀에 들어갔고, 우마코는 깜짝 놀라 화근을 잘라내야겠다고 마음을 굳혔다. 우마코는 조공을 올리려고 사신이 왔다면서 스슌 천황을 조정으로 불러낸 다음, 측근을 시켜 살해했다.

우마코는 스슌 천황을 살해한 뒤 긴메이 천황의 셋째 딸을 천황으로 옹립했다. 이가 스이코 천황으로, 바로 비다쓰 천황의 황후였던 누카타베 황녀였다. 스이코 천황은 31대 천황인 요메이 천황과 동복남매로, 어머니는 소가노 기타시히메〔蘇我堅鹽媛〕였다. 기타시히메는 이나메의 딸이자 우마코의 여동생으로, 스이코 천황에게 우마코는 외삼촌이 되는 셈이었다. 새로운 천황은 천황가의 피와 소가씨의 피가 반반 섞여 있었다.

스이코 천황은 일본 역사상 최초의 여자 천황으로, 즉위할 때의 나이가 서른아홉이었다. 즉위 첫해, 스이코 천황은 요메이 천황의 아들이자 자신의 조카인 우마야도 황자〔厩戶皇子〕를 황태자로 삼고 국가의 중대사를 관장하게 했다. 이 우마야도 황자가 바로 그 유명한 쇼토쿠 태자이다.

쇼토쿠 태자는 일본 역사에서 많은 존경을 받는 인물로, 일본 불교의 시조이자 일본 고대 사상의 창안자로 추앙받고 있다. '쇼토쿠'는 시호이고 생전의 이름은 우마야도이다.

『일본서기』에는 그의 탄생과 관련하여 흥미로운 이야기가 전해온다.

> 그의 어머니, 즉 요메이 천황의 황후인 아나호베노하시히토 황녀〔穴穗部間人皇女〕가 출산이 가까울 무렵 궁중을 순행하여 제사〔諸司〕를 감찰했다. 말을 관리하는 관청의 외양간 문〔厩戶〕에 왔을 때, 힘 한 번 쓰지 않고 낳았다. 태어날 때부터 말을 했다. 장년이 되어, 한 번에 10인의 송사〔訟事〕를 듣고 과실 없이 처리했다. 겸하여 장래의 일을 잘 알았다. 고구려 승려 혜자〔惠慈〕에게 불교를 배우고 박사 각가〔覺哿〕에게 유교를 배웠다. 모두 통달했다.
>
> ―『일본서기』(권 22)(스이코 천황 원년)

백제 아좌 태자가 그렸다고 전하는
「쇼토쿠태자상」
쇼토쿠 태자에 대한 일본인들의 존경과 사랑은 후세에도 계속되어, 1980년대까지 1만 엔 지폐에 등장하기도 했다. 또한 1980년대 후반에는 쇼토쿠 태자를 주인공으로 한 만화가 유행하기도 했다.

    마치 석가모니의 탄생과 신통한 능력을 보는 듯하다. 그래서인지 아스카 지역의 사찰들에는 부처의 형상을 한 쇼토쿠 태자의 상을 연령대별로 모시고 있다.

    그런데 그는 정말로 생존 시에 그렇게 생불에 가까웠을까? 쇼토쿠 태자의 모습을 있는 그대로 보려면, 먼저 그가 활동하던 시기 소가씨와 어떤 관계를 맺었는지 파악해야 한다. 쇼토쿠 태자와 소가씨는 혈연으로 얽혀 있다. 쇼토쿠 태자의 할머니가 이나메의 딸이다. 이후 성장 과정에서도 쇼토쿠 태자는 정치적으로 소가씨와 연계되어 있었다. 소가씨와 모노노베씨가 대격돌을 벌였을 때 쇼토쿠 태자는 10대 중반이었다. 이 싸움에서 쇼토쿠 태자는 소가씨 편에 서서 전투에 참여했다. 다시 『일본서기』를 보자.

다치바나 사의 태자당
다치바나 사는 쇼토쿠 태자가 태어난 곳인 아스카에 자신이 세운 것으로 전해진다. 1864년에 재건되었다. 본당인 태자당에 쇼토쿠의 좌상이 안치되어 있다.

소가노 우마코는 여러 황자들과 군신들에게 모노노베씨를 멸할 것을 주장했다. …… 이때 쇼토쿠는 우마코의 군사를 따라갔다. 그는 스스로 생각하기를 "만일 잘못하면 패하지 않을까? 부처님께 기원하지 않으면 이기기 어려울 것이다" 하고 말했다. 급히 사천왕의 상을 만들어 이마 위에 놓고 발원하기를 "지금 내게 적을 이기게 하여 주시면 반드시 사천왕을 위하여 절과 탑을 세울 것입니다"고 했다.

―『일본서기』(권 21)(스순 천황 원년)

앞에서 서술한 바와 같이 이 격전에서 소가씨가 승리하여 조정의 실권을 장악했다. 내전이 끝난 후 쇼토쿠 태자와 우마코의 발원으로 시텐노 사(四天王寺)와 호코 사(法興寺, 아스카 사의 전신이다)가 건립되었고, 이후 두 절은 아스카 불교문화를 대변하는 대표적인 사찰이 되었다.

『일본서기』의 내용을 통해 쇼토쿠 태자와 관련한 몇 가지 사실을 알 수 있다. 우선 쇼토쿠 태자는 자라면서 소가씨 가문을 정치적 후원자로 삼았다. 하지만 그게 꼭 혈통상의 친연성 때문은 아니었을 것이다. 모노노베씨 가문에서 황통 계승자로 내세웠던 아나호베 황자 역시 외가 쪽이 소가씨였기 때문이다. 아니, 그전에 우마코의 누이가 모노노베씨 가문으로 출가했으니, 지배층 간의 혼인이 정치적인 제휴의 결정적인 요인은 아니었을 것이다.

소가씨와 쇼토쿠 태자는 모노노베씨와 격전을 벌인 이후 더욱 긴밀해졌다. 스슌 천황이 소가씨에게 살해되고 소가씨를 외가로 둔 스이코 천황이 즉위하는데, 이때 쇼토쿠가 황태자로 옹립된 것이다. 이 결정은 당연히 소가씨의 의중에 따랐을 것이다. 분명치는 않지만 당시 쇼토쿠 태자의 나이는 열아홉 살로 추산된다. 쇼토쿠 태자는 593년 이후 622년 죽을 때까지 섭정의 자리에 있다가, 끝내 천황의 지위에 오르지 못하고 죽음을 맞았다.

소가씨와 천황가 그리고 쇼토쿠 태자

야마토 정권의 실권을 장악한 소가씨는 '을사의 변'이 일어나기 전까지 대대로 대신의 자리를 세습하면서 야마토 정권을 쥐락펴락했다.

을사의 변은 두 번째 여자 천황인 35대 고교쿠 천황(皇極天皇) 4년에 나카노오에 황자(中大兄皇子)가 쿠데타를 일으켜 우마코의 손자인 이루카(蘇我入鹿)를 암살한 사건이다. 이 사건으로 막강한 영향력을 행사하던 소가씨 가문은 멸망하게 되는데, 이 을사의 변을 주도한 나카노오에 황자가 훗날 다이카 개신의 주역인 덴지 천황(天智天皇)이다.

아무튼 을사의 변 이전 소가씨의 권력은 천황을 능가할 정도였다. 소가씨의 위세가 어느 정도였는지를 단적으로 보여주는 이야기가 몇 가지 전하는데, 특히 『일본서기』에는 당시 소가씨의 막강했던 권력을 엿볼 수 있는 일화가 여럿 기록되어 있다. 천황을 마음대로 옹립하거나 마음에 들지 않으면 죽이기까지 했다. 스슌 천황은 소가씨가 옹립했다가 살해된 대표적 천황이다.

아스카 산록에 위치한 이시부타이 고분
봉분의 흙이 제거되어 석실이 드러난 모습이 권력의 무상함을 느끼게 한다.

천황은 술을 준비하여 여러 신하에게 연회를 베풀었다. 이날 대신 소가노 우마코는 술잔을 올리고 노래를 불렀다.

"천하를 다스리는 대군이 들어 계시는 광대한 궁전, 내가 세운 궁의 천정을 보니 천대 만대에 이러하리라. 두려워하며 섬기리라. 배례하고 섬기리라. 노래 바칩니다." 이에 천황이 답하여 노래했다.

"소가의 사람이여, 소가의 사람이여, 그대는 말(馬)이라면 유명한 휴가국의 말, 대도(大刀)라면 오나라의 진도라, 마땅한 일이다. 소가의 사람을 대군이 쓰시는 것이다."

— 『일본서기』(권 22) (스이코 천황 20년)

대신 우마코가 병으로 누웠다. 천황이 대신을 위하여, 남녀 모두 100인을 출가시켰다.

— 『일본서기』(권 22) (스이코 천황 22년)

우마코가 사람을 보내 천황에게 아뢰어 "가쓰라기 현은 본래 신의 본거였습니다. 그 현으로 성을 삼았습니다. 제발 영구히 그 현을 주십시오. 신의 봉현으로 하고자 합니다"라고 말했다. 천황은 조(詔)하여 "짐은 소가씨 출신이다. 대신은 나의 숙부이다. 고로 대신이 말하는 것을, 밤에 말했으면 밤이 새기 전에, 낮에 말했으면 해지기 전에 어떤 말이든지 들어주었다. 그러나 지금 짐의 시대에 갑자기 그 현을 잃으면 후세의 임금이 '어리석은 부인이 천하를 다스려 갑자기 그 현을 멸망시켰다'라고 말할 것이다. 이리 되면 어찌 짐 혼자만 어리석다고 욕을 먹겠는가? 그대 또한 불충이 되어 후세에 악명을 남길 것이다"라고 하고 들어주지 않았다.

— 『일본서기』(권 22) (스이코 천황 32년)

이렇게 소가씨는 3대에 걸쳐 무소불위의 권력을 행사했다. 쇼토쿠는 이러한 소가 가문의 정치적 영향력 아래서 태자로 머물다 세상을 뜬 것이다.

죽어서 신이 된 사나이, 쇼토쿠

스이코 천황 재위 29년 2월, 밤중에 우마야도노도요사토미미노미코토(厩戶豊聰耳皇子命)가 이카루가 궁(斑鳩宮)에서 훙(薨)했다. 이때 제왕 제신 및 천하 백성이, 어른은 사랑하는 아이를 잃은 것 같아서, 염초(鹽酢)의 맛이 입에 있어도 먹지 않고, 어린이는 자애로운 부모를 여읜 것 같아서, 울부짖는 소리가 도로에 가득했다. 경작하던 사람이 밭가는 것을 멈추고, 절구 찧는 여인은 절굿대 소리를 내지 않았다. …… 고구려 승려 혜자는 조구(上宮) 태자가 훙했다는 말을 듣고 몹시 슬퍼했다. 몸소 경을 강하는 날에 서원하여 "일본에 성인이 계셨다. 조구토요사토미미 황자(上宮豊聰耳皇子)라 했다. 진실로 하늘이 허락한 사람이고, 현성의 덕으로서 일본에 나시었다. …… 이는 진실로 대성인이시다. 지금 태자는 이미 훙했다. 나는 나라는 다르지만 마음은 금이라도 끊을 수 있을 정도이다. 혼자 살아서 무슨 이익이 있겠는가? 나는 내년 2월 5일에 꼭 죽을 것이다. 조구 태자를 정토에서 만나서 같이 중생을 교화할 것이다"라고 말했다. 그리고 혜자는 약속한 날에 틀림없이 죽었다. 때문에 그때 사람이 "조구 태자 혼자만 성인인 게 아니다. 혜자 또한 성인이다"라고 말했다.

— 『일본서기』(권 22)(스이코 천황 29년 2월 5일)

쇼토쿠 태자가 활동한 때는 일본에서 고대 국가가 성립되던 시기였다. 쇼토쿠는 태자로서 섭정의 지위에 있었지만 실권은 외가인 소가 씨가 장악하고 있어서, 정치적으로 영향력을 발휘하는 데 제약이 있었다. 그가 불교 등 종교 사상에 심취한 것도 이런 정치 지평의 영향도 있었을 것이다.

이런 이유로 쇼토쿠 태자가 섭정 때 행한 몇 가지 정책을 온전히 태자의 치적으로 인정해야 하는가라는 논란이 있기도 하다. 하지만 그가 섭정을 하며 펼친 정책 중에 '관위 12계' 제정, '17개조 헌법' 공포 등은 주목할 만하다.

헌법 17개조

스이코 12년, 황태자가 처음으로 헌법 17개조를 만들었다.

1. 화(和)를 귀한 것으로 하고, 역(逆)함이 없음을 종으로 하라.
2. 굳게 3보(불, 법, 승)를 경하라.
3. 승조(承詔)하면 필근(必謹)하라. 군은 하늘이요, 신은 땅이다. 하늘이 덮고, 땅은 싣는다.
4. 군경백료는 예로서 본을 삼으라.
5. 탐식탐재를 끊고 물욕을 버려서, 분명하게 소송을 가려라.
6. 권선징악은 예로부터의 좋은 전범이다. 따라서 사람의 선을 숨기지 말고, 악을 보면 바르게 하라.

> 7. 사람에게 각각 부여된 임무를 관장함에 있어서 월권지 마라.
> 8. 군경백료는 조정에 일찍 나오고 늦게 퇴근하라.
> 9. 신(信)은 의(義)의 근본이다. 매사에 유신하라.
> 10. 분(忿)을 끊고 노(怒)를 버려서, 남이 나와 다른 것에 화내지 마라.
> 11. 공과를 분명하게 하여 상벌을 정당하게 하라.
> 12. 국사, 국조는 백성을 수탈하지 마라.
> 13. 관리에 임명된 모든 자는 직장(職掌)을 알라.
> 14. 군신백료는 질투하여서는 안 된다.
> 15. 사(私)를 버리고 공(公)을 향하는 것은 신(臣)의 도리다.
> 16. 백성을 부림에는 때를 맞추어라.
> 17. 일을 혼자 단정하지 마라. 반드시 중(衆)과 의논하라.

쇼토쿠 태자가 공표했다고 하는 '17개조 헌법'은 신(神), 유(儒), 불(佛) 습합(習合)을 잘 보여준다. 일본 전통 사상의 한 개념인 '화(和)'가 바로 17조 헌법의 첫째 항목이다. 일본 토착의 신도, 인도·중국·한반도를 거쳐 들어온 당대의 가장 선진적인 종교라고 할 수 있는 불교, 생활규범·도덕률인 유교가 이즈음 일본에 수입되어 습합된 것이다.

대체로 쇼토쿠 태자는 첫째, 불교 사상의 심도 있는 이해와 불교 신앙의 확산에 기여한 것으로 평가받는다. 둘째, 윤리 도덕(처세훈)을 제시한 선철(先哲)로서 평가받는다. 셋째, 여러 문명의 도입이나 제작을 시작한 공적이 있는 현인(賢人)으로 자리매김된다.

반면 쇼토쿠 태자에 대한 부정적인 인식도 존재한다. 근세 초기 국학 사상가들은 종종 쇼토쿠 태자를 유학이나 국학의 논리에 배반하는 불교의 신봉자라는 점을 들어 비판했다. 불교는 공허하며 심성을 우롱한다는 점, 사원의 조성이나 승려의 공양을 위해 쓸데없는 낭비를 일삼아 사람들을 고통스럽게 한다는 점, 이렇다 할 근거도 없는 속설을 선전하는 점 등을 들어 쇼토쿠 태자를 비판했다.

또한 우마코의 정치적 영향력에서 벗어나지 못했다는 이유로 쇼토쿠 태자를 낮게 평가하는 이도 있다. 아울러 쇼토쿠 태자가 교활한 지혜를 이용해 태자의 신분으로 사서(史書)를 작성했다고 비판한다. 특히 남자가 이어야 할 황위와 그 타당성을 바꾸어 여제의 등극과 천황가의 여성화를 가져왔다며 혹독하게 비판하기도 한다.

쇼토쿠 태자는 죽은 후 얼마 되지 않은 시점부터 신격화되기 시작했다. 그는 호류 사(法隆寺)의 금당(金堂) 석가명에 법왕으로 올라 있는데, 죽은 후 50여 년 만에 신격화된 것이다. 그 후 신격화는 시대를 내려오면서 가속화되었고, 급기야 태자를 대상으로 하는 태자 신앙으로까지 발전했다. 그리하여 쇼토쿠 태자에 대한 객관적인 이해는 대단히 어렵게 되었다.

물론 국학이 위세를 떨치던 근세 전후로 배불론(排佛論)이 등장하면서 일부 국학자 중에는 쇼토쿠 태자를 비난하기도 했다. 그러나 메이지 유신 이후 배불론이 퇴조하고 천황제의 이데올로기가 고양되면서, 쇼토쿠 태자는 명실상부하게 일본의 가장 위대한 역사 인물로서 지위를 확고하게 다졌다.

일본 고대 불교의 요람, 아스카

　일본 불교는 아스카 시대에 도입되었는데, 몇 가지 설이 있지만 공식적으로 538년 전래된 것으로 보고 있다. 앞에서 말한 바와 같이 불교의 도입은 권력 투쟁과 매개되어 지난한 과정을 거쳤는데, 이후 소가씨가 권력을 장악하면서 전면적으로 수용 확산되었다. 아스카 시대에 세워진 대표적인 사찰을 꼽는다면 일본 최초의 사찰이라고 할 수 있는 아스카 사, 쇼토쿠 태자가 건립한 것으로 전해 내려오는 이카루가 궁 근처의 호류 사와 나니와의 시텐노 사, 하타씨가 건립한 교토의 고류 사(廣隆寺) 등을 꼽을 수 있다.

　아스카 사는 일본 최초의 사찰이다. 아스카에 가면 건립 당시보다는 축소된 규모이지만 여전히 절이 남아 있고, 당시에 조성된 불상과 그 지역에서 발굴된 기와 등이 전시되어 있다. 아스카 사의 조성에 대해 『일본서기』는 다음과 같이 기록하고 있다.

　　비다쓰 7년(577) 11월, 백제 국왕이 경전, 율사, 비구니, 불상 제작 기술자, 사원 건축 기술자 등을 보냈다.
　　　　　　　　　　　　　　　　—『일본서기』(권 20)(비다쓰 천황 7년)

　　스이코 4년(596), 호코 사가 준공되었다. 소가노 젠토쿠(蘇我善德)(우마코의 아들)를 사사(寺司)로 임명했다.
　　　　　　　　　　　　　　　　—『일본서기』(권 22)(스이코 천황 4년)

　『일본서기』의 기록처럼 아스카 사는 백제계인 소가씨가 중심이 되

아스카 사 청동 대불

어 백제의 기술자들이 건립했다. 이곳에서 출토된 기와를 보면 이 절이 백제의 기술로 건립되었다는 것을 쉽게 알 수 있다.

한편 일본 고대 불교문화의 진수는 호류 사에서 볼 수 있다. 호류 사는 쇼토쿠 태자가 607년에 창건했는데, 이후 화재로 완전히 소실되었다가 708년 재건하여 오늘에 이르고 있다. 아직도 당시의 건물 형태를 유지하고 있어 세계문화유산에 등재되어 있다.

670년에 불탔던 원래의 절터를 보면 가람 배치가 남문-중문-탑-금당-강당과 이것을 둘러싼 회랑으로 구성되어 있다. 부여 군수리 사지(扶餘軍守里寺址, 부여 군수리에 자리하고 있는 백제의 절터) 등에 보이는 이른바 백제식 가람 배치이다. 하지만 지금의 호류 사는 금당, 오중탑(伍重塔)을 중심으로 하는 서원(西院)과 덴표(天平) 양식인 몽전(夢殿)을 중심으로 하는 동원(東院)으로 나누어져 있다. 금당, 몽전 등에는 국보급 불

호류 사 금당벽화(왼쪽)와 백제관음상(오른쪽)

교 미술품 수백 점이 소장되어 있다. 금당에 지금은 불타 없어졌지만 우리에게도 잘 알려진 담징의 벽화가 있었다. 그리고 호류 사의 유물 중 단연 돋보이는 것이 '백제관음상'이다. 높이 210센티미터로 우아한 자태와 단아한 아름다움은 불교 미술의 극치를 보여준다.

아스카 시대에 세워진 사찰로 또 하나를 꼽는다면 교토 지역의 고류 사이다. 아스카에서 멀리 떨어진 교토에 있지만 역시 아스카 시대의 불교문화를 잘 보여준다. 이 절은 신라계 도래인으로 보이는 하타노 가와카쓰(秦何勝)가 건립했는데, '목조미륵보살반가사유상'이 안치되어 있는 것으로도 유명하다. 전시된 목조미륵보살반가사유상 앞에는 앉아서 관람할 수 있도록 관람대를 설치해두어, 관람대에는 항상 관음보살과 무언의 대화를 하고 있는 사람을 볼 수 있다. 아스카 사 창립의 내력, 호류 사의 백제관음상, 고류 사의 목조미륵보살반가사유상은 다시 한 번 아스카 문화와 한반도의 관련성을 생각하게 한다.

8

소가씨의 몰락과 다이카 개신

나무판자로 지붕을 얹은 궁전, 이타부키 궁

나라 분지의 제일 남쪽, 아스카 강을 중심으로 좌우로 펼쳐진 작고 아늑한 평지를 '아스카'라고 부른다. 이곳은 592년에 도유라 궁(豊浦宮)에서 스이코가 천황으로 즉위한 이후 지토 천황(持統天皇)이 후지와라 쿄로 천도(遷都)할 때까지 천황이 머문 곳이다. 나니와로 옮겨간 짧은 기간을 제외하고 약 100년 동안 천황의 궁이 있었다. 흔히 '아스카 시대'라고 부르는 이 시기는 일본에서 천황 중심의 고대 국가가 성장하는 요람기였다.

율령 체제가 성립되기 전, 일본에서는 천황이 바뀌거나 중대한 정치적 변동이 생기면 새로 궁을 지어 천도를 했다. 실제 아스카 평원에는 10개가 넘는 궁터가 남아 있다. 당시에는 궁궐 주변에 도시가 형성되지 않아서, 좀 더 정확히 표현하면 천도가 아니라 천궁(遷宮) 정도가 될 것이다. 궁의 이동 거리도 아스카 평원 내의 좁은 지역으로 한정되어, 관료들은 천황의 궁이 어디로 옮기든지 자신의 터전에 그대로 남아 있을 수 있었다. 궁궐을 한 번 지으면 짧게는 수십 년에서 길게는 수백 년씩 사용하는 우리나라와 비교해 상당히 낯선 풍경이다.

잦은 천궁의 이유를 설명하는 논리는 여러 가지다. 천황이 죽은 궁궐의 부정(不淨)한 기운을 피하고자 새 궁궐로 옮기는 거라고 설명하는 이도 있지만, 보다 현실적인 이유는 건축 기법의 한계 때문으로 보인다.

6세기 말 이후 일본에서 본격적으로 조성되기 시작하는 사원 건물은 대체로 주춧돌을 놓고 그 위에 기둥을 올리는 방식으로 지었다. 이것은 백제의 선진 건축술로, 도래인을 통해 일본에 전해진 것으로 보인다. 이런 방식은 건물을 훨씬 튼튼하고 규모 있게 짓는 건축 공법이다. 무거운 기와지붕을 올리거나 높은 탑을 세우려면 든든한 주춧돌이 바탕이 되어야 하기 때문이다. 일본에서 가장 오래된 사원이자 처음으로 기와를 올린 아스카 사가 그 대표적인 예이다. 야마다 사, 가와라 사도 마찬가지다.

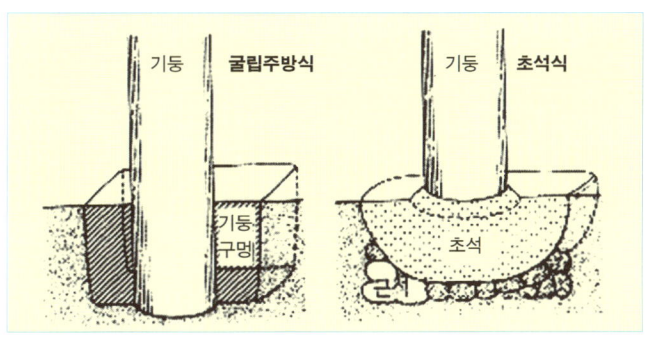

굴립주방식과 초석식 공법의 차이
굴립주 방식은 땅 속에 기둥을 그대로 박아서 세우는 방식인 반면 초석식 공법은 주춧돌을 놓고 그 위에 기둥을 올리는 방식이다.

이타부키 궁터 전승지
일본 고대사에서 한 획을 그은 '을사의 변'이라는 대단한 사건의 현장으로 향하는 우리들은 마치 영빈관에 들어 환대를 받을 것처럼 들떠 있었지만, 우리를 맞이한 것은 초라한 건물터 달랑 하나뿐이었다. 참으로 '별 것 없는' 유적이었다. 사전 지식이 없다면 마치 오래 된 공중목욕탕 같았을 것이다.

하지만 이런 초석식 공법은 7세기까지도 사원 건축에 한정될 뿐, 천황이 거주하던 궁조차도 아직은 땅속에 기둥을 그대로 박는 굴립주(掘立柱) 방식으로 지었다. 이렇게 하면 건물을 지지하는 힘이 약하여 지붕을 장대하게 올리기도 어렵고 오래 머물며 사용하기도 어려웠다. 이타부키 궁(板蓋宮)의 뜻도 궁전의 지붕을 나무판자로 만들었다는 의미이다. 당시까지 아스카의 궁들은 흔히 상상하는 그런 화려한 기와지붕의 건물이 아니었다. 그래서 자주 옮길 수밖에 없었고, 궁을 이전할 때는 이전 궁 건물의 기둥을 뽑아서 새 건물을 지었다.

아쉽게도 아스카 지역에 조성된 여러 궁의 위치를 정확히 알 수는 없다. 다만 여러 가지 전승과 발굴 조사로 어림짐작할 뿐이다. 이시부타이 고분에서 북쪽 방향으로 자전거를 타고 내려가다 보면 너른 들판 가운데 건물터가 하나 보인다. 이곳이 고교쿠 천황의 이타부키 궁터로 추정되는 곳이다. 발굴 결과 내·외곽을 구성한 것으로 보이는 굴립주 건물을 비롯하여 여러 개의 고상식 건물과 우물 등이 발견되었다. 수차례 재건한 흔적이 보이는데 제일 상층은 덴무 천황(天武天皇)의 아스카키요미하라 궁이고 중간층은 사이메이 천황(齊明天皇)의 후기 오카모토 궁, 그 맨 아래층이 이타부키 궁으로 짐작된다. 지금은 무성한 풀밭 사이에 초라하게 웅크린 사각형의 건물터만 달랑 하나 남아 있지만 1,300여 년 전 이곳에서는 일본 고대사에 한 획을 그은 사건이 벌어졌다.

소가씨의 몰락, 을사의 변

645년 6월 12일, 나카노오에 황자는 태극전(太極殿)으로 향했다. 한반도에서 온 사신들이 공물을 바치기로 한 날이었다. 오늘 연회에는 이루카도 참석할 것이다. 나카노오에는 심호흡을 했다. 오늘에야 비로소 난신(亂臣)을 척결하고 왕실의 위엄을 지킬 결전의 날이 온 것이다. 절대로 실수가 있어서는 안 된다.

사신들은 벌써 태극전 한쪽에 자리를 잡고 앉아 있었다. 오랜만에 이루카도 모습을 보였다. 나카토미노 가마타리(中臣鎌足, 훗날 후지와라노 가마타리)가 이루카에게 다가가 안부를 묻고 자리를 정해 앉았다. 천황이 들어온다는 전갈이 오자, 모두 자리에서 일어나 예를 갖추었다. 고교쿠 천황이 들어오고 이어서 황자들이 뒤를 따랐다. 후로히토노오에 황자(古人大兄皇子)가 천황의 옆에 앉고 그다음에 나카노오에가 앉았다. 슬쩍 고개를 돌려 이루카가 참석한 것을 확인한 다음 나카노오에의 시선이 가마타리를 찾았다. 모든 준비가 끝났다는 듯이 엷게 웃음을 보였다. 놀랄 만치 침착한 가마타리의 모습에 나카노오에도 자신감을 되찾았다. 천황은 연회를 시작하라 명했다.

나카노오에는 태극전에 들어오기 전에 궁궐 문을 모두 잠그고 출입을 금하도록 한 다음, 녹봉을 주려는 것처럼 꾸며 궁궐 경비병들을 한곳에 모았다. 그들이 눈치채고 움직여버리면 모든 계획이 수포로 돌아가기 때문이다.

나카노오에는 조용히 일어나 태극전 옆에 숨었다. 손에는 어느새 긴 창이 들려 있었다. 가마타리의 부하들이 활과 화살을 들고 그를 호위했다. 가마타리는 거사에 가담한 사람들에게 거듭 강조해서 말했다.

"반드시 한순간에 베어야 한다."

연회가 무르익자 소가노 구라노야마다노마로(蘇我倉山田麻呂)가 앞으로 나와 삼한(三韓)의 표문을 펼쳐들었다. 며칠 전 나카노오에에게 거사 계획을 들은 뒤부터 줄곧 두려움과 흥분으로 밤을 지새웠다. 상대는 이루카가 아닌가? 자꾸만 비집고 나오려는 두려움을 심중에 단단히 눌러두고 담담히 표문을 읽어나갔다.

이루카는 의심이 많아 밤낮으로 칼을 허리에 차고 다녔는데, 이번 연회에서는 가마타리가 익살꾼을 시켜 이루카를 속여 칼을 풀게 했다.

표문을 거의 다 읽어 내려가고 있었지만 약속된 거사는 시작되지 않고 있었다. 구라노야마다노마로의 손이 떨리고 식은땀이 흘렀다. 목소리도 다른 사람이 알아차릴 정도로 떨렸다. 역시 눈치가 빠른 이루

소가노 이루카를 참살하는 나카노오에 (나라의 단잔 신사에 소장된 에도 시대의 그림)

카였다.

"그대는 왜 그리 떨고 있는 거요?"

"천황의 곁이므로 황공하여 저도 모르게 땀이 흐릅니다."

뭔가 이상하다는 듯 이루카가 미간을 살짝 찌푸렸다. 태극전의 공기가 심상찮았다. 이제 이루카를 공격하기로 한 부하들이 칼을 들고 이루카에게 달려가야 할 차례다. 하지만 이루카의 기세에 눌려 감히 나아가지 못하고 주저하고 있었다. 이루카가 주변을 살피자, 나카노오에는 더는 기다릴 수가 없었다. 그래서 직접 칼을 빼들고 소리를 지르며 이루카를 향해 달려갔다.

이루카는 아차 싶어 몸을 돌려 피하려 했으나 이미 늦었다. 이루카의 머리와 어깨에 일격이 가해졌다. 뒤늦게 정신을 차린 부하들이 이루카의 다리를 베었다. 어좌 아래로 굴러떨어진 이루카는 겨우 몸을 일으켜 천황을 쳐다봤다.

"신은 죄가 없습니다. 폐하!"

고교쿠 천황이 크게 놀라 나카노오에에게 어찌된 영문인지 물었다.

"이루카는 황자들을 모두 죽이고 제위를 엿보았습니다. 소가씨 가문을 멸하고 황실의 존엄을 세워야 합니다."

천황은 일을 돌이키기에 늦었다는 것을 깨닫고 황급히 일어나 궁으로 들어가버렸다. 이날 비가 억수같이 내려 태극전 뜰에 넘쳤다. 이루카의 시체는 거적에 덮인 채 밤새 뜰에 방치되어 있었다.

후로히토노오에 황자는 연회장의 상황을 보고 사택으로 뛰어들어 사람들에게 "한인들이 이루카를 죽였다. 내 마음도 아프다"라고 말했다. 한반도에서 건너온 사람들이 이루카를 죽였다는 말인지, 한반도 정책의 차이 때문에 갈등을 빚다가 이루카가 죽었다는 것인지 의미가 분명치는 않다. 이후 이루카의 아버지인 에미시(蘇我蝦夷)도 자결하여 소가씨 가문은 완전히 몰락한다.

이타부키 궁에서 북쪽으로 약 500미터 되는 곳에 아스카 사가 있다. 일본 최초의 절로 알려진 이 절의 서문(西門) 유적 근처에 수총(首塚)이라 불리는 작은 탑이 하나 있는데, 이루카의 머리가 묻혔다는 전설이 전해온다. 나카노오에 황자가 이루카의 목을 쳤을 때 그의 머리가 이곳까지 날아왔다고 한다. 아스카 사가 소가씨의 발원으로 지어졌기 때문에 그런 전설이 생겼을 것이다. 절 근처에는 또 소가씨의 저택이 있었다는 작은 언덕이 있다. 이처럼 아스카 지역 곳곳에는 소가씨의 흔적이 고스란히 남아 있다.

일본 고대사를 천황권의 확립 과정으로 서술하면서 쇼토쿠 태자는 몇 번이고 반복되어 영웅으로 상징화되지만, 천황의 권력을 위협했

소가노 이루카의 머리가 묻혔다고 전해지는 수총.
아스카 사의 서문 유적 근처에 있다.

던 소가씨는 영웅에게 비참한 최후를 맞이하는 악역을 감수해야 했다. 이타부키 궁의 퇴락한 모습은 어쩌면 한 시대를 풍미했던 소가씨의 몰락을 상징하는지도 모른다. 봉토가 발가벗겨져 속을 훤히 드러낸 이시부타이 고분 또한 마찬가지다.

정변의 주역들, 가마타리와 나카노오에 황자

'을사의 변'은 소가씨 가문 주도의 정치 체제가 막을 내린 것을 의미했다. 충격을 받은 고교쿠 천황이 양위를 결정하자, 다음 천황으로 세 명이 거론되었다. 고교쿠 천황의 동생인 가루 황자(輕皇子), 고교쿠 천황의 큰아들인 후로히토노오에 황자, 마지막으로 고교쿠 천황의 또 다른 아들이자 정변을 주도한 나카노오에 황자였다.

고교쿠 천황은 정변을 주도한 나카노오에 황자에게 황위를 물려주려 했지만, 나카노오에 황자의 정치적 후견인 격인 가마타리가 반대 의사를 분명히 했다. 숙부와 형을 제치고 나서는 게 보기 좋지 않다는 이유였다. 한편 후로히토노오에 황자는 고교쿠 천황의 큰아들로서 형식적으로는 대권에 가장 근접한 인물이었다. 하지만 그는 이루카로부터 다음 대권을 약속받은 상태였다. 을사의 변 당시 가장 당황한 사람은 바로 후로히토노오에 황자였다. 이루카의 제거는 곧 자신의 정치적 몰락을 의미했기 때문이다. 누가 알았겠는가? 이루카가 그렇게 허무하게 무너질지……

후로히토노오에 황자는 대권에 대한 제안이 들어오자, 사양하고 스스로 머리를 깎고 요시노로 물러났다. 나중 이야기이지만 이 비운의 남자 후로히토노오에는 요시노에서 모반을 일으켰다가 나카노오에 황자에게 참살된다. 결국 대권은 가루 황자에게 넘어갔고, 그가 바로 36대 고토쿠 천황(孝德天皇)이다. 을사의 변을 주도한 나카노오에 황자는 황태자에 올라 개혁을 지휘한다. 이 때문에 몇몇 학자들은 '을사의 변'의 진정한 배후는 가루 황자라고 주장하기도 한다. 하지만 이 역사 드라마의 주연은 누가 뭐래도 나카토미노 가마타리와 나카노오에 황자였다. 나카노오에 황자는 이 쿠데타의 명실상부한 주연으로서 후에 덴지 천황이 된다.

나카토미노 가마타리는 이전 행적이 분명치가 않다. 다만 신관(神官)에 임명되었으나 고사하고 취임하지 않았다는 기록이 있다. 가마타리는 을사의 변 이후 그 공적을 인정받아 후지와라(藤原)라는 성을 하사

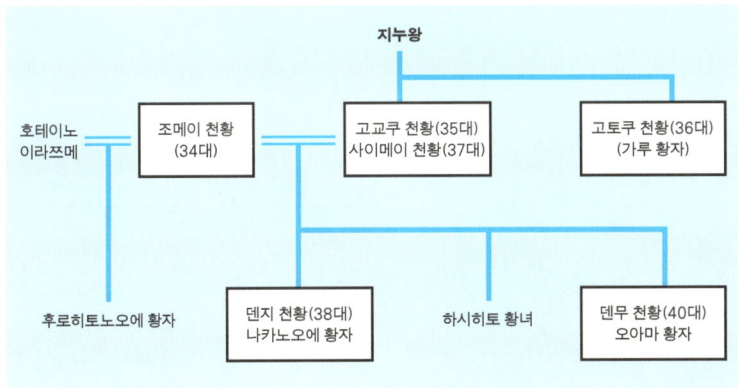

을사의 변을 전후한 시기의 천황 계승표
고교쿠 천황은 조메이 천황의 황후로서 스이코 이후 두 번째 여성 천황이 되었다. 소가노 이루카는 후로히토노오에 황자를 다음 천황으로 낙점하고 있었지만 소가씨 가문의 멸족으로 물거품이 되고 황위는 가루황자에게 돌아가게 된다. 그가 고토쿠 천황이다. 고토쿠 천황이 죽고 난 후 고교쿠는 사이메이라는 이름으로 다시 천황이 된다.

받고 권력의 핵심으로 등장한다. 이후 후지와라씨는 나라 시대와 헤이안 시대를 풍미하는 일본 고대사의 가장 중요한 가문이 된다.

그런데 가마타리는 상당히 오래전부터 소가씨 이후의 시대를 준비하고 있었던 듯하다. 일찍부터 가루 황자와 가까이 지내면서 친분과 신뢰를 쌓았고, 나카노오에 황자에게도 먼저 접근했기 때문이다. 재미있는 것은 가마타리와 나카노오에의 의기투합 과정이 대단히 낯익다는 것이다.

나카노오에 황자가 호코 사에서 격구를 하다가 실수로 가죽신이 벗겨지자, 가마타리가 두 손으로 받들어 나아가 무릎을 꿇고 드렸다. 이후에 서로 친하게 되어 호형호제하는 사이가 되자, 소가씨를 처단할 비밀 계획을 세우게 된다. 물론 의심을 피하기 위해 같은 스승 밑에서 공부하는 모양새도 갖추었다. 이때 가마타리가 이런 훈수를 두었다.

자전거를 타고 지나는 아스카(明日香村)의 한적한 시골길
이시부타이에서 이타부키 궁터로 가는 길은 완만한 내리막길이다. 하지만 이 짧은 길은 한 시대를 풍미한 소가씨의 절대 권력이 몰락하는 수직의 낭떠러지였을지도 모른다.

"큰일을 도모할 때에는 도움이 있는 것이 좋습니다. 소가노 구라노야마다노마로의 딸과 혼인하여 그를 끌어들여야 합니다."

구라노야마다노마로는 소가씨 가문이면서도 이루카와 정치적으로 거리가 있는 인물이었다. 가마타리는 스스로 중신아비가 되어 구라노야마다노마로의 큰딸과 나카노오에 황자의 혼사를 성사시켰다.

그런데 예기치 못한 일이 생긴다. 결혼하기로 한 구라노야마다노마로의 큰딸이 혼인날 누군가에게 보쌈을 당한 것이다. 구라노야마다노마로가 이 일로 근심하자, 둘째 딸이 흔쾌히 언니 대신 자신이 시집가겠다고 한다. 결국 나카노오에 황자는 구라노야마다노마로의 장녀가 아니라 차녀와 결혼하게 된다.

이 이야기는 『삼국유사』에 나오는 김춘추(金春秋)와 김유신(金庾信)이 정치적 제휴를 맺는 과정과 매우 흡사하다. 김유신은 김춘추와 사돈을 맺기 위해 축구 경기에서 일부러 춘추의 옷을 뜯어 동생인 문희에게 꿰매게 한다. 원래는 언니인 보희에게 시켰으나 부끄러워하자 동생 문희가 나선 것이다. 두 역사적 인물이 정치적 동맹 관계를 맺는 과정이나, 언니가 아니라 동생과 인연을 맺는 구조가 너무 닮았다.

요동치는 동아시아, 3국의 정변

을사의 변으로 고토쿠 천황이 즉위한 후 새롭게 탄생한 신정부는 아스카를 버리고 나니와로 천도한다. 이후 황태자의 신분으로 실권을 장악한 나카노오에는 연호를 '다이카(大化)'로 하고 대대적인 국정 개혁에 착수한다. 이를 흔히 '다이카 개신'이라 부른다.

『일본서기』에는 다이카 개신의 내용이 잘 나와 있다. 왕실과 호족의 토지소유권을 부정하고 모든 토지와 농민을 국가가 장악한다는 공지공민제(公地公民制)를 실행했다. 그리고 이를 위해 호적과 계장을 만들고 세제를 확립했으며, 지방 행정 제도를 정비하고 지방관을 임명했다.

학계에서는 신정부가 공포한 조칙의 내용이 과장되었거나 후대에 조작했다고 주장하기도 한다. 물론 역사적 실체를 알기는 쉽지 않다. 하지만 을사의 변과 다이카 개신은 쇼토쿠 태자의 개혁에서부터 시작하여 덴무 천황, 지토 천황으로 이어지는 고대 국가 건설의 한 페이지라는 것은 틀림없는 사실이다.

본격적인 개혁에 앞서 을사의 변으로 실권을 장악한 나카노오에 황자는 정변의 주역들과 함께 새로운 정부를 구성한다. 유력 호족이면서 신정권에 우호적이던 아베노 우치마로노오미(阿部內麻呂臣)와 소가노 구라노야마다노마로를 각각 좌우 대신에 임명하고 내신(內臣)에 쿠데타의 주역인 가마타리를 임명한다. 눈여겨볼 것은 정책 입안 기관인 국박사(國博士)에 임명된 다카무코노 구로마로(高向玄理)와 승려 민(旻)이다. 이들은 누구일까?

흔히 일본은 섬나라여서 대륙의 정세 변화에 둔감하고 홀로 고립되어 후진적이었다고 생각하기 쉽다. 하지만 이런 인식은 절반만 옳다. 일본 또한 다른 여러 나라나 정치 집단과 마찬가지로 주변 지역과 긴밀히 연계하고 영향을 주고받으며 살아왔다.

6세기 말에서 7세기는 동북아시아의 질서가 큰 폭으로 진동한 격변기였다. 그 변화의 출발점은 중국 수나라의 건국이었다. 오랫동안 남북조로 분열되어 있던 중국에 거대한 통일 제국이 들어서자, 주변국들은 긴장하지 않을 수 없었다. 한반도 삼국은 수나라의 건국이 어떤 결과를 초래할지 촉각을 곤두세우며 서둘러 수나라와 외교 관계를 수립했다.

또한 이 시기 고구려, 백제, 신라의 사신과 승려들이 빈번하게 일본을 왕래했는데, 이 역시 미묘한 정세 변화의 반영이었다. 백제는 전통적으로 야마토 정권과 긴밀한 관계를 유지했다. 더불어 고구려도 중국 수나라와 대결 국면을 의식하여 바다 건너 야마토 정권과 관계를 텄다. 고구려의 승려 혜자가 쇼토쿠 태자의 스승이 되어 정치 자문 역할을 한 것이 그 예이다. 가장 두드러진 변화는 신라가 그동안 관계가 소원하던 야마토 정권과 외교를 맺는 데 관심을 가진 것이다. 가야를 병합하고 한강 유역을 차지한 이후 신라는 몰라보게 성장해 있었다. 중국 대륙과 독자적으로 교류할 수 있는 해상 루트를 확보한 신라는 강화된 국력을 바탕으로 자신감을 가지고 야마토 정권 내에 친신라 세력을 만들어가기 시작했다. 야마토 정권의 입장에서도 대중국 외교를 위해 신라의 협조가 절실했다.

바야흐로 '다국 통교'의 시대가 열린 것이다. 야마토 정권도 적극적으로 나서 왜왕 무 이후 120년간이나 단절되어 있던 대중국 외교를 재개했다. 견수사의 파견이 그것이다. 607년 야마토 정권은 오노노 이모코(小野妹子)를 견수사로 파견했는데 이때 보낸 국서의 내용이 재미있다.

"해가 뜨는 나라의 천자가 해가 지는 나라의 천자에게 국서를 보냅니다. 건강합니까?(日出處天子致書日沒處天子 無恙云云)"

당시 수양제(隋煬帝)는 대단히 불쾌히 여기며 "야만국의 국서인데 무례하구나. 두 번 다시 상대하지 말라"고 말했다 한다. 하지만 고구려와 대결하고 있던 수나라는 고구려의 배후에 있는 야마토 정권과 불필요한 갈등을 일으키고 싶지 않았는지 다음 해에 답례사를 보냈다. 그리고 답례사가 중국으로 돌아가는 길에 8명의 유학생과 승려가 함께 중국으로 건너갔는데, 구로마로와 승려 민, 미나부치노 쇼안(南淵請安) 등이 바로 그들이었다. 이들은 오랫동안 중국에 머무르며 유학했다. 그러는 동안 수나라가 멸망하고 당나라가 들어섰다.

수나라를 이은 당나라는 율령제에 입각한 강력한 국가 체제를 확립했고, 그 과정을 직접 눈으로 목격한 구로마로 일행은 야마토 정권의 앞날에 대해 깊이 고민했을 것이다. 이후 623년 일본으로 돌아온 이들은 유학 중 파악한 국제 정세의 변화를 생생하게 전달했다. 그리고 율령 체제의 구축을 통해 야마토 정권이 새로운 변화를 모색하는 데 견인차 역할을 했다.

당나라와 고구려의 격돌이 가시화되는 640년대가 되면 주변 각국은 국내의 모순을 해결하고 급박한 정세 변화에 대처하기 위해 권력의 집중을 추구했다. 정변의 도미노 현상이 벌어진 것이다.

641년 고구려에서는 연개소문(淵蓋蘇文)이 정변을 일으켜 영류왕을 비롯하여 다수의 대신을 제거하고 스스로 태대막리지에 올라 대당 강경 정책을 추구했다. 비슷한 시기에 백제에서는 의자왕이 친신라 세력을 대대적으로 숙청하고 권력을 집중시켰다. 이후 고구려와 백제는 연합하여 신라의 40여 개 성과 대야성을 함락하고, 당나라와 신라의 교통 요충지였던 당항성을 협공하기에 이른다. 대고구려 외교에 실패한 신라의 김춘추는 고립에서 벗어나고자, 당나라와 연합 세력을 구축하는 데 공을 들였다.

이 무렵 야마토 정권 내부에서도 외교 노선 문제를 둘러싸고 친백제파와 친신라파로 나뉘어 의견 대립이 나타났다. 이 문제는 소가씨와 반(反)소가씨 사이의 권력 투쟁과 맞물려 복잡한 양상을 띠었다. 을사의 변은 전횡을 일삼는 호족 세력에 대한 천황파의 반격이라는 의미도 있다. 하지만 동시에 일본 열도가 대륙의 정세 변화에 민감하게 반응하면서 권력의 집중을 통한 능동적인 외교 노선의 변화와 밀접히 연관되어 있다. 을사의 변은 연개소문의 쿠데타와 의자왕의 권력 집중에 이은 세 번째 정변이라고 할 수 있다.

다이카 개신 이후 7세기 말에서 8세기 초는 일본 역사에서 천황 권력이 구체적이고 실제적인 힘을 발휘하는 유일하고 특이한 시기이다. 그러나 그 과정은 그리 순탄치 않았다. 바다 건너 외따로 떨어져 있는 것처럼 보이는 일본 열도가 이미 격동하는 동아시아의 격랑 속으로 휘말려들고 있었기 때문이다.

9

동아시아 대전과 일본 열도

서쪽에 세워진 또 하나의 정부, 다자이후

한반도와 일본 열도 사이에 놓인 대한해협은 직선거리로 약 190킬로미터 정도이다. 부산에서 쾌속 여객선을 타면 3시간이면 하카타 만에 도착할 수 있다. 프랑스와 영국의 도버 해협이 30킬로미터인 것에 비하면 꽤 먼 거리다. 하지만 그 사이에는 쓰시마 섬이나 이키 섬 등이 마치 징검다리처럼 놓여 있어서 항해술이 발달하지 않았던 먼 과거에도 마음만 먹는다면 왕래하기 힘든 거리는 아니었다.

한반도 동남 해안 지역과 규슈 지역에서 발견되는 유물 중에는 쌍둥이처럼 닮은 것이 많은데, 그것은 선사 시대나 국가 형성기에 활발한 교류가 있었다는 것을 시사한다. 반면, 대륙의 정치적 변동이나 침입에 직접 노출되어 있는 한반도와 달리 일본 열도는 바다로 가로막혀 있어서, 그 영향이 간접적일 수밖에 없었다. 일본은 제2차 세계대전 이전까지 내부적 분쟁은 수없이 겪었을지언정 외부 세력의 대규모

이와토야마(岩戶山) 고분(좌)과 고분을 지키고 선 석인(石人), 석마(石馬) (우)

후쿠오카 현 야메(八女)시에는 이와이(磐井)의 묘소라고 알려진 고분이 있다. 일본 특유의 전방후원분이며 전체 길이가 135미터에 이르러 규슈에서 그 규모가 가장 크다. 야마토 정권은 규슈 지역에 있던 '쓰쿠시노키미 이와이(筑紫君 磐井)'의 난을 진압한 6세기 중반 이후가 되어야 비로소 일본 열도의 명실상부한 지배 집단이 된다. 이 사건은 야마토 정권이 지방 세력을 제압한 일본 고대 최대의 내전이라고 평가된다. 패배한 이와이의 무덤임에도 불구하고 이와토야마 고분이 파괴되지 않고 남아 있는 것이 신기하다. 이 무덤의 동북방향으로는 묘를 지키는 것처럼 여러 개의 석상(石像)이 서 있다.

공격을 받은 적이 거의 없었다. 유라시아 대륙의 대부분을 차지한 원 제국마저도 두 차례나 일본 원정을 감행했지만 변변한 싸움 한 번 해보지 못하고 돌아가야만 했다.

  가까운 것 같으면서도 어떤 때는 참 멀게만 느껴지는 지극히 '애매한' 이 거리가 어쩌면 일본의 역사를 독특하게 발전시킨 중요한 지리적 조건이었을지도 모른다. 대한해협은 실크로드와 만리장성이라는 두 개의 얼굴을 가지고 있었다. 때로는 선진 문명이 흘러들어오는 창구였고, 때로는 대륙으로부터 밀려오는 거대한 파도를 막는 방파제 역할을 했다.

  대한해협을 건너면 가장 먼저 만나는 곳이 규슈다. 일본 열도 전체를 놓고 보면 규슈 지역은 서쪽의 변방에 불과하지만 이 지역은 일찍부터 대륙의 선진 문명을 받아들이는 창구로서 매우 중요한 지역이었다. 특히 북규슈 지역은 한반도 지역과 교류가 가장 활발하던 곳이었다.

야요이 시대 이후 일본의 역사는 규슈 지역에서 시작된 새로운 문화의 파도가 끊임없이 동쪽으로 퍼져나가는 과정이었다. 물론 일본 열도를 휘감은 에너지가 대륙으로 역류할 때도 이곳을 지나갔다. 그래서 오랜 옛날부터 이 지역에서는 강력한 정치 집단이 성장했고, 6세기까지도 긴키 지방의 야마토 정권에 복속되지 않은 독립적인 집단이 있었다고 한다. 이와이(磐井)의 반란(527년에 북규슈의 호족이던 이와이가 신라의 사주를 받아 반란을 일으켰다가 야마토 정권의 친백제계 세력에게 진압당한 사건이다)

다자이후의 간제온사(觀世音寺)
다자이후에는 다자이후덴만구(大宰府天滿宮), 고묘젠 사(光明禪寺) 등 관광객이 널리 찾는 명소들이 많다. 그 중에서 간제온사는 덴지 천황의 어머니인 사이메이 천황을 추도하기 위해 세운 절이다. 지금은 에도 시대에 재건한 강당과 금당만 남아 있지만 이 절에는 가장 오래된 국보 범종이 남아 있다. 이 절 바로 옆에는 정식 승려가 되기 위해 계를 받는 가이단인(戒壇院)이 있다.

다자이후 정청 터

다자이후 정청은 시오지 산을 북쪽에 두고 남향으로 배치되었다. 정청의 남쪽 방향에는 너른 평야가 펼쳐져 있고 미카사 강〔御笠川〕이 그 평야를 가로지르고 있다. 전형적인 배산임수의 터잡기 방식이 적용된 것이다. 햇살 따뜻한 오후에 이국의 유적지를 거닐면서도 왠지 모를 친숙함을 느꼈던 건 바로 그 때문이었을 것이다. 이곳을 발굴한 결과 관리들이 사용하던 문방구와 목간, 무역을 통해 수입된 외국의 도자기들이 다수 출토되었다.

이 그러한 사정을 잘 말해주고 있다.

일본 후쿠오카 현 다자이후 시는 7세기 이후 규슈의 정치적 중심지로서 많은 관광지가 있다. 관광 책자의 앞 페이지를 장식한 여러 명소들에 가려져 일반인들이 잘 찾지 않지만 다자이후와 규슈의 역사를 이해하려면 꼭 봐야 할 유적들이 있다. 규슈 전체를 관장하던 다자이후 정청 터(政廳址)와 다자이후를 방어하기 위해 만든 미즈키(水城)와 오노 성(大野城)이 그것이다.

야마토 정권은 일찍부터 한반도와 교류하며 성장하고 있었기에 규슈의 지정학적 중요성을 잘 알고 있었다. 그래서 7세기 후반이 되면 다자이후라는 지방 관청을 설치한다. 규슈에 대한 중앙 정부의 지배력을 강화하고 정권의 안정을 기하기 위해서였다. 특히 다자이후를 설치한 시기가 백제 부흥군과 야마토 수군이 백강 전투에서 나당 연합군에게 패한 뒤여서, 나당 연합군에 대한 일본의 경계심을 읽을 수 있다.

이후 다자이후는 행정과 외교, 군사의 중심 거점으로서, 헤이안 시대까지 규슈 지역을 다스리고 일본 서부 지역의 방위와 한·중 교섭의 창구로서 중요한 역할을 했다. 해외 사절을 영접하던 홍려관(鴻臚館)과 일본 서부 지역의 방위를 담당하던 방인사(防人司), 주선사(主船司) 등을 통괄했다. 그 권한과 역할이 얼마나 크고 중요했는지, 당시 다자이후는 '서쪽의 수도', '먼 조정'이라고 불렸다. 현재 남아 있는 다자이후 정청 터는 그 이름에 걸맞게 규모가 상당히 큰 편으로, 당시의 초석, 회랑, 주변의 관청 유적을 복원하여 공원화되어 있다.

그런데 다자이후의 설치 이유를 좀 더 이해하려면 눈을 크게 뜨고 당시 격변하던 동아시아 정세를 살펴봐야 한다. 645년에 있었던 을사의 변은 일본 열도가 대륙의 전란에 휘말리는 전조였다.

일본 열도, 역사의 소용돌이에 휘말리다

660년 백제는 나당 연합군의 전격적인 공격에 힘 한 번 제대로 써보지 못하고 멸망한다. 하지만 사비성과 웅진성이 함락되고 의자왕을 비롯해 태자와 여러 대신이 당나라로 압송된 상황에서도 곧 백제 부흥의 깃발이 올랐다. 제대로 싸워보지 못하고 멸망한 바로 그 이유 때문에 백제는 오히려 주력 군대가 살아남아 저항할 수 있었다. 그 중심 인물이 바로 복신(福信)이다. 백제 왕족이던 복신은 다급한 상황을 야마토 정권에 알리고, 왜국에 머물고 있던 왕자 부여풍(扶餘豊)을 보내줄 것을 요청했다. 왕자 풍은 의자왕의 아들이었다. 그는 이미 30년 전에 왜국으로 건너와 있었는데 『일본서기』에는 인질이라 표현하고 있지만 여러 정황상 외교적 임무를 띠고 도일한 것으로 추정된다. 복신의 요청에 당시 사이메이 천황은 즉각 구원을 천명했다.

"구름처럼 만나고 번개처럼 움직여서 그 원수를 참하고 긴박한 고통을 덜어주어라."

사이메이 천황은 본격적인 백제 구원을 위해 나니와에서 전선(戰船) 건조를 지시한 다음, 세토 내해를 거쳐 후쿠오카 쓰쿠시의 아사쿠라 궁으로 옮겨 전쟁 준비를 독려했다. 당시 출전 준비를 마친 사이메이 천황이 지은 시 한 수가 전하고 있다.

> 니키타쓰에서 배 타려고 달이 뜨기를 기다린다.
> 마침 둥그런 달이 떠서 물때도 딱 알맞구나.
> 자, 지금 저어 나아가자.

— 『만엽집』(권 1) 8편

그러나 일은 순조롭지 못했다. 사이메이 천황이 급작스런 죽음을 맞이한 것이다. 당시 행궁에 벼락이 떨어지거나 백제 구원군의 패배를 암시하는 불길한 동요가 불렸다는 기록을 볼 때, 백제 구원을 위해 국가 역량을 총동원하는 데 상당한 정치적 저항이 있었던 것으로 보인다. 사이메이 천황의 죽음은 자연사일 수도 있지만 백제 구원 전쟁을 반대하는 세력에게 정치적 암살을 당했을 수도 있다. 하지만 여왕의 뒤를 이은 나카노오에 황자는 백제 구원 노력을 중단 없이 계속 진행했다. 복신이 요청한 부여풍을 백제로 보내고 활과 식량 등 물자 지원을 강화했다.

상황이 급물살을 타며 불리하게 흘러간 것은 오히려 백제 부흥군 내부의 사정 때문이었다. 부흥군 내에서 내분이 일어나 부흥군의 기둥이던 복신이 풍왕(豊王, 부여풍)에게 처형된 것이다. 나당 연합군은 기회를 놓치지 않고 백제 부흥군의 근거지인 주류성을 총공격했다. 백제 부흥군은 절체절명의 위기에 놓였고, 왜 수군은 백제 부흥군을 구원하기 위해 하카타 만을 떠나 역사의 현장인 백강으로 향했다.

663년 8월, 백강 하구에는 팽팽한 긴장감이 감돌고 있었다. 일촉즉발의 전운이었다. 풍왕이 지휘하는 백제 부흥군과 문무왕이 직접 나선 신라군, 당나라에서 파견한 군대와 왜 수군이 운명을 건 혈투를 앞두고 있었다. 이 전투의 결과에 따라 동아시아 정세는 판이하게 달라질 수 있었다. 만일 왜 수군의 지원을 받은 백제 부흥군이 나당 연합군에 승리한다면, 그래서 사비성에 다시 백제의 깃발이 올라간다면 어떻게 될까? 신라의 삼국 통일은 교과서에 나오지 않을지도 모른다.

그러나 이 전투는 그 역사적 무게에 비해 너무 싱겁게 끝나고 만다. 『일본서기』에는 당시 상황을 이렇게 적고 있다.

대당(大唐)의 장군이 전선 170척을 이끌고 백촌강(백강)에 진을 쳤다. 8월 27일, 일본의 수군 중 처음에 온 자와 대당의 수군이 대전했다. 일본이 져서 물러났다. 대당은 진을 굳게 하여 지켰다. 28일, 일본의 장수들과 백제의 왕(풍왕)이 기상을 살피지 않고, "우리가 선수를 쳐서 싸우면 저쪽은 스스로 물러갈 것이다"라고 말했다. 다시 일본이 대오가 난잡한 중군의 병졸을 이끌고, 진을 굳건히 한 대당의 군사를 나아가 쳤다. 대당은 좌우에서 수군을 내어 협격했다. 눈 깜짝할 사이에 관군이 패적했다. 수중에 떨어져 익사한 자가 많았다. 뱃머리와 고물을 돌릴 수가 없었다. (풍향을 보지 않았기 때문이다). …… 이때에 백제 왕 풍장은 몇 사람과 배를 타고 고구려로 도망갔다.

—『일본서기』(권 27) (덴지 천황 2년)

　『구당서(舊唐書)』의 「유인궤전(劉仁軌傳)」에도 '당나라 수군이 네 번 싸워 다 이기고 왜선 400여 척을 불태우니 화염이 하늘에 가득했고, 바닷물은 온통 붉게 물들었다'고 전한다. 당시 왜 수군은 전선 1,000척과 병력 2만 7,000명을 동원해 수적으로 훨씬 우세했는데, 170척의 당나라 수군에게 패했다는 사실이 좀 의아하다. 지형 조건에 익숙하지 않았을 수도 있고, 잘 훈련되지 않은 군대를 급조했기 때문일 수도 있다. 어쨌든 백강 전투는 왜 수군의 완패로 끝났고 역사의 진행 방향은 바뀌지 않았다.

일본은 왜 백제 구원 전쟁에 나섰을까?

우리나라 국사 교과서에는 백강 전투에 대해 아주 짧게 언급하고 있다.

"백제 부흥 세력은 지배층의 내분으로 스스로 몰락하게 되고, 백제를 도와주러 왔던 일본의 수군은 백강전투에서 패하면서 백제의 부흥운동은 실패하였다(중학교 역사(상), 미래엔컬쳐, 2010.)"

삼국의 항쟁 과정에 불쑥 나타난 왜 수군은 화끈하게 한판 싸우고 홀연히 사라진다. 그러나 이렇게 한 줄로 요약하기에는 당시 한반도를 둘러싼 상황이 간단치 않다. 왜를 포함해 동아시아를 전체적 시각으로 바라보지 못하는 게 아쉽다. 당시의 전쟁은 신라와 당, 백제 부흥군과 왜군이 한데 어우러져 싸운 국제전이었으며 그 승패의 향방은 사뭇 중대했다.

수나라의 건국으로 시작된 동아시아의 정치 변동의 불씨는 수나라가 고구려에 패배하고 몰락한 뒤에도 사그라지지 않았다. 오히려 정세는 절정을 향해 숨 가쁘게 움직이고 있었다. 잠시 동안 유화 국면을 맞았던 중원의 새로운 강자 당나라와 고구려의 관계도 곧 파국으로 치달았고, 동아시아 각국은 혼란스러운 상황 변화에 대비하기 위해 내부 정비에 만전을 기했다. 을사의 변도 그런 일환이었다. 수-고구려 전쟁과 당-고구려 전쟁은 어쩌면 동아시아 대전의 전초전이었는지도 모른다. 신라와 당나라의 군사 동맹은 동아시아 대전의 새로운 국면을 여는 것이었다. 백강 전투는 이러한 동아시아 정세의 대변동의 한 가운데 자리하고 있었다.

백강 전투를 바라보는 시각의 온도차는 꽤 큰 편이다. 일본 학자들은 대체로 그 의미를 부각시키는 편이다. 백강 전투를 당나라가 중심이 된 대제국주의와 일본이 중심이 된 소제국주의가 부딪친 고대 제국주의 전쟁으로 파악하는 이시모다 쇼(石母田正)의 설이 대표적이다. 백제가 야마토 정권의 속국이었기 때문에 야마토 정권이 그 지배권을 지키기 위해 출병했다는 것이다. 이런 논리는『일본서기』편찬 당시 당나라에서 수입한 율령 체제를 확립하는 과정에서 형성된 번국관(番國觀)에 바탕을 두고 있다. 소위 임나일본부설을 기정사실화하면서 그 연장선 속에서 백강 전투를 파악하려는 시도라고 볼 수 있다. 당시 당나라와 야마토 정권을 대등한 세력으로 보려는 것이다. 하지만 고대 동아시아사에서 일본의 위상을 지나치게 과장하는 이러한 시도는 당시의 상황에 부합하지 않는다.

반면 한국의 학자들은 이 전투를 당시 야마토 정권의 지배층을 장악하고 있던 백제계 사람들의 조국 구원 전쟁으로 보는 견해에 관심을 가지는 편이다. 일본 천황가가 백제 왕족과 관련이 있다는 주장은 끊임없이 제기되어왔다. 실제로 백제 구원을 위해 출병을 추진한 사이메이 천황이 백제 왕가의 혈통을 이었다는 상당한 근거가 제시되기도 했다. 백제 구원군의 다수가 백제계 도래인의 지배력이 강한 곳에서 동원되었다는 사실도 이 주장에 힘을 실어주고 있다. 그러나 이 설 또한 명확한 근거보다는 추측의 성격이 강하다.

야마토 정권이 백제 부흥군을 적극 지원하고 나선 이유는 대외적 '위기감' 때문인지도 모른다. 백제가 멸망하면 나당 연합군의 다음 목표가 자신들이 될지도 모른다는 위기감 속에서 야마토 정권은 한반도를 전장으로 삼아 백제 부흥군과 고구려와 협력하면 당과 신라군의 일본 열도 공격을 막을 수 있다고 판단했을 수도 있다. 백강 전투 패배 이후 야마토 정권이 대대적으로 방어책 마련에 매진한 것도 그러한 맥락에서 볼 수 있다. 이렇게 본다면 백강 전투는 왜국의 방위를 위한 선제공격이라는 성격을 가지게 된다.

백강 전투를 바라보는 시각이 이렇게 극명하게 갈리는 이유는 당시 상황에 대한 냉정한 이해를 추구하기보다는 한국과 일본 양국 국민의 '열망'이 너무 크게 작동하고 있기 때문이다. 대동아공영을 외치며 대국을 꿈꾸던 일본인의 열망은 현실에서 좌절했지만 그들의 마음 깊숙한 곳에는 여전히 살아남아서 과거와 현재를 두루 넘나들고 있다. 경제 대국을 넘어 정치·군사 대국으로 성장하기 위해 '평화 헌법'을 개정하려는 시도가 그러하고, 선진 문화를 대륙으로부터 한반도를 거쳐 받아들여야 했던 고대사에 열등감을 느끼고 그 열등감을 감추고자 한반도 남부를 지배하며 중국에 맞서는 고대의 일본 제국을 창조하려는 노력이 그러하다.

우리 또한 마찬가지이다. 일본에게 식민 지배를 당했다는 열등의식을 극복하기 위해 강력하고 힘 있는 고대 한반도의 모습을 창조하려고 한다. 문화적으로 앞선 고대 한반도 국가들은 후진적인 일본을 문명화시키기 위해 온갖 시혜를 베푼 흐뭇한 모습으로 그려진다. 열망이 앞서면 진실은 사라지고 흉측한 괴물만 일그러진 얼굴로 우리 앞에 남아 있을지도 모른다. '역사'가 자신의 '열망'을 표현하는 도구로 전락하는 것이다.

앞서 말한 대로 7세기는 동아시아 격변의 시기였다. 수당 제국의 등장으로 시작된 이 격변의 결과로 백제와 고구려가 멸망하고, 신라가 한반도의 통일 국가로 성장했으며, 만주에서는 발해가 등장했다. 당을 중심으로 하는 고대 동아시아 율령 국가 체제가 형성된 것이다. 그

변동의 진폭이 얼마나 컸는지를 짐작케 한다. 이 과정은 동아시아 각국을 전쟁의 소용돌이로 몰아넣었다. 이른바 동아시아 대전이었다. 백강 전투는 우리가 익히 알고 있는 살수대첩이나 안시성 싸움, 나당 전쟁처럼 동아시아 대전의 한 자락이며, 야마토 정권의 내부적 상황이 복잡하게 얽힌 역사적 사건이었다. 당시 왜국의 역할을 과장되게 해석하는 것도 경계해야 하지만 왜국 또한 당시 동북아시아 정세 변동에서 빼놓을 수 없는 한 주체였다는 사실를 인정해야 한다.

백강 전투 이후 곧이어 주류성도 나당 연합군에 항복하면서 백제 부흥 전쟁은 일단락 되고 백제의 패망은 돌이킬 수 없는 기정사실이 되었다.

> 주류성이 항복하였다. 더는 돌이킬 수 없게 되었다. 백제의 이름은 오늘로서 끊어졌다. 조상의 무덤이 있는 곳을 어찌 또 갈 수가 있겠는가. 다만 호례성에 가서 일본의 장군들과 만나 할 일을 의논하자.
>
> —『일본서기』(권 27)(덴지 천황 2년)

> (백제 멸망 후, 다수 도래한 백제인에 관위를 주기 위해) 백제국의 관위의 계급을 검토하였다. 좌평 복신의 공적에 의하여, 귀실집사에 소금하(小錦下)를 주었다(백제에서는 달솔이었다). 또 백제의 남녀 400여 인을 오미국의 가무사키군(神前郡)에 살게 하였다. …… 가무사키군의 백제인에게 땅을 주었다.
>
> —『일본서기』(권 27)(덴지 천황 4년)

수많은 백제 유민이 퇴각하는 왜군과 함께 일본 열도로 밀려들었다. 당시 일본 열도로 이주한 백제인의 수가 무려 10만 명에 달한다는 연구 결과도 있다. 그들은 주로 오미(近江) 지방과 도고쿠(東國) 지방에 집중적으로 정착했다고 한다. 그중 대표적인 집단이 귀실집사다. 백제 부흥 운동을 주도했던 귀실복신의 가까운 친척으로 보이는 그는 400여 명의 무리를 이끌고 일본으로 이주해 관직까지 부여받고 먼 이국 땅에서 새로운 삶을 영위해나간다. 귀실집사를 비롯한 수많은 이주자는 대체로 야마토 정권으로부터 좋은 예우를 받는데 그만한 이유가 있었다. 백제 이주자들은 문화적으로, 기술적으로 앞선 무엇인가를 가지고 있었다. 농지의 개간이나 성의 축조, 학문적 발전 등에 기여할 수 있는 능력을 갖추고 있었던 것이다. 선사 시대부터 꾸준히 진행되던 도래의 물결은 일단 7세기 후반에 일단락되는 것으로 보인다. 패망한 나라를 뒤로하고 일본으로 이주한 이들을 통해 일본은 또 어떻게 변모해나갔을까?

나당 연합군이 쳐들어온다

하카타 역에서 JR을 타고 너른 후쿠오카 평야를 가로질러 내려가면 다자이후가 나온다. 다자이후에서 가장 먼저 만나는 것이 미즈키다. 미즈키는 시오지 산 끝자락에서 남서 방향으로 1.2킬로미터 정도 곧게 뻗어 우시쿠비 산 북쪽 기슭과 이어진다. 후쿠오카 평야에서 다자이후에 이르는 평야의 가장 좁은 부분을 차단해 둑을 쌓은 것이다. 지금도 둑이 꽤 커 보이지만 발굴 조사 결과 원래 이 둑의 밑 너비는 약 80미터 정도이고 높이는 13미터라고 한다. 하카타 만 방면은 경사가 급하고 반대로 다자이후 방면은 완만하다. 지금은 흔적이 보이지 않지만 당시에는 방죽 바깥쪽으로 너비 60미터, 깊이 4미터의 긴 호를 파서 물을 채웠다고 한다. 그래서 이름이 미즈키, 즉 '水城'이다. 지금은 철도가 미즈키를 절반으로 나누어버렸지만 당시 이 방죽 때문에 하카타 만에서 평지를 통해 다자이후로 통하는 길목이 완전히 차단되었다. 그럼, 이 장치는 왜 만들었을까?

백강전투에서 참패한 후 야마토 정권은 미증유의 위기감에 휩싸였다. 나당 연합군이 침공해올지도 모른다는 불안감이었다. 『일본서기』는 야마토 정권이 혹시 있을지 모르는 나당 연합군의 공격을 대비해서 어떤 방비를 했는지 비교적 상세히 적고 있다.

664년 야마토 정권은 쓰시마 섬에서 나니와에 이르는 서일본 각지에 군사적 방어 시설을 구축했다. 쓰시마 섬, 이키 섬, 쓰쿠시 지역에 사키모리(防人, 북규슈의 요지를 경비하기 위해 전국 각지에서 차출해서 소집된 병사들)를 끌고와 지키게 하고 봉화를 설치했다. 쓰쿠시에 큰 방죽을 쌓아 물을 저장했다는 기록이 있는데 그 방죽이 바로 미즈키이다. 665년에는 나가토국(長門國, 지금의 야마구치 현으로 추정된다)에 성을 쌓고, 쓰쿠시에도 오노 성과 기이 성(基肄城) 두 성을 쌓았다. 이후 차츰 세토 내해와 긴키 쪽으로 확대하여 670년까지 10여 개의 산성을 축조했다.

특히 다자이후의 북쪽에 있는 시오지 산의 오노 성은 백제의 영향을 가장 많이 받아 축조한 성이다. 토루(土壘)와 석단이 약 8킬로미터 정도로 연결된 포곡식 산성으로 약 70동의 창고 건물 초석이 확인되었다. 『일본서기』에는 이 성이 백제의 망명 귀족인 억례복류(憶禮福留)와 사비복부(四比福夫)가 축조했다고 기록되어 있다. 당연히 현재 남아 있는 백제 지역의 산성과 많이 닮아 있다. 축조 방식이 백제의 산성

백강전투 이후 설치한 방어시설
백강 전투 패전 이후 야마토 정권은 10여 개의 성을 쌓고 급기야 오쓰 궁으로 천도했다는 기록이 있다. 당시 야마토 정권의 위기 의식이 얼마나 심각했는지를 알 수 있다.

미즈키 전경
지금은 도로가 반으로 가르며 통과하고 있지만, 이 거대한 방죽은 당시 하카타만에서 후쿠오카 평야를 거쳐 다자이후로 통하는 좁은 길목을 완전히 차단하고 있었다.

오노 성이 있는 시오지 산의 정상 부근에서 바라본 후쿠오카 시내와 하카다 만
오노 성에는 '백간석단'이라는 돌로 쌓은 성벽이 일부 남아 있다. 여기서 조금만 더 다리품을 팔아 능선에 오르면 하카타만을 시원하게 조망할 수 있다. 멸망한 나라를 뒤로 하고 이주한 백제인들은 이곳에 서서 다시는 돌아 갈 수 없는 먼 고향 땅을 그리워했을 것이고, 일본 열도 전역에서 변방을 지키기 위해 끌려온 사키모리(防人)들도 고향에 두고 온 가족 친지들을 불러봤을 것이다. 그리고 위정자들은 혹시 있을지도 모를 나당연합군의 내습에 대비하기 위해 전전긍긍했을 것이다.
산등성이를 휘감아 부는 바람은 1,300여년을 넘나들며 당시의 분주한 그리고 애절한 사연을 전하는 듯하다.

축조 방식인 판축 공법(흙을 다져서 몇 개의 층으로 나누어 쌓는 방식)을 채용하고 있고, 다자이후의 배후에서 피난성(避難城)의 역할을 한다. 산성의 북쪽 부분에 있는 백간석단(돌로 축조한 성벽 부분)을 오르면 후쿠오카 시내와 하카타 만이 한눈에 보인다. 당시 산성에 배치된 사키모리들은 바로 이곳에서 하카타 만 방향을 보며 경계 근무를 섰을 것이다.

　나당 연합군이 쳐들어와서 하카타 만에 상륙하고 교두보를 확보한

다음, 남쪽으로 진격하는 상황을 잠시 가정해보자. 후쿠오카 평야를 가로질러 내려오는 적은 일단 미즈키에서 저지한다. 그 남쪽에 있는 기이 성은 보급과 후방 지원을 맡으며, 아리아케 해(有明海, 사가현과 나가사키현으로 둘러싸인 큐슈 서쪽의 바다)를 통해 상륙하여 남쪽에서 올라오는 적을 저지할 것이다. 만일 미즈키와 기이성이 뚫린다면 그 즉시 오노 성으로 올라가 산성을 의지해 농성을 하는 시스템이다. 어떤 학자들은 다자이후 주변에 오노 성과 미즈키, 기이 성 등을 연결하는 나성 구조가 있었을 것이라 주장하기도 하지만 확실치는 않다.

667년, 나카노오에 황자는 왕도를 아스카에서 오미(近江)로 천도했다. 오미는 나니와에서 한참 내륙으로 들어간 곳에 위치해 있다. 현재

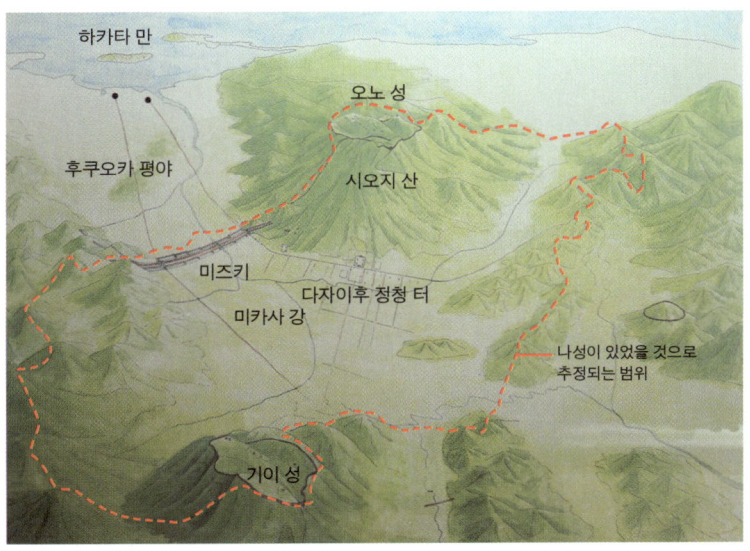

다자이후 정청과 주변의 방어 시설들
백강전투에서 패배한 이후 다자이후 정청을 설치하고 오노 성, 기이 성, 미즈키 등의 방어 시설들을 설치하였다. 이런 방어 시설들을 연결하여 나성(羅城)형태로 만들었다는 주장도 있지만 확실하지는 않다.

시가 현 오쓰시의 오미신궁에 있는 해시계
오쓰 시로 천도한 덴지 천황이 직접 만든 것으로 전해진다. 이 해시계에는 백강의 방향과 830Km라는 거리가 적혀 있다.

교토 동북쪽의 비와 호라는 큰 호수가에 있는 오쓰 궁이 바로 그때 만들어진 궁이다. 적이 나니와를 통해 침공해오면 나고야를 거쳐 간토 지역으로 후퇴하기에 유리한 곳이다. 이것은 적의 내습을 염두에 둔 방어적 조치였다. 당시 야마토 정권의 위기의식이 얼마나 심각했는지를 보여준다. 이 오미에서 나카노오에 황자는 드디어 덴지 천황으로 정식 즉위식을 갖는다.

율령 국가로 도약하다

7세기 후반에 접어들면서 동북아의 지각 변동은 점차 정리되어 갔다. 고구려가 멸망하고 동맹군이었던 신라와 당나라는 전쟁을 치렀다. 야마토 정권이 두려워하던 나당 연합군의 일본 열도 내습은 없었다. 불안감에서 놓여난 일본은 정치적으로 많은 변동을 겪게 된다.

역설적이게도 백강 전투에서 패배한 야마토 정권은 오히려 존재감을 인정받고 외교의 전성기를 구가한다. 나당 전쟁 중 당과 신라는 야마토 정권과 외교 관계를 맺는 데 상당한 공을 들인다. 비록 패배했지만 일본의 군사력에 깊은 인상을 받은 것일까?

신라는 평양성 함락 직전 왜국에 사신을 파견했다. 고구려 멸망 이후 당나라와 일전을 앞두고 배후의 안전을 도모하려는 사전 조처로 보인다. 고구려 멸망 이후 신라와 당나라의 침공을 우려하던 야마토 정권은 신라의 사신을 환대하고 우호적인 반응을 보였다. 이후 양국 관계는 급속히 호전되었다. 당나라에서는 곽무종(郭務悰)이 대규모 사절단을 이끌고 일본으로 향했다. 백강 전투 때 포로가 된 일본인과 백제인으로 보이는 2,000명을 데리고 갔다. 이들을 송환해주는 대신 군사 원조를 얻으려는 심산이었다.

당나라와 신라의 전쟁이 가열될수록 양국은 야마토 정권의 반응에 신경을 곤두세웠다. 그런데 이상한 것은 『일본서기』에 따르면 이미 망한 백제와 고구려가 계속해서 야마토 정권에 입조(入朝)하는 것으로 나온다. 이것은 당나라의 조종을 받던 웅진도독부와 금마저(현재 익산)에 있던 안승(安勝)의 고구려다. 당나라와 신라는 각각 백제 유민과 고구려 유민을 동원하여 야마토 정권을 자기편으로 끌어들이려고 노력했다. 야마토 정권은 정세를 관망하는 자세를 견지하며, 새로운 정세를 적극 활용하여 대내적으로 중앙 집권을 강화하고 체제 정비에 박차를 가했다.

덴지 천황은 미증유의 국가적 위기 상황을 타개하기 위해 임전 태세에 만전을 기하면서도 동시에 지배 체제 강화 조치를 하나씩 실시해나갔다. 이 과정에서 망명해온 백제 귀족들을 충분히 활용했다. 한창 분주하게 방어 시설을 축조하고 있던 664년 봄, 새롭게 26계의 관위를 제정했다. 수도를 오미로 옮긴 후에는 일본 최초의 영(令)인 오미령(近江令)을 반포했다는 기록이 있지만 현재 조문이 남아 있지 않아 그 전모를 알 수는 없다. 또 670년에는 전국에 걸쳐 '경오년적(庚吾年籍)'이라는 호적을 작성하기도 했다.

　야마토 정권은 백강 전투 이후 덴지 천황을 거쳐 덴무 천황과 지토 천황에 이르면서 일련의 정치 개혁을 실시했다. 이는 이전 지배 체제의 한계를 극복하고 새로운 세계정세에 대처하려는 당시 지배층의 지난한 노력의 과정이었다. 내외의 시련을 겪고 난 야마토 정권은 더욱 여물어진 고대 국가로 발전해 나가고 있었다.

10

해 뜨는 나라를 다스리는 천황

폐허가 된 오쓰 궁에서 임신의 난을 생각하다

히에이 산의 동쪽에는 일본 최대의 호수인 비와 호가 있다. 비와 호에서 엔랴쿠 사(延曆寺)로 올라가는 등산로 숲의 초입에는 자그마한 비석이 외로이 서 있는데 덴지 천황이 천도한 오쓰 궁이 있던 곳이다.

야마토 정권은 백강 전투에서 패한 후, 나당 연합군의 침략을 방어하기 위해 오쓰 궁으로 천도했다. 비와 호를 끼고 있는 오쓰 궁은 방어하기에는 유리했지만 너무 외진 곳에 자리 잡고 있었다. 그래서인지 현재 남아 있는 오쓰 궁터는 쓸쓸하기만 하다. 이건 현대인의 감성만은 아니었던 모양이다. 천황에 대한 찬가를 많이 지은 가키노모토노 히토마로(柿本人麻呂)가 폐허가 된 오쓰 궁을 보고 남긴 와카에 그 마음이 잘 나타나 있다.

오미의 황폐해진 옛 도시를 보며

신성한 그곳, 우네비 산의 기슭 가시와라에 사셨던 선대왕 때부터, 야마토 땅에서 나신 신의 자손들이 대대손손 이어내려 천하를 다스려왔던, 성스러운 땅 야마토를 두고 푸른 흙 나는 나라 산을 넘어 도대체 어떤 생각 가지셨기에 멀리 떨어진 시골 오미 지방 오쓰 궁에서 천하 만민을 다스리셨을까? 세상 돌보는 현인신(現人神)인 당신께서 사시던 궁이 여기라 들었건만, 계시던 어전이 여기라고 하건마는 봄에 피어난 잡초 무성히 자라고 안개 일어서 봄 햇볕 가리는 궁궐 흔적 있는 이곳을 보자니 슬프도다.

—『만엽집』(권 1) 29편

한때 황궁이었던 오쓰 궁은 '임신의 난' 이후 폐허가 되었다. 임신의 난은 일본 고대 율령제 국가를 연 덴무 천황이 등장한 사건으로, 덴무(당시는 오아마 황자)는 '을사의 변'의 주역인 덴지 천황의 동생이다. 백강 전투 중 사이메이 천황이 죽자, 덴지는 천황이 되었고 오아마 황자에게 다음 황위를 약속했다. 하지만 아들 오토모 황자(大友皇子, 훗날 고분 천황)가 태어나자, 덴지는 마음이 달라졌다. 말년에 몸이 아프자, 아들 오토모에게 황위를 물려주려는 마음이 더욱 강해졌다.

어느 날 아파서 몸져누운 덴지가 오아마 황자를 불러들였다. 덴지를 만나러 오쓰 궁으로 들어가는 오아마 황자에게 누군가 "조심해서 대답하십시오"라고 말했다. 이날 덴지가 병을 핑계로 오아마 황자에게 양위의 뜻을 비쳤는데, 이는 동생이 황위를 탐내는지 확인하려는 것이었다. 이를 눈치챈 오아마 황자는 자신은 정치에 뜻이 없고 승려가 되어 덴지 천황의 건강을 기원하며 살고 싶다는 뜻을 전했다. 덴지가 출가를 허락하자, 오아마는 자신을 따르는 무리를 이끌고 요시노로 가버렸다. 그때 세상 사람들은 "덴지가 범에게 날개를 달아주었다"며 쑥덕거렸다.

요시노는 선사 시대부터 유적과 궁궐이 있는 곳으로 벚꽃이 아름답기로 유명한 곳이다. 지금도 벚꽃이 피는 봄날 긴테쓰 철도의 요시노 선은 벚꽃 구경 가는 사람들로 붐빈다. 아름다운 요시노의 숲으로 숨어든 오아마는 승려가 되었지만, 덴지의 건강을 기원하지는 않은 것 같다. 머지않아 덴지가 죽고 오토모가 황위를 잇자마자 군대를 일으켰기 때문이다. 이를 보면 오아마가 덴지의 건강을 기원하기보다는 빨리 죽기를 바란 게 아닐까 싶다.

오아마가 병사를 일으켜 조카에게 대항한 명분은 '오미 조정의 신하들이 자신을 제거하려 한다'는 것이었다. 오미 조정에서 자신을 제거하려 한다는 제보를 듣고 오아마는 잠시 망설였다고 한다. 짧은 망설임 끝에 오아마는 오미 조정에 남겨둔 자신의 아들들인 다케치 황자(高市皇子)와 오쓰 황자(大津皇子)에게 이세 신궁으로 오라는 말을 전했다. 그리고 자신도 부인인 우노노 사라라(鸕野讚良, 훗날 지토 천황)와 구사카베 황자(草壁皇子)를 데리고 요시노를 탈출하여 이세 신궁으로 향했다.

『일본서기』에는 이때 오아마 무리가 비도 맞고 배도 곯아가면서 아주 힘들게 행군했다는 기록이 남아 있다. 오아마는 이세 신궁의 오토 강변에 도착하자, 아마테라스에게 절하며 승리를 간절히 기원한 뒤 오미 조정이 있는 비와 호를 향해 나아갔다.

기적 같은 일이 일어난 것은 그때였다. 혈혈단신으로 나서는 오아마를 돕기 위해 미노, 오와리의 지방관(國司)과 군사들이 합류했고, 오아

승패를 결정한 세타 교 전투 (나라 현립 만엽 문화관)
붉은 헝겊을 두르고 세타 교를 건너는 군대가 오아마의 군대이다. 세타 교 전투는 오아마 군과 오토모 군의 승패를 가르는 중요한 전투였다.

마의 아들인 다케치 황자와 오쓰 황자도 군대를 이끌고 와서 아버지를 맞이했다. 각 지역의 유력자들은 오아마와 오토모 어느 쪽이 이길까를 점쳤고, 오아마 쪽으로 가담하는 사람들이 점차 늘어났다. 하지만 정규군으로 구성된 오토모의 군대는 쉽게 무너지지 않았고, 오아마의 군대는 고전을 면치 못했다. 그때 다시 기적 같은 일이 일어났다. 비와 번개로 전쟁이 어려워졌을 때, 오아마가 하늘을 향해 "아마테라스오미카미여! 짐을 도우시려면 번개와 비를 멈춰주십시오"라고 외쳤고 말이 끝나자마자 비가 멈추었다.

　오아마와 오토모를 지지하는 세력들은 비와 호, 옛 수도가 있던 아스카, 나니와 궁이 있는 가와치 등에서 치열한 전투를 벌였지만 승패가 결정되지 않았다. 싸움의 결판이 난 것은 비와 호의 세타 교(瀨田橋) 전투였다. 세타 교는 오쓰 궁을 방어하는 최적의 길목이었다. 다리를 건너오는 적군을 막기만 하면 되어서 방어에 절대적으로 유리한 반면, 공격을 하는 오아마의 군대로서는 이기기 어려운 상황이었다. 전투가 길어져 서로 지쳐갈 무렵 오아마 진영에서 오키타노 와카오미(大分稚臣)라는 용감한 병사가 선봉대를 조직하여 온몸에 활을 맞아가며 다리를 건너갔다. 그 뒤를 오아마의 군대가 따랐다. 오토모의 군대는 궤멸되고 오토모는 달아났으며, 오미 조정의 좌우 대신들은 목이 베어졌다. 혼자 살아남은 오토모도 결국 자살했다.

오아마가 승리하는 과정을 『일본서기』는 아주 상세히 서술하고 있는데, 『일본서기』가 임신의 난에서 승리한 덴무 천황의 정통성을 위해 만들어진 책이라는 것을 감안하면 전쟁의 극적인 요소들은 상당히 가공된 것으로 보인다. 혈혈단신의 덴무가 아마테라스의 도움으로 비바람을 다스렸다는 것과 여러 호족의 마음을 순식간에 얻었다는 것도 철저히 승자의 입장에서 기록된 것이다.

비와 호의 세타 교는 전설적인 전투가 벌어진 곳이지만 지금은 아름다운 비와 호를 바라보는 장소가 되었고, 오쓰 궁은 폐허가 되어 이제는 흔적조차 희미하다. 임신의 난에서 승리한 덴무가 마음에 그리던 신성한 고향 아스카로 다시 천궁하자, 오쓰 궁터에는 풀만 무성히 자라게 되었다. 다시 역사는 아스카를 중심으로 전개되었다.

신이라 불린 사나이, 덴무

아스카로 돌아온 덴무는 다이카 개신의 무대였던 이타부키 궁터에터에 아스카키요미하라 궁을 짓고 천황의 정무를 시작했다. 고대인들에게 아스카는 나라가 시작되고 하늘에서 내려온 천황의 후손들이 사는 곳이었다. 시인들은 아스카로 다시 천도한 덴무를 찬양하는 노래를 불렀다.

> 대군(덴무)은 신과 같으시니 물새들 모여 떠드는 늪지를 도읍으로 만드셨네.
>
> ─『만엽집』(권 19) 4261편

고대인들에게 덴무는 살아 있는 신(現人神)이었다. 왜 5왕이 '대왕'의 단계로 호족 연합 정권의 수장이었다면, 이제 천황이라는 신과 같은 존재가 등장한 것이다. 아스카키요미하라 궁에서 덴무는 '최초의 천황'으로 등극했다.

『일본서기』에는 천황이라는 명칭을 1대 진무 천황에게도 사용하고 있으나, 덴무 이전에 존재했다고 하는 천황 중 다수는 역사 인물이 아닌 경우가 많고, 역사 인물인 경우에도 대왕(大王, 오키미)이나 군(君, 키미)으로 불렸을 것으로 보인다. 이나리야마 고분과 에타후나야마 고분에서 나온 칼에 '대왕'이라는 글자는 보이지만 '천황'이라는 단어는 보이지 않는다.

그러나 덴무 시대에 집필을 시작하여 720년에 완성된 『일본서기』에는 '천황'이라는 존칭이 등장한다. 또 근래에 발견되는 덴무 혹은 지토 시기로 추정되는 목간에서 천황이라는 단어가 확인되었다. 그래서 천황이라고 최초로 불린 사람은 덴무이며, 덴무가 자신의 조상인 진무를 높여 천황이라는 명칭을 소급해서 사용한 것으로 보고 있다.

아스카는 덴무 이전에도 정치의 중심지였지만, 덴무 천황이 즉위하고 나서는 고대 율령제 국가를 만들어가는 권력의 중심이 되었다. 율령제 국가의 천황인 덴무의 흔적을 아스카키요미하라 궁터, 덴무·지토의 합장묘, 야마토 삼산에 둘러싸인 후지와라쿄에서 확인할 수 있다.

동아시아 국제성을 받아들여 율령제 국가로 서다

덴무가 통치하던 시기는 신라, 발해 등 동아시아 여러 나라가 당나라의 문물을 수용하여 율령제 국가로 전환을 꾀하던 때였다. 신라의 문무왕과 신문왕이 중국 율령제를 받아들여 전제 왕권 강화를 꾀했듯이, 같은 시대의 덴무도 당나라 문화를 수입하는 데 적극적이었다.

덴무 천황이 아스카키요미하라 궁에서 당나라의 율령을 수입하여 '아스카키요미하라 율령〔飛鳥淨御原令〕'을 발표했다고 하지만 그 실체는 정확히 알 수 없다. 현재 율령으로서 실체가 확인되는 것은 지토 천황 때의 다이호 율령〔大寶令〕이다. 덴무 천황 때 율령제가 완비되었는지 확실하지 않지만, 『일본서기』는 임신의 난 때에 도움을 준 공신들의 논공행상에 대한 글로 가득 차 있다. 덴무 천황은 호족들을 '씨성제〔氏姓制〕'로 정비하여 임신의 난에서 자신을 지원한 호족들을 중앙 귀족으로 재편하고, 오토모 편에 섰던 세력들을 정권에서 소외시켰다.

천황이라는 낯설지만 강력한 통치자의 등장을 호족들에게 이해시켜야 했던 덴무 천황은 천황에 대한 이데올로기화를 시작하였다. 아들인 도네리 친왕〔舍人親王〕에게 『일본서기』를 편찬하게 하여 천황가의 기원을 창조했고, 『고사기』와 『만엽집』도 편찬하기 시작했다. 책들은 덴무 천황이 죽은 이후 완결되지만, 책을 만들기 시작한 것은 아스카 키요미하라 궁에서 덴무 천황의 명에 따라서였다. 이런 맥락으로 본다면 덴무 천황은 율령제를 실시할 의도를 가지고 있었지만 단지 재위 기간이 짧아서 그 성과가 드러나지 않은 것이다.

덴무 천황과 지토 천황의 합장묘는 아스카 평원의 남쪽에 있다. 아스카 자료관에서 나와 시원한 그늘이 있는 가로수 길을 지나 가와라 사(川原寺), 조린 사(定林寺)로 가는 길목에 야트막한 언덕이 있다. 그 언덕의 동쪽은 쇼토쿠 중학교가 있고, 서쪽 끝자락에 덴무 천황과 지토 천황의 합장묘가 있다. 이 무덤의 석실 안에서 지석이 발견되어 무덤의 주인을 알 수 있었다.

덴무·지토 합장묘는 석실 고분군이 이어지는 동서로와 후지와라쿄에서 남으로 이어지는 남북로가 만나는 지점에 있다. 그래서 누군가는 덴무·지토 합장묘가 고대인들에게 아주 중요한 곳이었을 거라고 강조하기도 한다. 이곳에서 남쪽을 바라보면 덴무가 황자 시절 덴지 천황을 피해 머리를 깎고 승려가 되어 몸을 피했던 요시노가 보인다.

덴무는 천황이 된 뒤 틈이 나면, 수많은 아들을 거느리고 요시노로 행차했다. 그곳에서 구사카베 황자가 10명의 아들을 대표해서 맹세했다.

"천신, 지신과 천황에게 맹세하노니, 우리 형제들이 모두 어머니는 다르지만 천황의 칙에 따라 서로 도울 것입니다. 만약 이를 어길 시에는 자손이 끊어질 것입니다."

덴무가 이런 맹세를 아들들에게 강요한 것은 천황가의 결속을 통해 나라를 이끌어가겠다는 의지의 반영이었다. 『일본서기』의 편찬자인 도네리 친왕이 이때의 결의를 『일본서기』에 서술한 것도 덴무의 뜻을 후

덴무·지토 합장묘

덴무·지토 합장묘에 갔더니 기도하는 일본인들이 보였다. 일본 고대사에서 임신의 난은 불가능을 가능으로 바꾼 사건이며, 일본인들에게 덴무는 대단한 카리스마를 가진 천황이다.

세에 전하기 위해서였을 것이다. 그러나 이 맹세를 어긴 이는 덴무의 분신이었던 지토였다. 그래서인지 덴무의 직계는 쇼무 천황(聖武天皇)과 그 딸인 쇼토쿠 천황을 마지막으로 대가 끊어지고, 이후 덴지계의 천황이 뒤를 잇게 된다.

후지와라쿄 건설을 계획하다

덴무 시대에는 당나라 문화가 국제 표준이었다. 당나라는 성곽으로 둘러싸인 도시(京)의 북쪽에 궁궐(宮闕)을 만들고 좌우에 절을 배치했

후지와라쿄 복원도
당나라 장안성처럼 궁과 도시가 만들어졌다. 나성을 대신한 야마토 삼산이 보인다.

혼야쿠시 사 안의 주춧돌
혼야쿠시 사는 사라지고 그 자리에 새로 지어진 자그마한 야쿠시 사가 있다. 작은 절 안에는 거대한 주춧돌이 발굴된 상태 그대로 방치되어 있다. 주춧돌의 크기와 수로 보아 혼야쿠시 사가 과거 얼마나 웅장한 절이었는지 짐작할 수 있다.

혼야쿠시 사의 탑 자리(아스카)
탑이 서 있던 자리는 논으로 변했다. 물에는 하늘의 구름만 비치고 탑 그림자는 비치지 않았다. 홀로 남은 탑 자리를 보며 당시의 탑을 마음속으로 그려본다.

으며, 도시에 가로세로 구획을 나눠 관료들과 백성들이 살 수 있게 했다. 당시 동아시아 각 지역에서는 당나라 장안성을 모방한 도시들을 세웠다. 발해의 상경성, 신라의 서라벌이 장안성을 모방했다. 당나라 문화 수입에 적극적이었던 덴무도 이와 유사한 도시를 건설하기로 마음먹었다.

덴무 천황은 국제적 표준의 도읍을 만들 곳으로 가구 산, 미미나시 산, 우네비 산으로 둘러싸인 들판을 선택했다. 그리고 그곳에 새로운 도읍인 후지와라쿄는 짓기 시작했다. 후지와라쿄는 당나라 장안성을 본떠 만든 일본 최초의 본격적인 도읍으로서, 훗날 헤이조쿄로 천도할 때까지 약 16년간 일본의 심장부 역할을 했다.

덴무는 먼저 궁궐터를 정하고 궁궐을 짓기에 앞서 그 남쪽 좌우에 다이칸다이 사(大官大寺), 야쿠시 사를 만들었다. 이를 혼야쿠시 사(本藥師寺)라고 한다. 혼야쿠시 사는 680년에 덴무가 자신의 어린 황후인 우노(훗날 지토 천황)의 병을 낫게 해달라고 약사대불을 모시고 『약사경(藥師經)』을 읽기 위해 만든 절이다. 현재 혼야쿠시 사 터에는 자그마한 절이 있고 주춧돌만 가득하다. 여기저기 남아 있는 주춧돌의 수와 탑 자리를 보았을 때 과거 혼야쿠시 사의 웅장한 규모를 짐작할 수 있다.

현재 야쿠시 사는 나라의 헤이조쿄에도 있다. 710년 헤이조쿄가 완성되자, 718년 야쿠시 사를 헤이조쿄로 옮겼지만 후지와라쿄에는 혼야쿠시 사로 계속 남아 있었다고 한다. 나라의 야쿠시 사에는 국보로 지정된 양귀비처럼 육감적인 약사여래, 일광·월광보살입상과 성관음보살입상이 있다. 이 불상들은 덴무·지토 때의 불교 미술을 엿볼 수 있게 해준다.

이 시기 국제적 미의 기준은 풍만함이었다. 당나라 벽화의 살집이 오동통한 여인들, 신라 석굴암 11면 관음보살의 풍만함이 일본에 와서는 뱃살이 흘러내리는 야쿠시 사의 까맣게 반들거리는 부처상이 되었다. 아스카 사와 호류 사의 여원 듯한 부처상과는 다른 얼굴, 다른 몸매를 가지고 있다.

야쿠시 사에 남아 있는 유물 중 재미있는 것은 불족석(佛足石), 즉 석가모니의 발 모양을 본뜬 돌이다. 이는 덴무의 손자에 해당되는 훈야노 마히토치누〔文屋真人智努, 文室浄三, 智努王〕가 753년에 죽은 부인을 위해 만든 것인데, 견당사로 가서 본 것을 바탕으로 만들었다. 또 약사여래좌상대좌에는 중국의 사신도(四神圖)와 남방계 인물이 부조로 새겨져 있다.

불족석과 약사여래좌상대좌는 새로운 문화를 적극적으로 받아들여 중앙 집권화를 이루려 한 일본의 모습을 잘 보여준다. 불교를 왕권 강화의 도구로 활용하여 부처가 중생을 구제하듯 천황이 백성을 구제할 거라는 관념을 확산시켰다. 즉, 천황이 약사여래를 만들고 『약사경』을 많이 읽는 것은 모두 백성을 위해서라는 것이다.

그러나 백성들을 병에서 구제해주겠다고 공언하던 살아 있는 신 덴무가 병에 걸렸다. 덴무의 병이 낫기를 기원하는 기도가 다이칸다이 사, 가와라 사, 아스카 사에서 3일간 이루어졌다. 하지만 덴무의 병은 더욱 위중해졌다. 가와라 사에서 『약사경』을 읽고 대재회(大齋會)를 열어 죄를 뉘우쳤다. 옷차림을 옛것으로 되돌리기도 하고, 친왕과 신하들은 천황의 쾌유를 위해 관세음보살상을 만들어 다이칸다이 사에 바쳤다. 친왕 이하 관료들이 모두 가와라 사에 집합하여 천황의 병을 위해 집단 기도에 들어갔다. 당시 불교가 천황가를 위한 현세 구복적이며 정치적 역할을 한 것을 읽을 수 있다. 하지만 백성들을 구제해주

야쿠시 사 일광보살입상(나라)
야쿠시 사에는 하쿠호 시대의 삼존불이 모셔져 있다. 까맣게 반들거리는 육감적인 몸을 가진 일광보살은 S자형의 굴곡진 몸매를 뽐낸다. 석굴암의 11면 관음보살의 몸매를 연상케 하는 이 불상은 당나라, 신라, 일본에서 유행한 이상적인 미를 보여준다. 고류 사와 호류 사의 날씬한 불상과는 또 다른 느낌이다.

석가모니 발자취(불족적)
헬레니즘 미술과 결합한 간다라 불상이 만들어지기 전, 인도에서는 불상을 만들지 않았다. 석가모니의 발자취를 연화대좌에 새기고 염불을 외던 시기가 있었다. 야쿠시 사의 불족적에는 초기 불교의 흔적이 남아 있다.

아스카 자료관에서 만난 일본 고대 옷차림
당나라 옷과 고구려 옷이 섞여 있는
아스카인들의 복장이다. 아이들은 고대
아스카인들과 기념사진을 찍으며 즐거워했다.

다카마쓰 고분 벽화의 고구려 복색
한반도 문물이 일본 열도에 전래된 증거물로 국사 수업 시간에 학생들에게
보여주던 다카마쓰 고분 벽화이다. 주름치마는 고구려 옷차림과 같고, 손에
지물을 들고 있는 것은 당나라 벽화와 유사하다. 아스카인들이 한반도와
중국에서 새로운 문물을 받아들이는 데 적극적이었던 것을 알 수 있다.

겠다던 덴무는 자신을 구원하지 못하고 결국 죽음을 맞이했다.

이 무렵 덴무는 관료들의 옷을 중국풍으로 교체하기도 했다. 그럼, 중국풍 이전의 복식은 어떠했을까? 아스카의 다카마쓰 고분 벽화를 보면 잘 알 수 있다. 다카마쓰 고분 벽화에는 고구려 복색을 하고 당나라 물건을 든 여인들이 그려져 있다. 7세기의 옷차림에서 고구려와 당나라의 흔적을 확인할 수 있다.

또한 "한반도 세동의 복색을 금지한다"는 『일본서기』의 기사는 고

대 일본인들이 한반도의 옷차림을 했다는 것을 반증한다. 당나라의 율령 체제를 받아들여 고대 국가 체제를 완비하고자 했던 덴무는 관복을 중국식으로 교체했다. 이 당시 신라도 당나라 복식으로 교체하는 등 당나라 문화 수입에 열을 올리고 있었던 것과 유사하다. 그러나 당장 덴무 때부터 나니와 조정 때의 이전 복식으로 돌아간 흔적이 있는 것으로 보아, 새 문화 수입과 정착이 쉽지 않았던 듯하다.

덴무의 꿈을 완성한 지토 천황

우노는 덴지 천황의 딸로 숙부인 덴무 천황에게 시집갔다. 그녀는 덴무가 요시노로 출가할 때와 요시노를 탈출하여 자신의 이복 동생인 오토모 황자와 결전을 벌일 때 남편을 따랐다. 우노는 끝까지 덴무의 곁을 지켰고, 덴무가 죽은 뒤에는 그가 이루려고 했던 율령제 국가를 완성시켰다.

덴무가 죽자 우노는 자신과 덴무 사이에서 태어난 구사카베 황자를 천황으로 세우고 싶었다. 당연히 덴무의 다른 부인에게서 태어난 오쓰 황자가 눈에 거슬렸다. 오쓰 황자는 총명할 뿐만 아니라 임신의 난에서도 공을 세운 이였다. 우노는 덴무 천황의 장례식 날 모반의 혐의로 오쓰 황자를 체포하여 바로 다음 날 처형해버렸다. 오쓰 황자는 처형당하기 직전에 눈물을 흘리며 와카를 불렀고, 사람들은 『만엽집』에 실린 그의 와카를 읊으며 우노의 욕심과 오쓰 황자의 슬픈 운명을 떠올렸다.

모모즈타후 이와레 연못에서 우는 오리를 오늘 마지막 보고 구름 저편 가야 하나.

―『만엽집』(권 3) 416편

우노는 요시노에서 천신과 지신에게 한 맹세를 어기면서까지 자신의 아들을 천황으로 만들려고 했다. 그러나 어머니의 이런 욕심 때문이었는지 병약하던 구사카베 황자는 스물여덟 살의 나이로 세상을 떠났다. 당시 구사카베의 아들 가루(珂瑠 혹은 輕)는 고작 여덟 살이었다. 결국 우노는 690년 스스로 황위에 올라 지토 천황이 되었다. 지토는 안정된 정권 유지를 위해 다이카 개신의 주역인 가마타리의 차남 후지와라노 후히토(藤原不比等)와 손잡고 국가를 통치했다.

율령제로 정권을 공고히 하려던 덴무의 정치적 이상을 가장 잘 알고 있던 지토는 율령제 국가의 기틀을 확립했다. 일본사에서는 보통 덴무·지토 시기를 하나의 시기로 파악하는데, 정책의 연속성과 문화의 동질성 때문이다.

지토는 덴무의 꿈을 현실로 만들었다. 국제적 표준의 수도를 만들고 천도를 한 것이다. 맑은 날, 구름이 간간히 떠 있어도 좋겠지만 파란 하늘이 보이는 날에 후지와라쿄에 가면, 덴무가 왜 그곳을 도읍지로 정했는지 한눈에 알 수 있다. 지금은 주춧돌만 남아 있지만 조금만 입지 감각이 있는 사람이라면 도읍지로 이보다 나은 곳이 없다는 데 동의할 것이다.

후지와라쿄는 오른쪽에는 우네비 산(이곳에는 현재 진무천황릉과 가시하라 신사가 있다), 왼쪽에는 가구 산, 북쪽으로는 미미나시 산에 둘러싸인 드넓은 평지에 자리 잡고 있다. 후지와라쿄를 둘러싸고 있는 야마토 삼산은 그리 큰 산은 아니지만, 현대 일본인들은 트래킹을 위해 자주 찾는 곳이다. 현재 행정 구역으로는 가시하라 시에 속하지만 궁궐터에 서면 아스카 평원과 아스카 강이 눈앞에 펼쳐진다.

지토는 덴무가 지으려던 계획도시인 후지와라쿄를 짓기 위해 황족과 관료들의 동의를 얻어야 했다. 그전까지 일본에는 궁(宮)만 존재하고 도시 개념인 경(京)은 존재하지 않았으며, 건물을 지을 때도 주춧돌이 없는 굴립주 방식으로 지었다. 그러나 율령제와 함께 수용한 대륙의 궁궐 양식은 성으로 둘러싸인 도시 안에 왕이 사는 궁이 있고, 관료들은 도읍(궐) 안의 궁 앞에 거주하는 형식이었다. 중앙 집중식으로 바뀐 것이다. 덴무와 지토는 모든 관료와 백성을 천황의 영향력 아래에 둘 수 있는 당나라 장안성을 모방한 도읍을 만들어 중앙 집권화를 꾀했다.

이보다 앞서 대륙의 문화를 수용하여 만든 궁궐도 있다. 현재 오사카 역사 박물관 앞에 그 터가 남아 있는 나니와나가라노토요사키 궁이다. 부도(副都)를 두는 중국의 예에 따라 다이카 개신 이후 고토쿠 천황 때부터 조성하기 시작했다. 현재 오사카의 나니와나가라노토요사키 궁 앞에는 당나라의 주작대로(朱雀大路)와 같은 일직선의 대로와 조방제(條坊制, 주작대로를 중심으로 바둑판처럼 설계된 건물들이 정연하게 배치되어 있는 것을 말한다)의 흔적이 있다.

『일본서기』도 이를 뒷받침해준다. 덴무가 나니와 궁에 나성을 두르고 신하들에게 택지를 나눠주었다는 기록이 있다. 나성을 두른 것은 경의 개념으로 야마토의 궁과는 다른 양식이다. 그러나 "이전의 어떤 궁보다도 웅장했다"는 나니와나가라노토요사키 궁은 굴립주 방식으로 기둥을 세운 야마토식 건물이었고, 궁을 둘러싼 나성은 대륙식을

다이칸다이 사 터
여기저기 흩어진 주춧돌은 당나라와 한반도에서 받아들인 문화, 정치 체제를 증언한다. 1,300년 전 덴무와 지토는 이곳에서 새로운 나라 '일본'을 열어가는 꿈을 꾸었을 것이다.

모방한 것이었다.

하지만 693년에 완성된 후지와라쿄의 궁은 나니와나가라노토요사키 궁과 달리 주춧돌 위에 기둥을 올리는 초석식으로 만들었다. 초석식은 아스카 사, 야마다 사, 가와라 사 등 한반도의 영향을 받은 사원 건축에서 볼 수 있는 것이었다. 초석식 건물에는 기와가 올라갔고, 기와를 굽는 기술은 백제와 신라에서 받아들였다. 후지와라 궁은 나성을 두르지 않았지만 나성의 역할을 야마토 삼산에게 맡기고 궁에서 일직선으로 대로를 만들었다. 그리고 좌우에 다이칸다이 사와 야쿠시

사를 두고 조방제로 구획을 정하여 관료들에게 택지를 나눠주었다. 이전과 다른 점은 관료가 자신의 근거지를 벗어나 도읍 안의 천황이 하사한 땅에서 살아야 한다는 것이다.

697년 지토는 소원대로 손자 가루에게 황위를 물려주었다. 가루는 열네 살에 몬무 천황〔文武天皇〕이 되었고, 지토는 상황으로 물러앉아 영향력을 행사했다. 701년 다이호 율령은 지토의 마지막 업적으로서, 이를 통해 율령제에 입각한 천황제가 확립되었다. 702년 지토는 생을 마감했다.

하지만 요시노의 결의를 깬 결과인지 손자 몬무 천황도 아버지 구사카베 황자처럼 707년 스물다섯 살의 젊은 나이에, 일곱 살 난 아들 오비토〔首〕를 남기고 죽는다. 결국 몬무 천황의 어머니가 겐메이 천황〔元明天皇〕이 되어 손자가 자랄 때까지 권력을 유지했고, 오비토는 헤이조쿄로 천도한 후 쇼무 천황으로 등극한다. 덴무와 지토의 직계 혈통은 쇼무 천황과 쇼무의 딸인 쇼토쿠 천황으로 대를 잇지 못하였다. 천황가의 혈통이 덴지계로 바뀌는 것을 지토는 보지 못했다.

지토는 남편 덴무가 계획한 도시에서 손자 가루가 몬무 천황이 된 것을 보고 생을 마감했다. 인생의 황혼녘에 선 지토는 스러지는 오후의 햇살을 보며 『만엽집』에서 최고의 수작으로 꼽히는 와카를 남겼다.

> 봄이 지나고 여름이 온 듯하다.
> 새하얀 빛의 빨래를 말리는 아메노가구 산이여!
>
> ―『만엽집』(권 1) 28편

아스카 평원의 남쪽에는 덴무·지토의 합장묘가 있고, 북쪽에는 야마토 삼산에 둘러싸인 후지와라쿄가 있다. 아스카는 신성한 곳으로 불리며 이전에도 유력 세력들의 근거지였지만, 최초로 율령제 국가가 확립된 곳으로 의미가 깊다. 그리고 이곳에서 역사상 최초의 천황이 나라를 다스린 것이다.

 한국인들은 "일본의 천황가는 어떻게 시작되었을까? 한반도계일까?"라는 데에만 관심을 가진다. 하지만 아스카에 가면 한반도와 중국에서 스며든 국제적 문화를 바탕으로 '일본'이라는 나라의 기틀을 다진 첫 천황인 덴무의 흔적을 확인할 수 있다. 그 아스카에서 고대 국가를 만들려 했던 덴무의 야망, 마음을 느껴보는 것이 일본 고대사에 한 걸음 더 다가가는 것일 것이다.

정치적 산물 『일본서기』

역사는 승리자의 관점을 반영한다.

일본 고대사 연구의 기본 자료는 『일본서기』이다. 『일본서기』는 덴무 천황 계통을 중심으로 일본 역사를 재구성한 것이다.

덴무가 즉위한 지 10년(681), 가와시마 황자(川島皇子)에게 "제기(帝記)와 상고의 제사(上古諸事)를 정리하라"고 명했다. 이후 지토는 691년에 18씨족의 조상의 역사를 정리해서 제출하게 했다. 720년 덴무의 셋째 아들인 도네리 친왕이 39년 만에 『일본서기』를 완성하여 천황에게 바쳤다. 『일본서기』가 편찬되면서 다이호 율령의 반포(701), 헤이조쿄 천도(710), 국사 편찬(720)이라는 율령 국가의 완성을 알렸다.

덴무는 백강 전투에 참전하기 위해 규슈까지 갔던 경험이 있는데,

덴무 천황의 계보

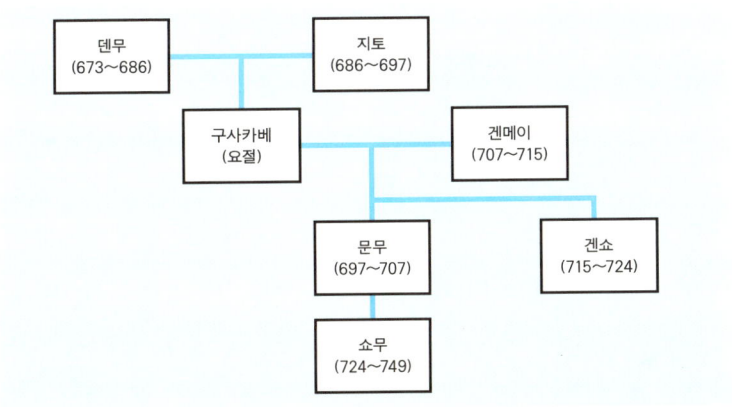

일본 서기의 구성

특징	권수	천황	내용
1단계 신화중심	1~4	신대(권1,2) 초대 천황(권3) 결사 8대(권4)	· 신대와 천지개벽 · 진무 천황 일대기, 동정 시작에서 건국까지 · 조작 삽입된 것으로 보이는 장

2단계
한반도와
관련된 내용
	5~19	야마토 정권과 신라(권 5~9)
		
		야마토 정권과 한반도
		(권 10~15)
		
		임나와 한반도(권 16~19)
			· 왜국 국내 통일을 지향한 집단의
			  기록
			· 천일창·진구 황후를 통해
			  신라와의 연관 서술
			· 백제·임나·신라의 도래 등 대륙
			  문물과 기술의 도입, 농경지
			  확충(닌토쿠 천황)
			· 임나를 둘러싼 백제와 신라의
			  각축 속에서 야마토 정권은
			  백제를 지원하기로 결정

3단계
일본 국내
사정에 대한
내용(현대사)
	20~30	씨족 정치의 전개(권 20~23)
		
		중앙집관화의 길(권 24~27)
		
		율령 국가의 수립(권 28~30)
			· 견수사의 파견 등 중국과 직접
			  교역 추구
			· 친백제계 소가씨 등 씨족의
			  권력이 강한 시기
			· 다이카 개신, 백강 전투, 고구려
			  멸망
			· 백제, 고구려 유민과 함께 중앙
			  집권화 추구
			· 임신의 난, 덴무 지토의 일대기

송완범, 「일본 율령국가와 일본 중심주의」, 『동아시아 세계의 일본사상』, 동북아역사 재단, 2009

그때 참담한 실패를 눈으로 확인했다. 왜와 오랫동안 친선 관계를 유지하던 백제의 멸망, 이어 쏟아져 들어온 백제 유민들을 목격했다. 그리고 바다 건너에는 초강대국 당나라와 백제·고구려를 멸망시킨 신라가 버티고 있었다. 이제 야마토 정권도 당나라, 신라와 어깨를 겨루어야 한다는 생각을 했을 것이다. 굴복할 수는 없었다.

즉위 후 텐무에게는 임신의 난으로 흩어진 민심을 하나로 모아야 하는 정치적 과제가 놓여 있었다. 임신의 난에서 자신을 지지한 호족들, 백제·고구려에서 망명한 세력들을 모아야 했다. 덴무는 국내외의 과제를 강력한 중앙 집권 국가 건설을 통해 해결하려 했다. 그래서 당과 한반도의 율령제 국가 체제를 도입한 후, 그 이데올로기를 강화시킬 역사책인 『일본서기』와 『고사기』를 만들었다.

『일본서기』는 그 내용에 따라 '신화 → 한반도와 관련된 국제 정세 → 현대사(국내)'의 시선을 깔고 있다.

1단계는 신화를 윤색하여 천황가를 정당화하는 작업이다. 요시노를 탈출한 덴무는 이세 신궁으로 가서 아마테라스오미카미를 참배하며 승리를 기원했다. 임신의 난에서 승리한 후 이세 신궁의 지위를 격상시켰는데, 태양신 숭배 신앙을 알 수 있다. 그 태양신과 천황가의 연결고리를 보여주는 게 『일본서기』의 권 1~4이다.

2단계에는 덴무계의 국제 정세가 담겨 있다. 당나라의 출현, 백제·고구려의 멸망이라는 동아시아 변화 속에서 일본을 중심으로 한 국제 인식을 만들었다. 세상을 '화(和)'의 안과 밖으로 나누고, 다시 화의 밖은 '이웃한 나라'와 '조공하는 나라'로 나누었다. 당나라는 일본과 같은 이웃 나라였고, 신라는 조공하는 나라로 인식했다. 이는 고대 일본 귀족들의 반신라 의식을 엿볼 수 있다. 그리고 당시 백제와 고구려 유민을 신하로 거느리고 있던 천황의 입장에서 신라는 백제, 고구려와 동급이었기 때문에 일본보다 아래의 나라로 여겼다. 또한 규슈 지방에서 신라의 사주를 받고 일어난 이와이의 반란으로 신라에 대한 반감은 더욱 깊었다. 그래서 중국 사서를 참고하여 히미코, 스이코, 사이메이를 모델로 신라를 정벌한 진구 황후를 만들어냈다. 덴무계는 고구려·백제·신라를 일본의 조공국으로 여기는 생각을 역사책에 기술하여 기정사실로 만들었다.

3단계는 말 그대로 '현대사'이다. 지방 호족이 아닌 긴키 지방의 호족에 대한 기술이 많은 것은 이 책을 만든 집단이 긴키 지방에 근거하고 있다는 것을 알려준다. 이 세력들을 중심으로 율령제 국가를 완성시켜나가는 과정을 서술하고 있다. 특히 덴무의 정치권력 장악 과정을 두 권에 걸쳐 서술하고 있는 것은 역사가 승자의 이데올로기로 기능하는 것을 잘 보여준다.

『일본서기』를 읽을 때 유의할 점 : '사료 비판하며 읽어야 해요!'

『일본서기』를 읽을 때는 천황의 지배 이데올로기를 위한 조작과 윤색을 염두에 두고 읽어야 한다. 진구 황후가 금은으로 가득 차 있는 신라를 정벌하여 조공국으로 거느렸다는 것은 국내의 정치 세력들에게 천황의 위대함을 보여주고자 하는 덴무계의 상징 조작이었다. 이를 당시의 호족들이 그대로 믿었을까도 의문스럽다.

하지만 『일본서기』는 후세의 역사가가 판단할 수 있도록 당대의 현존 자료를 전부 채록하려고한 흔적도 있다. 그래서 『일본서기』를 읽을 때는 윤색된 것과 채록된 것을 구분할 줄 알아야 한다.

그런데 그러기가 참 어렵다. 현재 일본의 역사 교과서들은 4~6세기에 일본이 한반도 남부를 지배했다는 임나일본부설의 흔적이 남아 있다. 일본 학자들 중 많은 이가 교과서류의 임나일본부설을 지지한다. 그 근거가 바로 『일본서기』이다. 『일본서기』 서술의 특징에 유의하시 않으면 이런 오류에서 벗어나지 못할 것이다.

근대에 거듭난 『일본서기』

헤이안 시대가 되면 궁중 공식 행사로 『일본서기』를 강서(講書, 낭독을 하고 뜻풀이를 하는 것)한 게 모두 일곱 차례이다. 강서의 장소가 천황의 문서를 담당하는 외기국(外記局), 천황의 도서관인 내사국(內事局), 천황이 거주하는 내리(內裏)의 후궁인 선양전(宣陽殿) 등 천황과 밀접한 장소였다는 것은 이 행사가 천황을 중심으로 진행되었다는 것을 알려준다. 당시 이런 강서를 통해 『일본서기』의 주해를 하나로 통일시켜갔다.

하지만 중세가 되어 천황이 실질적 통치자의 위치를 상실하자, 『일본서기』의 천황제 이데올로기도 약화되었다. 그러다가 근대에 와서 상황은 달라진다. 메이지 유신을 주도한 관료 세력들이 막부 세력을 약화시키기 위해 천황을 실질적 통치자로 만들었다. 1889년에 천황이 신민들에게 하사한 '대일본제국헌법'은 일본이 만세일계의 천황이 다스리는 나라라는 것을 명시했다.

수신과 국어 교과서에는 『일본서기』의 내용을 그림과 함께 소개했다. 그리고 국민의 정신 수양을 목적으로 하는 수양 도장인 '양정관'을 만들어 『일본서기』를 근대 회화로 그려 전시했다. 이를 통해 '대일본국은 신국(神國)이다'라는 것을 형상화했다.

고대에 천황의 권위를 드높이기 위해 만든 『일본서기』를, 천황제 근대 국가의 이데올로기로 효과적으로 사용한 것이다. 그야말로 만들어진 고대가 아니라 '근대에 되살아난 고대'였다.

가스가 신사의 석등

3부

헤이조쿄에 꽃핀 율령제

		710년	나라 시대 시작, 헤이조쿄 천도
		711년	중앙과 지방 연결 도로 정비
		720년	규슈의 하야토, 동북의 에미시 반란 진압
신라 혜초,	727년	후지와라노 후이토 사망
『왕오천축국전』 저술		
		729년	나가야 왕의 면
발해, 당나라 등주 습격	732년	
		739년	후지와라씨의 네 형제가 역병으로 사망
		741년	쇼무 천황, 국분사 건립 조칙
신라, 불국사와 석굴암 건립	751년	
		752년	도다이 사 대불 완성
발해, 수도를 중경으로 천도		
신라, 성덕대신종 완성	771년	
		781년	간무 천황 즉위
		794년	헤이안 시대 시작, 헤이안쿄로 천도

나라 지역 개관

세계문화 유산의 보물 창고로 알려진 나라는 오사카에서 기차로 40분 정도의 거리에 있는 역사 도시다. 나라 현은 오사카 부와 서쪽 경계를 맞대고 있고, 교토 부와 북쪽 경계를 맞대고 있다. 오사카와 나라, 교토는 삼각 지대를 이루고 있다. 나라 현은 일본 고대 문화의 발상지들을 포함하고 있는데 가장 남쪽에 덴무가 고대 국가를 세운 아스카 촌이 있다.

아스카 촌에서 정북향으로 산록을 따라 나라로 가는 길은 고대인들의 교통로였다. 이 길을 따라 북으로 걸으면 바로 전방후원분의 발상지인 사쿠라이 시와 칠지도가 보관된 이소노카미 신궁이 있는 덴리 시로 연결된다. 덴리 시의 경계를 넘어서면 긴테쓰 나라 선의 종착지인 나라 시가 나온다. 나라 시에서 서쪽으로 가면 호류 사를 거쳐 오사카 만으로 연결되고, 북으로 방향을 잡으면 교토 부로 갈 수 있다. 교통이 서로 긴밀하게 연결되어 있어서 오사카·나라·교토를 묶은 여행 상품도 많다.

2010년 일본은 나라 천도 1,300년을 기념하느라 축제 분위기였다. 710년 겐메이 천황이 후지와라쿄에서 헤이조쿄로 천도한 것을 기념하며 '헤이조쿄로 오세요'라는 광고 문구가 넘쳐났다. 헤이조쿄는 당나라의 율령제를 수입하여 고대 국가를 완성하려던 일본 황실의 노력 위에 만들어진 도시다. 헤이조쿄는 후지와라쿄의 구조를 그대로 모방하여 수도(京) 안에 궁성을 만들고 주작대로를 중심으로 좌우에 야쿠시 사와 다이칸다이 사를 두었다. 불교로 왕실의 안녕을 기원하고자 했던 도다이 사와 사이다이 사(西大寺)를 둔 것도 도시 계획 속에서 나왔다. 그래서 현재 나라 현청이 있는 나라 시 중심지는 나라 분지의 동쪽에 치우친 구릉지이지만, 나라 시대의 모습을 상상하려면 지금의 중심지에서 시야를 서쪽으로 확장해야 한다.

나라 역에 내려서 볼 수 있는 곳은 헤이조쿄의 동쪽 지역이다. 사슴이 뛰어노는 나라 공원, 후지와라씨 가문의 원찰인 고후쿠 사(興福寺), 후지와라씨 가문의 신사인 가스가 신사(春日大寺), 도다이 사 등은 한국인 관광객이 많은 곳이다. 고급 호텔도 이곳에 주로 모여 있어 나라를 여행할 때 빠지지 않는 곳이다.

나라역 서쪽 야마토사이다이지 역에서 내리면 옛 수도의 궁성인 헤이조쿄의 흔적을 볼 수 있다. 넓은 평원 위에 건물들의 주춧돌과 복원된 주작 대문이 웅장했던 당시 궁성의 규모를 가늠케 한다. 워낙 넓고 풀밭이 많아 자전거로 다니다가 어느 나무 그늘에 누워보는 것도 나라 지역 여행의 묘미이다.

긴테쓰 가시하라 선의 니시노쿄에 내리면 당나라의 불교문화를 수입하려 노력했던 나라 시대의 불교 문화재를 만날 수 있다. 덴무가 후지와라쿄에 세웠던 것을 나라로 옮긴 야쿠시 사, 눈이 멀어가면서도 바다 건너 불교를 전하러 온 감진(監眞)의 흔적이 남아 있는 도쇼다이 사(唐初是寺)는 도다이 사의 거대함과는 다른 불교문화의 아름다움을 느끼게 해준다. 실크로드를 통해 들어온 문화의 일부를 이곳에서도 확인할 수 있다. 헤이조쿄의 서쪽 지역인 이곳은 한국인들이 많이 찾지 않지만 일본인들의 발길은 끊이지 않는다.

나라에는 도다이 사, 고후쿠 사, 야쿠시 사, 도쇼다이 사 등 세계문화유산 외에 고분도 많다. 명문이 새겨진 칼이 나온 도다이 사 부근의 전방후원분, 신빙성이 의심되지만 진구 황후의 것으로 비정된 전방후원분, 도다이 사의 불사를 이루었으나 끝내 나라에 정착하지 못한 쇼무 천황의 능이 나라 분지 곳곳에 있다.

784년 간무 천황(桓武天皇)이 나가오카쿄로 천도하면서 나라는 고대사의 중심에서 멀어졌다. 하지만 74년간 천황가와 후지와라씨 가문이 남긴 율령제 국가의 흔적이나 불교문화 등 볼거리가 풍성하다.

11

나라에 내려온 사슴신, 후지와라씨의 번영

나라 공원의 사슴들

연약하고 가냘파 보호 본능을 불러일으키는 대상에게 '사슴 같은' 이라는 표현을 쓴다. 그러나 나라 공원에서는 이 형용사의 정의가 바뀐다. 모가지가 길어서 슬픈 짐승을 상상했다면 녀석들은 어이없을 만큼 씩씩하고 때로 뻔뻔스럽다. 사슴을 엄격하게 보호해온 이곳의 전통 때문에 겁 없이 몰려다니며 사람들에게 먹이를 얻어먹고, 마음에 들지 않으면 물거나 머리로 들이받는 광경도 종종 볼 수 있다.

나라의 사슴들이 이토록 자유를 구가하며 보호받아온 데는 역사적 배경이 있다. 나라가 일본의 수도였던 8세기부터 500년 동안 후지와라씨는 일본 최고의 권력 가문으로 군림했다. 그런데 그 후지와라씨 가문의 상징이 사슴이다. 전설에 따르면 나라가 수도로 정해지자, 후지와라씨의 조상인 다케미카즈치(武甕槌, 武甕雷男神)가 하얀 사슴을 타고 이곳에 수호신으로 강림했다고 한다. 천황은 후지와라씨의 상주

나라 공원의 사슴 주의 안내문
나라 공원에서는 사람이 사슴을 조심해야 한다. 사슴에게 들이받히지 않도록 주의하라는 표지판이 일어, 영어, 중국어, 한국어로 여기저기에 붙어 있다.

(上奏)를 받아 다케미카즈치를 모신 가스가 신사를 세우고 다케미카즈치의 시종인 사슴의 수렵을 금했다.

다케미카즈치가 나라에 강림한 8세기는 일본 역사상 이례적으로 천황권이 강력한 시기였다. 일본에서 왕이 실제 권력을 쥐었던 시기는 일본 역사를 통틀어 200~300년도 되지 않는다. '군림하되 통치하지 못하는' 왕실의 전형이라고 할 수 있다. 그러나 7~8세기의 상황은 달랐다.

7세기 후반 덴무 천황이 세운 중앙 집권적 지배 질서가 점점 공고해져, 8세기 나라에서 전무후무한 천황 중심의 중앙 집권적 율령 체제가 수립되었다. 수도는 천황의 명을 받아 율령제를 운영하는 수많은 관청과 관료들로 북적거렸고, 지방 역시 도로 정비와 변방 토벌, 지방관 파견 등을 통해 일원적인 국가 지배가 강화되었다. 이 중앙 집권적 시스템으로 들어오는 거대한 세수입(稅收入)과 견당사를 통해 수입된 당나라 문화는 일본에 중앙 집권적 고대 문화를 꽃피게 했다. 8세기 수도 나라에서 꽃핀 이 문화를 덴표 문화(天平文化)라 하는데, 일본 고대 문화의 정점으로 평가받고 있다.

다케미카즈치의 후손인 후지와라씨는 천황의 관료로서 새로운 질서 구축에 앞장서며 급부상했다. 천황을 보좌하여 수도를 나라로 옮기고 율령 법전을 정리했으며 법을 집행했다. 그러나 아이러니하게도 천황 중심의 율령 체제를 적극적으로 만들었던 후지와라씨는 가문의 성장에 비례하여 천황 중심의 질서를 무너뜨렸다. 후지와라씨가 장원(莊園)을 확대하고 정치권력을 독점하면서, 율령제의 기본 전제인 국가의 토지 지배권과 천황의 권위가 빠르게 무너져 내렸다. 붕괴가 가속화되었다.

따라서 나라 시대의 시작과 종말에는 후지와라씨의 그림자가 짙게 깔려 있다. 나라를 돌아보는 시간은 '덴표'라는 일본 고대 문화의 전성기를 찾아가는 시간이면서 동시에 후지와라씨의 기억을 좇는 시간이기도 하다.

오늘날 나라 공원에는 후지와라씨 가문의 가스가 신사와 고후쿠사가 천황이 세운 도다이 사를 포위하는 모양으로 서 있고, 일족의 상징인 사슴이 그 사이를 한가로이 거닐고 있다. 나라 시대로 들어가는 발걸음은 이 사슴들이 오가는 거리에서 시작된다.

후지와라의 숲, 가스가 신사

나라 공원 안에서 가스가 신사로 들어가는 입구에는 커다란 붉은 도리가 서 있어서 찾기가 쉽다. 도리에서 본전(本殿)으로 올라가는 길 좌우로 울창한 숲이 있는데, 워낙 울창해서 나무 틈새로 햇살이 약간 비춰들 뿐 대부분 응달이라 이끼가 많다. 이 숲은 768년 신사를 세울 때 함께 조성되어 현대까지 벌목과 수렵이 금지되었다. 잘 가꾸어진 나무들은 어디서나 아름다운 법이지만 가스가 신사의 거대한 숲은 아름다움을 넘어서는 다른 힘이 있다. 후지와라씨는 아무리 춥고 헐벗은 백성이라도 이 숲의 가지 하나 꺾지 못하고, 숲 속의 작은 짐승 하나 잡지 못하게 했다고 한다. 그렇게 지켜온 숲의 모습에서 후지와라씨의 강력했던 권력을 느낄 수 있다.

후지와라씨는 원래 나카토미라는 성을 쓰는 아스카 지방의 군소호족이었다. 이들은 제철과 토기 제작 등 선진 기술을 가지고 부를 축적하면서 권력에 접근했다. 씨족신인 다케미카즈치가 검의 신인 것이나 그 이름에 무기를 만든다(武甕)는 의미가 있는 것도 이들이 신기술과 관련 있었다는 것을 뒷받침한다. 일본인 사학자 오와 이와오(大和岩雄)는 제철, 토기 등 선진 기술과 관련이 있는 것으로 보아 나카토미씨를 한반도 도래계 내지 백제계로 추정했다.

나카토미씨가 국가 권력의 중추에 서게 된 것은 7세기 중엽부터였다. 645년 나카토미노 가마타리가 후일 덴지 천황이 되는 나카노오에 황자와 손잡고 당시의 권력 실세인 소가씨를 제거하는 변을 일으킨 것이다. 이후 나카토미노 가마타리는 천부적인 정치 감각과 해박한 지식으로 덴지 천황이 된 나카노오에를 잘 보좌하여 말년에 천황으로부터 '후지와라'라는 성을 하사받았다. '후지와라'라는 이름은 원래 나카토미씨 가문의 꽃이 등꽃(藤)인 데서 유래했는데, 등꽃의 보랏빛이 제철에 사용하는 숯불의 푸른빛과 비슷하여 선택했다고 한다.

고대 시가집인 『만엽집』에는 후지와라씨의 개조 가마타리의 인간적인 목소리를 들을 수 있는 시 한 수가 전한다.

내가 야스미(安見)를 손에 넣었지.
모두가 불가능하다고 했던 그 야스미를 손에 넣을 수 있었단 말이야.

―『만엽집』(권 2) 95편

시 속의 야스미는 궁전에서 천황을 섬기던 채녀(采女)였다. 원래 채녀란 일반 남성과 접촉이 불가한 존재로 왕족이라도 채녀와 관계를 맺다 들키면 죽음을 면키 어려웠다. 그런데 덴지 천황의 허락으로 아름다운 채녀를 아내로 맞게 되자, 가마타리는 반복되는 시구를 통해 터질 듯한 벅찬 기쁨을 노래했다. 그는 금단의 존재 야스미로 상징되는 천황의 총애를 자랑하고 있는 것이다.

가마타리가 죽고 후지와라씨 가문을 이끈 것은 그의 둘째 아들 후지와라노 후히토였다. 후히토는 덴무 천황 이후 4명의 천황을 섬기면서 일본 최초의 율령 법전을 완성하고, 천황의 신임을 얻어 후지와라씨의 권력을 더욱 굳건히 했다. 율령제에 입각한 새로운 도시 헤이조쿄를 나라에 만들어 천도를 주도한 것도 후히토였다. 나라의 가스가 신사도 8세기 후반 후히토의 외손이었던 쇼토쿠 천황(称德天皇)의 명으로 세워졌다.

신사의 본전으로 올라가는 참배로는 울창한 숲만큼이나 깊고 길지만 다양한 모양의 석등들을 구경하는 맛에 지루하지 않다. 참배로에는 약 2,000여 기의 석등이 서 있는데, 사슴 문양을 새긴 것, 새를 새긴 것, 부처를 새긴 것, 큰 것, 작은 것 등 저마다의 특색이 있다.

드디어 긴 참배로의 끝인 중문을 지나 본전으로 들어가면, 똑같은 모양의 신사 건물이 나란히 4채가 서 있는데 신사에서 모시는 신이 4명인 데서 유래했다. 처음 가스가 신사를 세울 때까지만 해도 후지와

가스가 신사의 석등롱
가스가 신사로 올라가는 길의 백미는 숲과 함께 도열해 있는 석등롱에 있다. 기증자의 소망을 담고 신사에 봉헌된 각양각색의 등롱은 숲길에 독특한 운치를 더한다. 모두 약 2,000여 개에 달한다고 하는데 한 번에 모두 헤아리면 엄청난 부자가 되거나 장수한다는 속설이 전한다.

라씨의 씨족신인 다케미카즈치 외에 지바, 오사카 등 각지의 유력한 신사에서 3명의 신을 더 모셔와 함께 봉안했다고 한다. 그러나 9세기 중엽 후지와라씨의 권력이 천황을 능가하면서 가스가 신사는 후지와라씨의 조상에게 제사 드리는 신사로 발전했다. 또한 신사의 제사에는 천황과 상황(上皇)를 비롯해, 조정의 최고 관료인 섭정(攝政), 관백(關白)이 참배할 정도로 번창했다. 지금도 가스가 신사는 일본의 3대 신사 중 하나로 각지에 세워진 가스가 신사의 총본산이다.

가스가 신사의 주신인 다케미카즈치는 본전의 첫 번째 건물에 모셔져 있다. 일본 신화에 따르면 태초에 남신 이자나기와 여신 이자나미 사이에서 태양신 아마테라스를 비롯한 모든 신이 태어났다고 한다. 그런데 이자나미가 불의 신을 낳다가 화상을 입어 죽자, 슬픔과 분노에 휩싸인 남편 이자나기는 불의 신을 죽여버린다. 그 피 속에서 태어난 게 전쟁의 신이자 검의 신 다케미카즈치다. 그 뒤 다케미카즈치는 누이이자 최고신인 아마테라스의 명을 받아 일본으로 내려와 원래 일본을 다스리고 있던 신과 대결하여 승리한다. 이로써 아마테라스의 후손이 천황이 되어 일본을 다스릴 수 있는 기틀을 만들었다.

이 이야기에 따르자면 후지와라씨의 조상은 국초부터 나라를 세우는 데 일등 공신이었던 셈이다. 그런데 이상하게도 다케미카즈치의 역할은 712년 편찬된 『고사기』에만 언급되어 있을 뿐 오랜 전승을 수록한 『이즈모국 풍토기〔出雲國風土記〕』 같은 문헌 자료에는 등장하지 않는

가스가 신사의 주신 다케미카즈치
다케미카즈치는 전쟁의 신이면서 번개의 신이다. 등에 메고 있는 북을 치면 번개가 만들어진다고 한다.

이세 신궁과 가스가 신사의 지붕 형태
이세 신궁의 수직적인 지붕(왼쪽)은 전통적인 일본 신사 건축 양식을 충실히 재현하고 있다. 반면 가스가 신사의 지붕(오른쪽)은 보다 곡선적이고 박공이나 천목과 같은 대륙적 건축 요소를 반영한 절충적 양식이다. 둘 다 편백나무 껍질을 사용한 히와다부키 지붕인데, 편백나무를 베지 않고 껍질만 벗겨서 만들기 때문에 친환경적이다. 지붕 위에는 늘 이끼가 잔뜩 끼어 초록색 지붕을 만들곤 한다.

다. 따라서 다케미카즈치의 돌연한 등장은 『고사기』가 완성될 당시 조정의 유력자로 등장한 후지와라씨가 자신들의 조상신을 국조 신화의 주역으로 넣기 위해 기존의 신화를 개작한 결과일 가능성이 높다.

건물이 4채라는 것을 빼면 본전의 건축 기법은 일반적이다. 원래 일본의 신사는 이세 신궁의 경우처럼 직선적인 맞배형 건물이었다. 그러나 대륙에서 불교 건축이나 궁전 건축 기법이 들어오면서 신사에도 절충이 이루어졌다. 가스가 신사가 대표적인 경우로 지붕의 선이 곡선으로 변하고 X 자로 교차해 올라오던 지붕의 끝이 없어지면서 한반도나 중국에서 자주 보는 지붕의 모양이 되었다.

그러나 전통 건축적 요소도 여전히 남아 있는데 우선 지붕의 소재부터가 다르다. 가스가 신사는 기와를 사용하는 대륙풍 건물과 달리

가스가 신사의 만토로 마쯔리(萬燈祭)
가스가 신사의 수많은 등롱들은 매년 2월 3일과 8월 14, 15일에 불을 밝힌다. 이를 만토로 마쯔리라 하는데 이때가 되면 주칠(朱漆)한 회랑을 수놓은 등롱의 자태가 보는 이의 마음까지 눈부시게 한다.

편백나무 껍질이나 억새를 이어서 지붕을 만들었다. 켜켜이 벗긴 편백나무 껍질을 이어서 만든 '히와다부키(檜皮葺)'라는 전통적인 공법을 이용했다. 그리고 건물을 세울 때 주춧돌을 깔지 않고 땅 위에 바로 기둥을 세운 점도 일본식이다. 원래 가스가 신사의 본전 건물은 이세 신궁의 경우처럼 20년마다 똑같은 모양으로 새로 지어왔으나, 최근 세계문화유산으로 지정되면서 건물을 교체하지 않고 유지하게 되었다고 한다.

본전의 회랑에는 구리로 만든 등(燈) 1,000여 개가 줄을 지어 매달려 있다. 초파일 우리나라의 절을 장식하는 작고 화사한 연등과 달리 일본의 등은 크고 육중한 분위기다. 깊고 푸른 숲을 배경으로 서 있는 본전 선물의 붉은 기둥과 육중한 구리 등통이 잘 어울린다.

1년에 두 번, 2월과 8월의 밤이 되면 가스가 신사의 모든 등롱이 일제히 불을 밝히는 날이 있는데, 이를 만토로 마츠리(萬燈籠祭)라 한다. 참배로의 석등과 회랑의 구리 등까지 모두 3,000여 개의 등불이 가스가 신사의 숲을 밝힌다. 옛말에 '등롱 불빛이 부처나 조사보다 낫다(燈籠超佛祖)'라고 했듯이, 어두운 중생의 마음을 환히 밝히고자 하는 소망을 담고 있다.

본전을 나와 길을 내려오다 보면 만엽 식물원이라는 부제가 붙은 신엔(神苑, 신사의 정원)이 있다. 이 정원에 만엽 식물원이라는 부제가 붙은 이유는 나라 시대에 편찬된 『만엽집』에서 노래한 당대의 식생 환경이 잘 남아 있기 때문이다. 정원은 맑은 연못과 다양한 식물들로 고즈넉한 분위기가 물씬 풍긴다.

문헌에 따르면 나라 시대의 가스가 신사는 아직 규모가 크지 않았고, 주변은 가스가 들판이라고 불렸다. 들판은 헤이조쿄 궁전의 동쪽에 있어서 궁전에서 일하는 관리들이 직무에서 잠시 벗어나 가족이나 연인과 함께 축제와 놀이를 즐기는 장소였다. 『만엽집』의 시가에는 당시 사람들이 즐겼던 봄의 들놀이, 매화 놀이, 벚꽃 놀이, 싸리꽃 놀이, 달구경 등 놀이만 10여 종이 등장한다.

> 가스가 들판에 연기가 보인다.
> 처녀들이 봄들의 쑥부쟁이를 뜯어서 삶고 있나 보다.
>
> —『만엽집』(권 10) 1879편

들판에서 봄나물을 캐는 처녀들과 그 처녀들을 유심히 보는 남자의 시선 모두에서 봄 내음이 물씬 난다. 『만엽집』이 보여주는 이런 계절감이 만엽 식물원에도 고스란히 이어져 시가 속에서 꽃피었던 아름다운 식물들을 철맞추어 볼 수 있다.

견줄 바 없는 사람, 후지와라노 후히토

고후쿠 사는 후지와라씨 가문의 원찰(願刹)로 가스가 신사와 담장을 나란히 하고 있다. '후지와라'라는 공통분모가 있다고는 하지만 엄연히 다른 종교인 신사와 불교 사찰이 벽을 마주하고 있는 것이다. 조금은 낯선 풍경일 수 있지만 이것이 일본 불교의 특성이다. 한국 불교가 토착 신앙을 복속시키고 수직적으로 통합했다면 일본 불교는 토착 신앙 신도와 거의 수평적인 보완 관계를 이룬다. 그래서 신사와 사찰의 공존은 일본 어디서나 흔히 볼 수 있다.

고후쿠 사는 처음에 후지와라씨의 개조인 나카토미노 가마타리의 아내가 다른 곳에 세웠는데, 나라로 천도할 때 지금의 자리로 옮겨 세웠다. 나라에서 고후쿠 사를 크게 중창한 사람은 가마타리의 아들 후지와라노 후히토였다.

후지와라노 후히토는 생전에 아버지 가마타리를 존경했던 덴무 천황의 비호를 받아 관직에 임용되었다. 그때 나이가 스물한 살이었다. 후히토가 정계에 입문한 덴무 천황 때에는 아직 완비된 율령 법전은 없었지만, 당나라에서 들어온 율령 체제의 기본 원칙들을 활발하게 논의하고 있었다. 관직 임용이나 위계를 정하고 농민들의 호를 편성하여 조세와 부역 징수의 바탕을 만든 아스카키요미하라 율령이 정비된 것도 이때였다. 이런 분위기 속에서 후히토처럼 젊고 능력 있는

후지와라노 후히토
덴무 천황 이후 4명의 천황을 보좌하며 천황 중심의 율령 질서를 세운 나라 시대의 관료이다. 딸들을 천황에게 시집보내 외척이 되면서, 500년 후지와라씨 권력의 초석을 마련했다.

청년이 율령 체제의 성립에 깊은 관심을 가지는 것은 자연스러운 귀결이었다.

덴무 천황이 죽고 그 아내가 지토 천황으로 즉위하자, 후히토는 판사(判事)에 임명되었다. 판사란 새 법전에 근거하여 범죄를 조사하고 형벌을 정하며 소송을 판결하는 요직이었다. 당시 일본에서는 황족만이 요직에 오를 수 있었는데, 후히토가 그 전례를 깨고 황족이 아닌 귀족의 신분으로 정부 고관이 된 것이다. 이처럼 업무 경험도 많지 않은 후히토를 파격적으로 임용한 배경에는 새 천황의 계산이 깔려 있었다. 왕권을 위협하는 황족을 서서히 배제하여 천황권을 강화하고자 한 것이다. 후히토는 판사로 일하면서 지토 천황의 신임을 얻었고 이후 지토 천황의 손자이자 후계자인 가루 황자와 후히토의 딸 미야코(宮子)가 결혼하면서 지위가 한층 더 굳건해졌다.

가루 황자가 몬무 천황으로 즉위하고 4년(701)째 되던 해, 일본 최초로 율과 령을 갖춘 다이호 율령이 편찬되었다. 후히토는 다이호 율령의 편찬 부책임자로 편찬 과정에 깊숙이 관여했다. 다이호 율령의 근본이념은 천황을 정점으로 하는 중앙 집권 체제를 세우는 것으로, 신하들은 율령의 규제를 받으나 천황은 율령의 제정자로서 율령을 초월한다는 원칙이었다.

707년 병약했던 몬무 천황이 죽었다. 그리고 몬무 천황의 어머니가 겐메이 천황으로 즉위했는데, 이는 몬무의 어린 아들인 오비토 황자가 성장할 때까지 천황의 자리를 지키기 위해서였다. 당시 일본은 이제 막 도입된 율령 체제가 아직 정착되지 못하고 반발을 사는 가운데 메뚜기 떼와 역병, 기근 등의 재해가 빈발하여 사회 분위기가 어수선했다.

겐메이 천황은 위태로운 분위기 속에서도 아스카에서 나라로 수도를 옮기고 화폐를 발행했으며 변경을 정벌하는 등 중앙 집권 국가로서 권위를 과시하는 적극적인 정책을 펼쳤다. 이처럼 과감한 정책의 배후에는 젊은 시절부터 중국 율령 질서를 이상으로 추구해온 후히토가 있었다. 겐메이 천황은 손자 오비토의 제위를 지키기 위해 오비토의 외조부이며 선대의 총신인 후히토와 제휴했다. 그러나 수도를 나라로 옮길 때는 겐메이 천황의 고민도 깊었던 것으로 보인다.

> 남정네의 활 소리가 들리네. 용감한 신하가 방패를 세워야겠다.
>
> —『만엽집』(권 1) 76편

백성과 신하들의 반대 속에서 천도가 한창 준비 중이던 708년 겐메이 천황이 읊은 시가이다. 궐내의 작은 소리도 공격의 활 소리로 듣고 방패를 찾는 모습에서 식무와 노환에 지친 여인의 마음이 느껴진다. 이런 심리적 부담과 고통 속에서도 결국 나라 천도는 결행되었고 새 수도에서 율령 체제가 확립된다.

천도 뒤 후지와라노 후히토는 다시 자신의 막내딸을 장차 천황이 될 오비토 황자에게 시집보낸다. 외척으로서 후지와라씨의 미래가 공고해진 것이다. 또한 율령 질서 안에서 최고위인 태정대신(太政大臣, 조선 시대의 영의정 격)으로 임명받고 720년에 생을 마친다. '견줄 바가 없다 (不比等)'라는 뜻의 그의 이름은 후히토가 생전에 얻은 권력의 크기를 상징적으로 보여준다. 물론 율령제 아래에서 그의 '견줄 바 없음'은 '천황의 휘하'라는 명백한 한계가 있었다. 그러나 그의 사후 후손들의 권력은 그 한계를 넘어 왕권과 율령 체제에 도전하기 시작했다.

후지와라 일족의 권력 독점이 심화될수록 후히토의 일대기도 점점 신화화되었다. 11세기 사서 『제왕편년기(帝王編年記)』에는 후히토가 덴지 천황의 아들이라는 설까지 나왔다. 덴지 천황이 가마타리를 총애하여 임신한 후궁을 하사했는데, "아들이면 그대의 아들로 키우고 딸이면 내게 돌려달라"고 부탁했다는 것이다. 거기서 태어난 것이 후지와라노 후히토이니, 그는 덴지 천황의 후손이 되는 셈이다. 총애하는 신하에게 자신의 여자를 하사하던 고대의 풍습을 감안할 때 가능성은 있으나, 11세기 이전 사서에는 이런 이야기가 언급된 바가 없다. 또한 후히토가 덴지 천황의 아들이라면 덴지의 숙적 덴무 천황이 중용했을 리가 없다. 따라서 덴지 천황의 아들이라는 설은 사실이 아니라 11세기 후지와라씨의 집권을 '천황의 숨겨진 혈통'이라는 식으로 정당화하려는 후대의 각색으로 보는 게 타당하다.

고후쿠 사의 보물

고후쿠 사에는 원래 금당이 3개 있었다. 후히토가 중금당(中金堂)을 창건했고, 그의 딸이자 쇼무 천황의 아내인 고묘 황후(光明皇后)가 서금당(西金堂)을, 후히토의 사위인 쇼무 천황이 동금당(東金堂)을 세웠다. 한창때는 세 금당 주위에 1,000여 채가 넘는 건물이 즐비한 거찰이었으나 전란과 화재로 소실되어 현재는 10여 개의 건물만 남아 있다. 현존 건물 중에는 재건된 동금당과 오중탑(伍重塔), 국보관(國寶館)이 유명한데, 그중에서도 국보관에는 일본 미술사에서 빛나는 걸작이 여러 점 있어 사람들의 발길을 잡아끈다.

나라가 일본의 수도였던 8세기(710~789)는 동아시아에서 불교 미술이 정점을 이루던 시대였다. 이 시기에 당나라와 통일신라, 일본은 모두 불교를 매개로 국제적인 문화를 발전시켰다. 멀리는 인도나 서역에서 가까이는 한중일 삼국 간에 이전보다 매우 긴밀한 대외 교류가 이루어졌고, 이를 통해 공통된 도상(圖像)과 양식을 가진 불교 미술이 만개했다.

나라에 있는 국립 박물관은 나라 시대의 불교 조각 미술을 많이 소장하고 있어 매우 수준이 높은데, 나라 국립 박물관에 버금가는 수준을 자랑하는 곳이 고후쿠 사의 국보관이다. 고후쿠 사의 국보관에는 일본 불교 미술사 책의 컬러 도판에나 나올 법한 대표작들이 모여 있다. 이는 고후쿠 사가 후지와라씨의 원찰이었기 때문에 가능한 것으로, 우리 식으로 말하자면 삼성가에서 만든 리움 미술관 정도랄까?

시대 순으로 볼 때 국보관의 첫 번째 대표 선수는 야마다 사의 불두(佛頭)이다. 야마다 사는 아스카 시대의 권세가 소가씨의 원찰이었

야마다 사의 불두
불상은 원래 장육존상(약 5미터 높이)이었으나 1411년 대화재가 일어나 몸은 다 타고 머리만 남았다. 남은 불두는 턱이 짧고 볼이 둥글어 어려 보이는 얼굴이다. 이런 동안형(童顔形) 불상은 중국에서는 수나라 때, 우리나라에서는 삼국 시대 말에 많이 만들어진다. 경주의 배리 삼존불이나 경주 박물관 소장 삼화령 애기 부처가 바로 그런 예이다. 7세기 후반 삼국 통일 전쟁의 혼란을 피해 한반도에서 많은 장인이 대거 건너가면서 일본에서도 동안형 불상이 많이 만들어졌다.

다. 후지와라씨의 선조 가마타리는 나카노오에 황자와 함께 소가씨를 제거하는 을사의 변을 일으켜 권력을 쥐었다. 그렇다면 소가씨를 위해 만든 불상이 왜 그들을 제거한 숙적 후지와라씨의 원찰에 보관되어 있는 것일까?

원래 이 불상을 만든 사람은 소가씨의 외손녀이자 덴지 천황의 딸이었던 지토 천황이다. 지토의 외할아버지는 소가씨 가문이었으나 후일 덴지 천황이 되는 나카노오에 황자에게 딸을 시집보내고 황자의 편에 서서 을사의 변을 주도했다. 그러나 집권에 성공한 나카노오에 황자는 자신의 장인까지도 반역 혐의로 제거했다. 지토의 어머니는 아버지의 죽음을 전해 듣고 상심 끝에 마음의 병을 얻어 죽었다. 아버지의 손에 외가가 몰살당하고 어머니까지 잃게 된 어린 지토는 평생 혈육에 대한 그리움이 사무쳤으리라. 후일 남편이 된 덴무 천황의 다른 아들들을 제거하고 자신의 아들인 구사카베 황자에게 모든 것을 물려주려 한 집착에 가까운 노력도 어린 시절의 트라우마에서 비롯된 것인지도 모른다. 지토는 덴무와 결혼한 뒤, 아버지에게 죽음을 당한 외할아버지와 어머니를 위해 야마다 사에 불상을 세우고 남편과 함께 참배했다고 한다.

야마다 사에 세운 불상이 고후쿠 사로 온 것은 1187년이다. 고후쿠 사에 큰 불이 나서 본존불상이 불타 없어지자, 고후쿠 사의 승려들이 야마다 사에서 유명한 본존불상을 빼앗아온 것이다. 후지와라씨 가문의 권력이 있기에 가능했을 것이다.

야마다 사의 불두는 일본 하쿠호 문화(白鳳文化)의 대표작이다. 하쿠호 문화는 한반도 삼국의 영향으로 일어난 아스카 문화와 당나라의 영향으로 일어난 덴표 문화의 과도기에 형성된 문화이다. 불상과 가람 배치, 율령, 정치 제도 등에서 신라의 불교와 유교의 영향을 크게 받아 형성되었다. 즉, 통일신라의 영향을 받은 문화이다.

한편, 일본은 8세기를 기점으로 하쿠호 문화에서 덴표 문화로 도약한다. 700년은 다이호 율령이 반포되어 율령 체제가 자리 잡기 시작한 해로, 이 시기부터 지방의 조세 수입이 중앙으로 집중되어 재정이 풍부해졌고 이는 문화 발달의 원천이 되었다. 전쟁으로 일시 껄끄러웠던 통일신라와도 관계가 회복되어 견신라사가 자주 오갔고, 당나라에 보내는 견당사의 횟수와 파견 규모도 대폭 늘었다. 당시 당나라는 중국 본토만이 아니라 실크로드 주변의 소국까지 지배력을 넓히고 인도나 이슬람 지역과도 교섭하면서 중국 역사상 유례없이 개방적이고 국제적인 문화가 발달한 시대였다.

견신라사나 견당사를 통한 적극적인 대외 교류는 일본의 문화에 깊은 자극을 주었다. 8세기 나라에서 성립된 덴표 문화를 특징짓는 것은 율령 체제와 불교라는 새로운 문화와 질서를 향한 개방적인 열정이었다. 고후쿠 사를 세운 후히토와 그의 딸 고묘 황후, 사위 쇼무 천황은 모두 이 열정의 시대를 살았던 사람들이다.

고후쿠 사 국보관에는 최고 권력자의 원찰답게 이런 덴표 문화를 대표하는 조각들이 있다. 바로 팔부중상(八部衆像)과 십대제자상(十大弟子像)이다. 팔부중상과 십대제자상은 원래 후히토의 딸이자 쇼무 천황의 아내인 고묘 황후가 어머니의 명복을 빌기 위해 세운 서금당에 있었다. 금당 내부는 석가모니가 영취산에서 제자들에게 설법하는 『법화경』의 내용을 재현한 군상(群像)들로 꾸며져 있었다고 한다. 경전 속의 장면을 군상으로 직접 재현하는 방식은 당나라에서 먼저 유행했는데, 718년 귀국한 견당사 일행들이 이런 형식의 불상 작품을 가지고 왔다는 기록이 있다. 따라서 734년 완성된 고후쿠 사 서금당은 당나라의 작풍을 참고하여 만들었을 것이다.

십대제자상과 팔부중상은 돌이나 나무로 조각하던 이전의 불상과 달리 당시 당에서 유행하던 건칠법(乾漆法)으로 만들어졌다. 건칠은 목심을 세우고 거기에 새끼를 감은 뒤 그 위에 흙과 마포를 붙이는 기법이다. 표면의 마무리는 채색이나 옻칠을 한 뒤 금박을 입히는 소위 '칠박'으로 매우 화려하다. 또한 형태를 잡아가는 모델링을 통해 완성되기 때문에 재료를 깎아 들어가는 조각보다 더 부드럽고 동적인 표현이 가능하다. 그러나 건칠에 사용하는 칠 재료가 매우 비싸 제작에 막대한 재정이 소요된다.

고묘 황후는 왕실 소속의 관청에서 이 상들을 직접 만들도록 명령했다. 서금당의 상들을 조성하는 데 막대한 국가 예산을 소요한 사실은 쇼소인(正倉院)에 남겨진 문서에도 기록되어 있다. 그래서 고후쿠

고후쿠 사의 십대제자상
왼쪽부터 열변을 토하는 까칠한 노년의 가섭연, 앳된 얼굴의 수보리, 눈을 감고 내면으로 침잠한 라훌라이다. 이 조각들은 외면적인 특징을 통해 내면의 개성을 잘 표현한 당대의 걸작이다.

사는 귀족의 원찰이지만 고후쿠 사에 있는 덴표 조각은 국가 불교의 조상 양식을 반영하고 있다. 일본 조각사의 한 정점으로 꼽히는 덴표 조각은 율령 국가의 재정과 기술력이 있었기에 가능했다.

 십대제자상은 석가모니의 십대제자를 묘사했는데, 10명 중 사리불(舍利佛), 목건련(目犍連), 수보리(須菩提), 부루나(富樓那), 라훌라, 가섭연(迦葉宴) 6명의 조각만 남아 있다. 제자들은 군상으로 통일감이 있어야 하기 때문에 모두 비슷한 가사를 입고 키나 얼굴 비례를 맞추었다. 다들 몸매가 호리호리한 것은 금당 건물 내에 조상들을 빽빽하게 세워야 했기 때문으로 추정된다. 그러나 잘 살펴보면 용모와 의복, 몸짓에 미묘한 차이를 두어 생동감을 살렸다.

공(空)의 이치에 가장 밝아 해탈 제일로 불렸던 제자 수보리는 아기처럼 해맑은 둥근 얼굴에 두 손을 곱게 모은 무구한 모습으로 표현되었다. 지혜가 가장 뛰어났다는 사리불은 허리를 곧게 편 장년의 남성인데 수직으로 흘러내리는 가사 자락으로 당당한 분위기를 강조했다. 가섭연은 허리가 굽고 주름이 자글자글한 노인이다. 수천 명의 외도(外道)를 논쟁으로 굴복시켰다는 토론의 명수답게 깡마른 팔을 휘두르며 열변을 토하는 모습으로 개성을 살렸다.

십대제자상 중에는 석가모니의 친아들인 라훌라의 상도 있다. 라훌라는 석가모니가 출가 전 아들의 출생 소식을 듣고 "아, 라훌라(족쇄)여"라고 탄식하여 그대로 이름이 되었다고 한다. 비정하게 보일 수도 있는 일화이지만 부모가 된 사람들에게는 생각할수록 와 닿는 면이

고후쿠 사의 아수라상
아수라는 원래 악한 전쟁의 신이었으나 부처에게 조복하여 제자가 되었다. 고후쿠 사의 아수라상은 청순한 젊은이의 모습으로 관람객들에게 매우 인기가 많다.

있다. 혈연에 대한 사랑만큼 질기고 끊기 어려운 것이 또 있을까? 상식도 합리도 초월하는 질긴 본능의 힘. 세상의 모든 아이는 모든 부모의 라훌라가 되는 것이 숙명인지도 모른다.

라훌라는 일곱 살 때 아버지의 유산을 받아오라는 어머니의 권유로 따라 출가했다. 친아들이자 제자로서 아버지의 누가 되지 않기 위해 승가 집단 내에서도 가장 계율을 철저히 지키는 제자였다고 한다. 눈을 감고 손을 옷 속에 감춘 라훌라의 상은 스스로 삼가며 수행에만 매진했던 삶의 궤적을 잘 형상화시켰다.

십대제자상 옆에는 불법을 수호하는 팔부중상이 전시되어 있다. 팔부중은 인도 고유의 신들이지만 불법에 귀의하여 수호신이 된 여덟 신으로, 천(天), 용(龍), 야차(夜叉), 건달바(乾闥婆), 아수라(阿修羅), 가루라(迦樓羅), 긴나라(緊那羅), 마후라가(摩睺羅迦)로 구성되어 있다. 팔부중상은 머리가 새 모양이거나 팔이 6개거나 사자나 코끼리를 쓰고 있는 등 매우 다양한 모습으로 표현되어 있다. 고후쿠 사의 팔부중상은 모두 아름다운 젊은 청년의 모습을 하고 있어서 관람객들에게 인기가 많다. 그중에서도 압도적인 인기를 누리는 것이 아수라상이다.

아수라는 범어로 '생명(asu)을 주는(ra) 자'라는 의미다. 원래 서역에서는 태양신 아후라마즈다라는 이름으로 숭배를 받았는데, 인도에 들어와 악한 전쟁의 신으로 이미지가 변했다. 불교가 성립되면서 부처님의 힘에 굴복하여 불법을 지키는 수호신으로 다시 한 번 이미지의 변화를 겪었다.

고후쿠 사의 다른 팔부중상은 갑주를 입고 무장한 모습인 데 반해, 아수라상은 무장하지 않고 평복을 입은 가냘픈 소년의 모습으로 묘사되어 있다. 아수라가 나서는 곳이면 항상 선생터가 되어버리기에

'아수라장'이라는 말까지 나왔는데, 왜 그런 전쟁의 신을 이처럼 고운 소년의 모습으로 묘사했을까? 흥미롭게도 이와 같은 특징은 고후쿠 사에만 국한되지 않고 동시대 통일신라 조각에도 나타난다. 경주 담엄사지에서 나온 아수라상이나 석굴암의 아수라상이 모두 무장하지 않고 인도식 천의를 입은 모습이다.

한중일 삼국이 불교를 신봉하고 긴밀한 교류를 맺으며 불상도 같은 도상에 근거하여 제작하던 당대의 특징으로 미루어볼 때, 당대 아수라상의 도상 자체가 비무장의 모습이었던 것 같다. 아수라의 도상은 전쟁의 신으로서 갑주를 벗어버리고 부처의 가르침에 근거한 삶을 살겠노라는 뜻을 담은 게 아닐까? 고후쿠 사의 아수라는 자신이 떠난 전쟁과 다툼의 세상에서 벗어나지 못하는 사바 중생들을 애수 어린 눈빛으로 응시하고 있다.

12

번뇌하는 왕실, 나라 시대의 종말

바다를 건너온 덴표의 꿈, 도쇼다이 사

　도쇼다이 사는 나라 중심부에서 한참 떨어진 외곽에 있다. 8세기 중반 아주 먼 곳에서 온 승려 한 명이 이 절을 세웠다. 중국 승려 감진이 바로 그 사람이다.

　742년 중국 양저우의 다밍 사(大明寺)로 두 명의 승려가 계율종의 대가인 감진을 찾아왔다. 이들은 일본에서 건너온 요에이(榮叡)와 후쇼(普照)라는 승려들로 감진에게 쇼무 천황의 친서를 전했다. 친서의 내용은 "계율을 잘 몰라 불교의 법도에 어두운 일본의 중생을 오셔서 가르쳐달라"는 초청이었다.

　불교에서 수계(受戒)를 받는다는 것은 부처가 가르친 계율을 지키며 제자로 살아가겠다는 결의로서, 모든 승려는 수계를 통해 진정한 승려가 된다고 믿었다. 하지만 감진이 오기 전 일본에서는 아직 정식 수계식이 행해진 적이 없었다. 초청을 받았을 때 감진의 나이 쉰다섯 살

감진의 도일 과정을 그린 회권
도쇼다이 사에 소장되어 있다. 그림의 왼쪽에 풍랑에 휩쓸려 난파한 배와 감진 일행의 모습이 보인다.

이었다. 새로운 길을 출발하기보다는 이제까지 쌓아온 것들을 지키고 누리며 말년을 준비하는 게 자연스러운 시기였다. 그러나 감진은 두려움을 무릅쓰고 미지의 땅으로 가 포교를 하기로 마음먹었다. 때는 통일신라 승려 혜초(慧超)가 인도로 구법 여행을 떠나고 의상(義湘)이 불법을 배우기 위해 당나라로 가던 시대였다. 모험을 통해 불법을 구하는 시대였다.

743년 감진은 일본으로 향하는 배에 올랐다. 첫 항해는 폭풍을 만나 실패했다. 그 뒤 11년 동안 네 번 더 항해를 시도했으나 모두 다 좌초되었다. 네 번째 항해 때는 바다 한가운데에서 배가 부서져 간신히 목숨만 구할 수 있었다. 이때 일본인 제자 요에이를 비롯해 수많은 제자가 죽었고 감진도 열병에 걸려 시력을 잃었다. 다음 항해를 준비하는 과정에서 감진의 도일(渡日)을 막으려는 제자들의 밀고로 관청에 두 차례나 잡혀가는 고초를 겪기도 했다.

도쇼다이 사의 금당
금당은 감진이 세운 건물로, 덴표 시대 건축의 고전적인 아름다움을 잘 보여준다.

    그러나 예순여섯 살의 눈먼 노인은 포기하지 않았다. 752년 일본 사신들이 견당사로 장안에 왔다는 소식에, 감진은 그들을 찾아갔다. 그리고 753년 12월 마침내 견당사의 배를 타고 일본 땅을 밟았다. 감진의 도착 소식에 감읍한 쇼무 천황은 고묘 황후, 딸 아베 내친왕〔阿部內親王〕을 비롯한 440여 명과 함께 도다이 사에서 감진이 주는 정식 수계를 받았다. 감진은 이후 10년 동안 계율을 가르치고 제자를 양성하다가 763년 일본에서 입적했다.
    감진의 일본행은 일본 불교의 진정한 시작이라는 평가를 받을 만큼 중요한 사건이었다. 그는 일본에서 정식으로 수계를 시작했을 뿐 아니라 중국에서 발전하던 천태종과 밀교를 소개했고, 빈민 구제와 의료 사업에도 힘써 나라 시대 불교문화를 풍부하게 만들었다. 노나이 사에는 감진이 처음으로 수계 의식을 베풀었던 계단원(戒壇院)이 전하고 도쇼다이 사에는 부도 탑과 건칠상 영정(影幀)이 전한다.

현재 남아 있는 도쇼다이 사의 금당은 감진이 세운 건물이다. 당시를 덴표 시대라 하는데 감진을 초청한 쇼무 천황의 연호를 딴 것이다. 덴표 시대는 일본 건축의 최전성기였다. 나라에 세워진 헤이조쿄뿐 아니라 곳곳에 거대 사원이 세워지고 대규모의 건설이 이어졌다. 국가적인 필요에 따라 세우는 건물들이어서 웅대하고 화려한 외양으로 권위를 과시했다. 도쇼다이 사의 금당에서도 고전적인 아름다움과 위용을 느낄 수 있다.

금당 안에는 덴표 시대에 만들어진 비로자나불(일명 노사나불상)이 있었다. 비로자나불이란 부처의 지혜 그 자체가 실체화한(現身) 존재로 『화엄경(華嚴經)』에 나오는 부처이다. 도쇼다이 사와 동시대에 세워진 도다이 사의 본존불도 비로자나불인 것은 우연의 일치가 아니다. 당시는 쇼무 천황이 화엄 사상에 기대어 왕권을 중심으로 귀족 세력을

도쇼다이 사의 비로자나불
광배에는 수많은 화불(化佛)이 촘촘히 새겨져 있는데, 부처님의 육중하고 부드러운 몸과 대비되어 상의 양감을 더 강조하는 효과를 낸다. 옷 주름의 표현이나 화불로 가득한 광배 등은 동시대의 일본 불상과 달라, 감진이 도래할 때 가져온 중국의 불상본에 입각해서 만든 것으로 추정된다.

감진의 건칠상 영정
옛날 일본 미술사 책을 보다가 이 영정의 사진을 본 적이 있었다. 감진이 누구인지도 몰랐고, 흐릿한 흑백의 사진이었다. 그러나 두 눈을 감은 스님의 상에서 풍기는 그 따뜻한 아우라는 특별한 느낌으로 남았다.

아우르던 시대였다. 동시대 통일신라의 승려 의상이 화엄 신앙을 통해 전제 왕권을 정신적으로 뒷받침했던 것과 유사하다. 따라서 쇼무 천황의 후원을 받아 건립된 도쇼다이 사에도 화엄 신앙의 주불인 비로자나불이 만들어진 것이다.

상은 3미터가 넘는 위풍당당한 건칠상이다. 건칠은 당나라의 영향을 많이 받은 덴표 시대에 유행한 기법으로 표정이나 동작을 세밀하게 표현하기가 쉽다. 이 불상도 부처의 손가락이나 옷 주름 표현들이 유려한 편이다.

금당 바로 뒤에는 강당이 있다. 우리나라 사찰의 강당은 스님들이 모여 강론을 하는 곳이라 내부 공간이 널찍하다. 그러나 일본 사찰의 강당은 대개 불상을 모셔놓은 예배 장소인 경우가 많다. 도쇼다이 사의 강당은 미륵여래를 중심으로 한 예배 공간이다. 강당 건물은 원래 헤이조쿄 궁전의 조집전(朝集殿, 왕과 대신들이 만나 회의하던 곳)이었는데 도쇼다이 사 창건 때 왕실에서 하사하여 이곳으로 옮겼다고 한다. 도쇼다이 사와 왕실의 밀착 관계를 엿볼 수 있는 대목이다.

덴표 시대까지 일본 건물은 주춧돌이 없이 땅에 바로 건물 기둥을 세우는 굴립주 방식의 건물이어서 다른 곳으로 이전하는 게 비교적 수월했다. 수도를 이전할 때 궁전이나 관청, 사찰의 건물들을 통째로 옮겼다는 기록이 자주 보이는 이유가 바로 이것이다. 강당 건물도 원래는 땅 위에 바로 기둥을 꽂는 굴립주 방식의 건물이었지만, 현재는 높은 석축 위에 세워져 있다. 가마쿠라 시대(鎌倉時代, 일본 최초의 무사 정권이 존속하던 시대이다)에 개조했다고 한다. 1,500년 전 궁전의 위풍이 남아 있어서인지 건물에는 깔끔하면서도 정돈된 기백이 있다.

개산어영당(開山御影堂)에는 감진의 건칠상 영정이 모셔져 있는데, 이 영정은 사실상 일본 최초의 초상이라고 할 수 있다. 이보다 앞서 만들어진 쇼토쿠 태자의 초상이 전해지지만 원본이 아니라 모작이다. 감진의 상은 대단히 사실주의적이었던 덴표 시대의 작풍을 잘 보여주는 걸작으로, 삼매에 든 듯 집중하고 있는 고승의 모습이 감동을 불러일으킨다.

그 아름다운 상을 친견할 기대에 부풀어 개산어영당에 도착했지만, 영정은 관람 불가다. 대신, 개산어영당 앞에 세워진 시비(詩碑)가 아쉬움을 달래준다.

새봄에 싹튼 어린잎으로 스님의 눈물 닦아드리리.

시비에는 16세기 일본의 방랑 시인 마쓰오 바쇼(松尾芭蕉)가 감진을 만나러 왔다가 남긴 한 구절이 새겨져 있다. 두 눈이 멀도록 혼신의 힘을 다해 이국의 중생을 사랑한 스님. 그의 사랑이 외로운 방랑 시인의 마음도 어루만져준 모양이다. 사랑받았기에 사랑하게 되고 그래서 가장 고운 봄의 어린잎으로 아픔을 만져주고 싶어지는 것이다. 사랑은 이렇게 흘러가서 꼭 다시 돌아온다.

감진은 중국에서 건너왔지만 오늘날 그를 기억하고 있는 것은 일본의 역사다. 그는 덴표 문화를 대표하는 인물 가운데 하나로 일본사의 일부가 되었다. 감진이 도쇼다이 사를 통해 실현시킨 정법(正法) 전수의 꿈은 덴표의 또 다른 주인공이 꾸었던 꿈이기도 했다. 감진을 일본으로 불러들인 장본인으로 덴표 문화의 중심에 서 있던 쇼무 천황이다.

이전부터 일본 불교는 호국 불교의 성격이 강했으나 쇼무 천황은 불교와 정치를 더욱 깊숙이 밀착시켰다. 견당사를 보내 당나라의 불교 문화를 적극적으로 수입하고 도다이 사를 건립했으며, 국분사(國分寺) 제도를 실시했다. 쇼무 천황은 이런 대대적인 불교 정책을 통해 천황 중심의 통치 체제를 유지하고자 했다. 그러나 그의 바람과 달리 과중한 경비 부담과 불교 세력의 비대화로 자충수가 되었다. 그리고 쇼무 천황의 죽음과 함께 덴표 문화도, 나라 시대에도 낙조가 찾아왔다.

장대한 가람에 깃든 쇼무의 희망, 도다이 사

도다이 사의 남대문(南大門, 일본 사찰의 정문을 지칭한다) 앞에 서면, 일본인이 정말 '축소 지향형인가'라는 의문이 든다. 그만큼 도다이 사의 남대문은 거대하다. 크기로만 따지자면 그 문 뒤에 있는 대불전(大佛殿)이 더 크지만 절의 첫 관문이라 그런지 남대문 쪽이 충격파가 더 센 편이다. 나라와 교토 지역을 여행하다 보면 일본인들의 '거대 지향' 유적들을 심심치 않게 보게 된다. 일본 문화 안에는 작고 섬세한 아름다움에 대한 추구뿐만 아니라 크고 웅장한 것에 대한 동경도 하나의 흐름을 이루고 있다.

그럼, 건물이 왜 거대해질까? 간단하다. 클수록 강한 인상을 주니까. 그렇다면 도다이 사를 세운 이들은 왜 강한 인상을 주려 했을까? 여기서부터 좀 길어진다.

쇼무 천황의 초상
쇼무 천황은 아버지를 일찍 여의고 모계인 후지와라씨의 후원을 받아 천황이 되었다. 천황이 된 후 왕권 강화를 위해 후지와라씨를 견제하고 도다이 사를 세워 국가 통합의 구심점으로 삼고자 했다.

세계 최대의 목조 건물 도다이 사는 나라 시대에 쇼무 천황이 건립했다. 쇼무 천황은 아버지를 일찍 여의고 할머니 겐메이 천황과 외가인 후지와라씨 손에서 자랐다. 후지와라씨가 있어서 왕이 될 수 있었지만 왕이 된 후에는 후지와라씨 때문에 왕 노릇이 힘들었다. 도다이 사는 쇼무가 평생의 협조자이자 숙적이었던 후지와라씨를 누르고 불력(佛力)을 빌어 왕권을 뒷받침할 세를 결집, 과시하기 위해 건립했다.

720년 후지와라씨 가문의 수장 후히토가 죽자, 그의 권력은 4명의 아들들이 승계했다. 쇼무가 천황에 즉위하자, 후히토의 네 아들은 누이동생인 고묘를 황후로 옹립하고자 했다. 고대 일본의 황후는 천황의 아내이면서 유사시에는 황위 계승자가 되었다. 최초의 여왕 사이메이도 남편 조메이 천황(舒明天皇)의 황위를 계승했고, 덴무 천황의 아내 지토도, 몬무의 어머니 겐메이도 모두 황후로서 황위를 이어받았다. 따라서 율령에는 황족만이 황후가 될 수 있다고 규정했다.

그러나 후히토의 네 아들은 황족들의 거센 반대를 무릅쓰고 누이동생 고묘를 황족이 아닌 최초의 황후로 등극시키는 데 성공했다. 이로써 후지와라씨의 일원이 황위를 계승할 수 있는 자격을 얻게 된 것이다. 고묘의 황후 등극은 이전까지 유지되던 정치 세력의 균형이 무너지고 후지와라씨의 권력이 전제화하는 중요한 기점이 되었다. 이 과정에서 황족을 대표하여 후지와라씨에게 정면 승부를 걸었던 나가야왕(長屋王)은 모반 혐의를 쓰고 자살했다. 바야흐로 후지와라씨 4형제의 전성시대가 열린 것이다.

그러나 735년 규슈에서 시작된 천연두는 전국으로 퍼져 수많은 희생자를 내고 도성까지 들어와 삽시간에 후지와라씨 4형제를 모두 쓰러뜨렸다. 쇼무 천황은 즉위 후 처음으로 후지와라씨의 족쇄를 벗어나게 되었다. 이후 쇼무 천황은 후지와라씨를 배제한 채 황족을 태정관(太政官)에 임명하고, 견당사 출신들을 중용하며 왕을 중심으로 전제정치를 시행코자했다.

그러나 740년 후지와라노 히로쓰구(藤原広嗣)가 반란을 일으켰다는 소식이 전해졌다. 쇼무는 극심한 불안과 공포에 휩싸여 나라를 떠나 지금의 교토 인근인 구니(恭仁) 지방으로 몸을 피했다. 얼마 안 가 히로쓰구의 반란은 진압되었지만 왕의 마음은 진정되지 않았다. 나라에서 구니 지방으로 수도를 옮길 것도 계획했으나 곧 오미 지역으로 천도 계획을 바꾸고, 또다시 난바 지역을 전전하면서 자리를 잡지 못했다. 왕의 불안정하고 독단적인 행동에 귀족들의 불만도 고조되었다.

깊은 두려움에 사로잡힌 왕은 부처의 힘을 빌려 자신과 나라의 안녕을 꾀하고자 했다. 이를 위해 시행한 것이 국분사 제도와 도다이 사의 대불(大佛) 조성이었다. 국분사란 각 지방에 절을 세워 승려를 배치하고 사회와 국가의 안정을 기원하는 제도이다. 여기에는 지방 세력의 영향력 아래 놓여 있던 백성들을 관사(官寺)를 통해 정신적으로 지도한다는 의미도 있었다. 도다이 사는 원래 콘쥬 사(金鐘寺)라는 작은 절이었으나 국분사령이 내려지면서 전국 국분사의 총본산으로 새 이름을 하사받고 사세를 키우게 되었다. 나아가 743년에는 도다이 사에 대불을 조성하라는 조서를 내렸다.

쇼무의 국분사 제도와 대불 건립은 당나라의 측천무후의 정책을 모방한 것이었다. 측천무후는 중국 각지에 대운사(大雲寺)라는 관사를 설립하고 불교를 후원했다. 대불 조성 역시 측천무후 시대의 대불 조성 풍조를 본떠 만들었다. 여기에는 733년 파견된 견당사와 유학승들의 영향이 컸다. 측천무후 시대의 불교 보호 정책으로 전성기를 맞이한 장안성의 상황, 당나라의 각종 한역 불경과 학설, 포교 방식을 견당사들이 전하면서 나라 불교가 국가 불교로 발전하게 되었다.

남대문에서 거대한 중앙 도로를 따라 걸어가다 보면 세계 최대의 목조 건물인 대불전(大佛殿)이 한눈에 들어온다. 세계 최대의 청동 불상이 있다는 대불전은 크기도 크기만 지붕의 전체적인 생김새가 마치 일본 무사의 투구 같아 더 위압적으로 느껴진다. 아쉽게도 쇼무 천황이 세운 불전과 대불은 화재로 없어졌고 여러 차례 복원과 소실을 반복하다가 에도 시대에 원형보다 조금 작은 규모로 복원된 것이 현재에 이르고 있다.

세계 최대의 목조 건축, 다이부쓰덴
도다이 사의 본당 건물인 다이부쓰덴은
세계 최대의 목조 건물로서,
위풍당당한 지붕의 모양새가 거대한
투구를 연상시킨다. 내부에는 쇼무
천황이 만든 청동 대불이 있다.

대좌 위 거대한 부처상
대좌를 올려다보는데 그 위로
사람 키만 한 부처의 거대한
손가락이 올라와 있는 것을 보니
마치 거인국에 도착한 걸리버 같은
느낌이 들었다.

대불전 안으로 들어가면, 대불이 앉아 있는 거대한 연화대좌가 먼저 눈에 들어온다. 대좌는 8세기에 만들어진 원형을 보존하고 있는데 높이만 3미터가 넘었다.

대좌의 거대한 연꽃잎 위에는 선각화(線刻畵)가 빽빽이 새겨져 있는데, 『화엄경』에 등장하는 연화장세계(蓮華藏世界)라는 부처의 세계를 묘사한 것이다. 쇼무 천황은 정치와 사회의 혼란을 해결하고 현실 속에 연화장세계와 같은 이상세계를 실현코자 하는 염원을 담아 대불을 만들었다. 이에 따라 대좌에는 연화장세계를 그려 넣고, 대불은 『화엄경』의 주불이며 지혜의 부처인 비로자나불로 표현했다.

『화엄경』에 따르면, 세계의 맨 아래에 풍륜(風輪)이라는 거대한 축이 있고 그 위에 향수해(香水海)라는 바다가 있다고 한다. 그 바다 속에 커다란 연꽃이 있는데, 이 연꽃 속에 숨어 있는 세계라 해서 연화장세계라고 한다. 이곳에는 그물처럼 중첩된 수많은 세계의 망이 있고 중생도 거기에 있다. 그 가운데 비로자나불이 출현하여 지혜의 광명을 모든 생명에게 비춘다는 것이다. 연꽃의 그물망 속에 있는 세계는 일체의 모든 것이 독립적으로 존재하는 것이 아니라 무한한 관련성과 확장성을 지니고 있다고 강조한다.

대불 공사는 743년에 시작되어 752년에 마무리되었으니 주조하는 데 걸린 시간만 약 10년이다. 당시 주조에 사용한 구리와 주석만 400톤이 넘었고 도금에 60킬로그램의 금과 300킬로그램의 수은을 사용했다. 현전하는 대불은 11세기와 17세기에 보수한 것이다. 지금도 높이가 약 16미터의 세계 최대 주조물이지만 원래 대불은 이보다 더 컸다고 한다. 엄청난 비용과 시간, 공력을 요하는 거대한 불사였다. 그러나 도다이 사의 대불을 만들어낸 것은 위의 모든 것을 더한 것 이상의 다른 무언가였다.

쇼무 천황은 대불을 만들기 전 오사카 지역을 방문했다가 지시키사(智識寺)라는 절에서 마을 공동체가 자발적으로 불상을 조성하여 예배하는 모습을 보고 큰 감동을 받았다. 그는 도다이 사의 대불도 그렇게 백성들의 마음을 모아서 만들어야 한다고 생각했다. 조서에서도 '풀 한 포기, 진흙 한 덩이'라도 보탤 수 있다면 가능한 한 많은 대중의 협력을 구할 것을 강조했다. 돈이나 시간이라면 왕의 권력으로 강제할 수 있지만 진정으로 대중의 마음을 모으려면 사정이 달라진다. 그것은 어떤 통치자도 자신 있게 나설 수 없는 가장 어려운 난제였다. 쇼무 천황은 왜 굳이 이 어려운 과정을 스스로 감당하려 했을까? 그리고 그는 과연 성공했을까?

대불의 연화대좌에 새겨진 연화장세계
연화장세계는 『화엄경』에 묘사된 부처의 세계다. 일체의 생명은 독립적으로 존재하지 않고 무한한 관련성 속에 존재한다.

그대는 어떻게 살고 있는가?

대불을 세울 무렵 쇼무 천황이 직면한 문제는 후지와라노 히로쓰구의 반란이나 귀족 사회의 갈등만이 아니었다. 가장 근본적인 문제는 율령 질서가 흔들리는 것이었다. 율령 질서는 모든 토지를 국유화하고 그 토지를 백성에게 경작하게 하여 세금을 받는 것을 기본으로 한다. 농민들에게 토지를 주니 생계 보장이 되어 좋을 것 같지만, 실제로는 세금 부담이 너무 심해서 감당하지 못한 농민들이 도망하기도 했다. 거기에 권력자들이 백성의 토지를 빼앗거나 강제로 백성들을 동원하여 토지를 개간하는 등 부담을 가중시켜 농촌 사회는 점차 황폐해지고 있었다. 조정은 조세를 경감하고 개간을 장려하는 법을 시행하여 위기를 벗어나려 했다. 그러나 결과적으로 백성들의 부담을 더는 데 실패했고, 오히려 지배층의 토지 개간과 사유화를 합법화시켜 스스로 율령 질서의 기본을 붕괴시키고 말았다.

쇼무 천황의 시대는 율령 질서가 전면적으로 붕괴되지는 않았지만, 서서히 사회 곳곳에서 균열이 일어나고 있었다. 천황을 공포에 떨게 한 히로쓰구의 반란도 후지와라씨만의 정치적 쿠데타가 아니었다. 과중한 세금 부담과 피폐한 농촌의 현실에 절망한 지방민들이 반란에 참여했다는 데 문제의 심각성이 있었다. 그렇다면 국가가 중심이 되어 거대한 사찰과 궁전을 세우고 중국에서 수입한 재료와 본을 사용해 아름다운 불상을 만들던 덴표 시대에 민중들은 실제로 어떤 삶을 살았을까?

당대에 지어진 시가 하나가 이에 답한다.

바람 섞어 비 오는 밤의

비 섞어 눈 오는 밤은 부질없이 추워서

덩어리 소금 뜯어내어 조금씩 갉아먹고

찌끼술 마시면서 연거푸 기침하며

코를 노상 씰룩씰룩

엉성한 수염 쓰다듬으면서

나를 제쳐놓고는 사람다운 사람 없다 뽐내어보건마는

너무나 추워서 삼이불 뒤집어쓰고

솜 없는 옷을 있는 대로 다 껴입어도

이처럼 추운 밤인데

나보다도 가난한 사람들의 부모는 굶주림에 떨고 있겠지.

그 처자들도 힘없이 흐느껴 울고 있겠지.

이러할 때 그대는 어떻게 이 세상을 살고 있는가?

— 『만엽집』(권 5) 892편

시를 쓴 이는 야마노우에노 오쿠라(山上憶良)로 덴표 시대의 관리이자 학자이다. 한때 쇼무 천황의 가정교사를 할 정도로 학식을 인정받았으나 관운이 없어 지방 수령을 전전하다가 생을 마쳤다. 이 시는 지방관으로서 직접 살펴본 빈궁한 삶의 애환을 읊은 것이다. "그대는 어떻게 살고 있는가?"라고 담담히 안부를 묻고 있으나 그 속에는 슬픔과 고단함 등 많은 감정이 묻어난다.

야마노우에노 오쿠라가 고뇌하는 지식인으로서 질문을 던졌다면, '나는 이 세상을 이렇게 살아보려 하노라'라고 응답한 사람들이 있었다. 그중 하나가 승려 교기(行基)다. 민중들은 그를 '교키 보살'이라 불렀다.

긴테쓰 나라 역 앞에 서 있는 교키 동상
천수백 년이 지난 오늘까지도 높고 귀한 장소에 외따로 있지 않고 수많은 중생이 오가는 저잣거리에 함께 선 이 동상은 교키의 삶을 다시금 상기시킨다.

교키는 백제계 도래인 고시씨(高志氏) 출신으로 오사카 지방에서 태어나 출가했다. 율령 체제의 성립과 함께 수도 헤이조쿄를 나라에 세우는 과정에서 많은 사람이 징발돼 중노동에 시달렸다. 그러나 부역 도중 다치면 바로 쫓겨나 노자도 없이 거리를 헤매다가 구걸 끝에 지쳐 쓰러져 참혹하게 굶어 죽기 일쑤였다.

교키는 700년 나라의 호키 산에 '후세야(布施屋)'라는 부랑인 수용소를 처음으로 만들었다. 또한 자신의 생가에 에바라 사(家原寺)를 짓고, 이어서 신호 사(神鳳寺), 온코 사(恩光寺) 등도 직접 지어나갔다. 그는 사찰에서 대중을 모아놓고 누구나 전생의 과보를 지는데 다음 생에 복을 받으려면 저수지를 쌓고 다리를 놓는 등 공동체를 위해 일하라고 설법했다. 그리고 제자들을 모아 물이 부족한 곳에 도랑을 파서 냇물을 끌어들이고 다리가 없는 곳에 다리를 놓는 등 여러 공사에 몸소 참여했다. 대중은 그들의 가장 절실한 목마름을 알고 함께하려는 교키에게 열렬한 호응을 보냈다. 『속일본기(續日本紀)』에는 "교키의 추종자는 때로 1,000명을 넘었다"고 전한다.

교키의 추종자가 늘어나자, 국가는 이와 같은 교키의 활동을 제재하기 시작했다. 고대의 불교는 국가를 보호하는 국가진호(國家鎭護)의 역할만 담당하면 되었다. 때문에 사적으로 승려를 배출하는 것은 물론 민간 교화, 산림 수행, 걸식 행위 등을 할 경우 국법으로 다스렸다. 소위 승니령(僧尼令)이라는 법률을 통해 승려의 자율적인 규제는 물론, 국가가 불교를 통제하려 했다. 따라서 교키의 사회 활동은 조정의 입장에서는 지극히 불온한 행동이었다. 승니령 원문에는 교키를 '소승 교키(小僧 行基)'라 비하하며 교키와 제자들의 탁발 등 모든 옥외 활동을 직접적으로 비난, 제재했다. 교키는 체포되어 투옥되기도 했다.

그러나 농촌 사회의 모순이 날로 심각해지자, 조정에서도 교키의 영향력을 인정할 수밖에 없었다. 743년 쇼무 천황이 비로자나 대불을 조영하면서 교키에게 손을 내밀었다. 쇼무에게 교키의 토목 기술과 사람을 동원하는 능력이 절실하게 필요했기 때문이다. 그는 교키를 파격적으로 발탁하여 도다이 사의 대승정으로 임명했다. 교키 역시 민중의 마음을 모아 불사를 이룬다는 대의에 공감하여 빈부를 가리지 않는 권진(勸進) 활동으로 비로자나 대불의 완성을 도왔다. 이 공덕으로 745년 불교계 최고의 지위인 대승정에 최초로 임명되었으며, 그의 제자들도 출가자로 인정받게 되었다. 교키는 50여 개에 이르는 대사찰을 포함 약 1,400여 곳의 사원을 건립했고, 빈부귀천을 막론하고 따르는 제자들로 늘 에워싸여 있었다. 죽는 날까지 사람들은 그를 살아 있는 보살이라고 불렀다.

교키와 쇼무는 각기 자신의 자리에서 당대의 사회가 처한 위기에 대응하려 했다. 한쪽은 만인지상의 왕의 자리에서, 한쪽은 이름 없는 민초의 한 사람으로. 전혀 다른 지점에서 시작된 둘의 행보는 도다이 사의 대불을 계기로 겹쳐지기 시작했다.

말년에 교키가 쇼무의 대불 조영 사업에 협력하여 체제의 인정을 받은 것을 두고 혹자는 '변절'이라 평하기도 한다. 백성들의 마음을 하나로 모으고자 했던 쇼무의 대불 조영 사업이 결과적으로는 백성의 경제적 부담을 가중시킨 것도 사실이다. 그러나 시대에 대한 자신의 그림을 가지고 그 그림을 실현코자 걸어갔던 그들에게 도다이 사 대불은 꿈의 실체 그 자체였다.

덴표 조각의 꼭대기, 법화당

대불전을 나와 오른쪽으로 가다 보면, 삼월당(三月堂)과 이월당(二月堂)이라는 두 건물이 마주 보고 있다. 이름만 보면 두 건물이 한 세트 같지만 그런 것은 아니고 단지 주요 연중행사가 각각 3월과 2월에 많다고 해서 그런 이름이 붙었다고 한다.

이월당은 음력 2월에 천황이 직접 행차하여 물을 떠가는 의식을 행하는 곳으로, 계단을 많이 오르는 것이 흠이지만 전망이 아주 좋다. 삼월당은 음력 3월에 법화회가 열린다고 하여 법화당(法華堂)이라고도 한다. 원래 도다이 사가 콘쥬 사라는 작은 절이었을 때 본당이었던 건물이다. 콘쥬 사는 쇼무 천황과 고묘 황후 사이에서 태어난 아들의 명복을 빌던 절이었다. 후지와라씨와 왕실의 기대를 한 몸에 받던 고묘의 아들은 태어난 지 1년이 못 되어 죽었다. 애통한 부모는 절을 세우고 당시 최고 솜씨를 가진 장인에게 불상들을 만들게 했다. 그래서 이곳의 불상은 이른바 덴표 시대 조각의 진수라고 할 수 있다.

법화당의 본존은 불공견색관음(佛供絹索觀音)이다. 불공견색관음이란 손에 고리가 달린 밧줄 올가미를 든 관음보살상을 말한다. 올가미는 원래 살생과 억압의 무기이지만 불공견색관음의 올가미는 어떤 중생도 놓치지 않고 구제하겠다는 굳은 서원을 담은 자비의 올가미다. 우리나라에서는 자주 볼 수 없으나 일본에서는 인기가 많은 관음이다.

불상은 관련 경전에 묘사된 내용을 충실하게 재현했다. 경전에 따르면 견색관음은 삼목팔비(三目八臂)로 머리에는 아미타불이 나타나는 화려한 보관을 쓰고 왼쪽 어깨에는 사슴 가죽을 걸치고 있다고 한다. 법화당의 관음상을 자세히 보면 이 표현을 매우 충실히 사실적으로 재현했다는 것을 알 수 있다. 삼목팔비라는 초자연적이고 이상적인 자태에다가 현실감까지 부여한 점에서 덴표 시대의 이상적 사실주의를 잘 보여준다.

법화당의 불공견색관음
오른쪽 어깨를 덮은 가볍고 주름이 많은 천의와 달리 왼쪽 어깨에는 주름 없는 두꺼운 가죽 같은 것을 조각하여 경전에 묘사된 불공견색관음의 모습을 충실히 재현했다. 약간 살집이 있는 몸은 자연스럽고 특히 탄력이 느껴지는 배의 근육 표현이 단연 돋보인다.

본존 불공견색관음의 양옆에 시립한 두 상은 일광보살과 월광보살이라고 전해진다. 우아한 얼굴의 표정과 합장하고 있는 자연스러운 자세, 고요한 명상의 분위기 등은 덴표 시대 조각의 이상적인 예다.

불공견색관음 주위의 상들 가운데 가장 눈에 띄는 대표작은 사천왕상과 금강역사상이다. 이들은 모두 두터운 갑주를 걸치고 역동적인 자세와 격렬한 감정을 표현하고 있다.

법화당의 아형 금강역사상
금강역사상은 입을 벌려 숨을 토하는 아(阿)형과 입을 닫고 들이키는 우(吽)형이 짝을 이룬다. 법화당의 아형 금강역사상은 입을 크게 벌리고 머리카락 하나하나가 곤두서 발산되는 힘의 격한 동세를 잘 표현했다. 반면 우형은 단정하게 상투를 묶은 머리에 굳게 다문 입으로 힘을 수렴하는 느낌을 살렸다.

보통 금강역사상은 상반신을 나신으로 드러내고 사천왕상은 갑주를 입고 있는데, 법화당에서는 금강역사상도 사천왕상도 모두 갑주를 입고 있다. 덴표 시대 이전의 조각들, 예를 들어 호류 사 금당의 사천왕상들을 보면 갑주를 두텁게 표현하여 그 아래 몸의 기복이 전혀 드러나지 않는다. 그러나 법화당의 상은 갑주가 마치 피부처럼 몸에 딱 붙어 그 아래에 있는 육신의 기복을 느낄 수 있다. 갑옷을 표현할 때도 허리띠나 어깨끈 같은 것으로 몸을 묶어 볼륨감을 강조했다.

같은 덴표 시대의 작품이지만 고후쿠 사의 팔부중상도 이렇게까지 몸의 볼륨감이 생생하게 살아 있지는 않다. 실제 사람의 몸을 잘 관찰하여 그 형태를 좀 더 이상적으로 재현한 수법, 이것이 덴표 시대 조각의 정수이고, 이런 점에서 법화당의 조각들은 덴표 조각의 완성형이라 해도 과언이 아니다.

불교 유적과 함께 도다이 사에서 빠뜨려서는 안 되는 곳이 있다. 바로 쇼소인이다. 통일신라의 민정 문서가 발견된 장소로 잘 알려진 곳이다. 어두운 빛깔의 목조 건물인 쇼소인은 외관만 공개할 뿐, 내부에 소장한 유물은 매년 일부만 전시한다.

원래 '정창(正倉, 쇼소)'이란 나라 시대의 관청에 있는 창고 중 가장 중요한 곳을 가리키는 말이었다. 그런데 현재 도다이 사의 쇼소인만 남아 있어서 고유명사가 되어버렸다. 여기에 소장된 보물은 756년 쇼무 천황의 49제 때 고묘 황후가 천황이 생전에 애용하던 유품을 도다이 사에 기진(寄進)한 것으로, 약 1만 점 정도의 소장품이 전하고 있다.

소장품의 종류는 무기류, 문방구, 악기, 복식, 최고급 미술품 등 매우 다양해 나라 시대의 문화를 구체적으로 보여준다. 1,000년 이상 보존이 가능했던 이유는 고상 가옥 형태로 습기를 피하고, 벽이 통나무로 되어 있어 온도와 습도 조절이 가능했기 때문이다. 비공개가 원칙이어서 100년 이상 문을 열지 않았던 시기도 있었다.

쇼소인의 보물은 일본에서 만들어진 것도 있지만 신라나 중국, 서역 등에서 건너온 국제적 유물이 대부분이다. 개중에는 국적이 명확하지 않아서 논쟁의 대상이 되기도 한다. 특히 한일 학자들 사이에 쇼소인을 둘러싸고 가장 빈번하게 논란이 되는 게 유물의 원산지 문제이다. 일본제인지, 중국제인지, 신라제인지를 따지는 것은 덴표 문화의 원동력이 어디에서 왔는가에 대한 논쟁이기도 하다.

유물의 소재를 밝히고 고대 동아시아의 교류 관계를 명확히 아는 것은 분명 중요하다. 그러나 관련 논문이나 책을 읽다 보면 씁쓸해진다. 한국 쪽에서는 주었다고 주장하고, 일본 쪽에서는 자신들이 만들

쇼소인
쇼소인 건물은 삼각형의 각재를 짜 올려서 지은 교창(校倉)이라는 일본 전통 양식으로 만들었다. 수장품 보존에 적합하도록 바닥이 높은 고상식이고 내부는 세 부분으로 나뉘어 있다.

었다고 주장하면서 서로 자신들이 더 뛰어나다고 외치기 때문이다. 당대 사람들은 새로운 문화에 대한 호기심과 열정으로 다른 문화를 받아들였고, 그를 통해 삶을 풍요롭게 만들었을 것이다. 그러니 과거 사람들이 남긴 유물 하나하나는 제작국이 어디이건 그 자체로 가치가 있다. 일본이나 한국 양국은 고정되지 않은 문화라는 큰 틀에서 우월, 열등의식을 벗어나 좀 더 당당해져야 한다. 언제쯤이면 양국이 성숙하게 이 문제를 극복할 수 있을까?

저물어가는 헤이조쿄

도다이 사의 대불이 완성되던 날 쇼무 천황은 건강 문제로 아내 고묘 황후와 사이에서 태어난 외동딸 아베 내친왕(內親王, 천황의 딸을 지칭하는 말)에게 양위했다. 아베 내친왕의 즉위는 여성 천황이 드물지 않았던 나라 시대의 사회 분위기 속에서도 파격적인 사건이었다.

일본은 역사상 여성 지배자가 드물지 않았다. 중국 사서에 처음으로 등장한 일본의 지배자는 '히미코'라는 여성 제사장이었고, 7세기 이전에도 사이메이, 스이코 등 여성 천황이 몇 명 있었다. 그러다가 8세기 나라 시대에는 모두 5명의 천황 중 3명이 여성일 정도로 그 빈도수가 갑자기 늘어났다. 여기에는 8세기 초 완성된 율령 법전 때문으로 보인다.

율령 법전은 상속에 대한 원칙을 성문화하면서 전통적인 상속 방식을 바꾸는 데 중요한 영향을 미쳤다. 원래 일본 고대 사회의 왕위 계승은 형제 상속이었으나 율령제가 확립되면서 적자에 의한 부자 상속으로 바뀌었고, 여성의 상속도 예외적으로 허용했다. 계사령의 계사조에는 "무릇 …… 후사는 모두 적자로 하되, 적자가 없거나 죄·질병이 있다면 적손을 세우고, 아들이 없을 경우 직계를 유지할 수 있다면 여성이라도 즉위 가능하다"라고 규정했다.

또한 "호주는 가족 구성원을 책임져야 하기 때문에 호주의 사후 적자가 어린 경우에는 모친이 호주가 되어야 한다"는 규정도 추가했다. 즉, 천황의 유고시 황자가 어릴 경우 황후가 황위를 이을 수 있다는 것이다. 실제로 지토 천황에 이어 즉위한 겐메이 천황, 겐쇼 천황(元正天皇) 등 여성 천황은 모두 어린 황자가 성장할 때까지 한시적으로 집권했다. 따라서 나라 시대 여성 천황의 등장은 당시에 시행된 율령 체제에 힘입은 바가 크다.

그러나 아베 내친왕의 황위 계승은 이전의 여성 천황과 비교할 때 다른 점이 있었다. 이전의 여성 천황은 모두 천황의 아내이거나 어머니였다. 반면에 쇼무 천황의 뒤를 이은 아베 내친왕, 즉 고켄 천황〔孝謙天皇〕은 쇼무 천황의 딸로서 남자 계승자의 존재 없이 황위를 계승했다는 점에서 파격적이었다.

이와 같은 즉위가 가능했던 것은 여성 상속을 보장하는 율령 법전 조항의 뒷받침도 있지만 고켄 천황의 어머니, 즉 고묘 황후의 친정인 후지와라씨 가문의 강력한 지지 때문이었다. 그러나 반대파의 저항도 만만치 않아 즉위 시부터 고켄 천황은 권력 기반이 취약했다. 결국 758년 고켄 천황은 황위를 준닌 천황〔淳仁天皇〕에게 양위하고 상황으로 물러났다. 당시 조정은 후지와라노 나카마로〔藤原仲麻呂〕가 득세하여 힘을 행사했지만 고묘 황후가 죽자 고켄 상황에게 힘이 쏠리기 시작했다.

고켄 상황은 아버지 쇼무 천황처럼 후지와라씨와 거리를 두고 나라 불교 세력에게 힘을 구하려 했다. 국가의 보호 아래 발전을 거듭하던 불교는 8세기 말에 사원 수가 540여 개에 이르렀고, 대사원은 대영주가 되었다. 반면 율령 체제의 동요로 세수가 줄면서 국가 재정은 궁핍해졌다.

당시 영검을 얻은 능력자로 유명하던 법상종 승려 도쿄〔道鏡〕가 고켄 상황의 병을 치유하며 중용되었다. 고켄 상황의 총애를 받게 된 도쿄가 태정대신의 자리에까지 오르자, 격분한 후지와라노 나카마로는 난을 일으켰다. 난은 진압되었고, 고켄 상황은 준닌 천황을 폐하고 다시 즉위하여 쇼토쿠 천황이 되었다. 도쿄는 더욱 승승장구하며 법왕이 되어 정치를 좌지우지했다. 나아가 우사 신궁〔宇佐神宮, 우사하치만이라고도 부른다〕에서 "도쿄가 왕이 되어야 한다"는 신탁이 나왔다고 조작

쇼무 천황의 딸이자 덴무 계열의 마지막 천황이었던 쇼토쿠 천황(고켄 천황)의 묘

했다. 그러나 조정 중신인 와케노 기요마로[和氣淸麻呂]가 우사 신궁으로 가서 사실이 아니라는 것을 밝혀, 천황이 되려던 도쿄의 기도는 무위로 돌아갔고 쇼토쿠 천황의 사후에 실각했다.

도쿄의 집권과 몰락은 나라 시대 왕실과 불교 세력의 유착 관계가 낳은 최악의 사건이었다. 그리고 이는 이후 집권하는 천황들의 불교 정책에 커다란 변화를 가져왔다. 쇼토쿠 천황을 끝으로 여성 천황은 에도 시대까지 나타나지 않았다. 여기에는 율령제가 이완되어 9세기부터는 다시 형제 상속이 일반적으로 행해졌기 때문이다.

쇼토쿠 천황을 마지막으로 덴무 계열의 왕통은 끊어졌다. 그 뒤를 이은 이가 덴지 천황의 증손인 고닌 천황[光仁天皇]이다. 고닌 천황은 도쿄의 경우처럼 불교 세력이 정계에 진출하면서 율령 관제가 문란해지고, 재정적인 문제가 심화되자 율령 체제를 부흥시키고자 했다. 그러나 고닌 천황은 즉위 당시 이미 예순이 넘은 노인이었고 그의 정책적 과제는 사실상 아들 간무 천황이 이어받아 추진했다. 간무 천황은 나라의 귀족 세력과 불교 세력을 약화시키고 새로운 권력 기반을 확립하기 위해 나라를 떠나 교토로 천도를 단행했다.

교토의 기온거리

4부
천년 꿈의 시작 교토

	5세기 후반	신라계 하타씨족, 교토 가쓰라 강가 개간
	603년	쇼토쿠 태자, 신라 미륵상을 하타씨에게 하사
신라의 삼국 통일 668년		
	781년	간무 천황 즉위
	794년	헤이안 시대 시작, 헤이안쿄로 천도
		섭관정치 시작
	894년	견당사 파견 중지
	905년	와카모음집,『고킨와카슈』편찬
당의 멸망 907년		
고려의 후삼국 통일 936년		
	1008년	무라사키 시키부,『겐지모노가타리』완성
	1052년	후지와라 요리미치, 뵤도인 건립
김부식,『삼국사기』편찬 1145년		
고려의 무인정권 시작 1170년		
	1185년	가마쿠라 막부 성립, 막부 정치 시작

교토

교토 지역 개관

교토가 속한 교토 부는 가늘고 긴 일본 열도의 중앙부에 위치하고 있다. 북쪽은 동해와 접하고 동쪽은 비와 호를 통해 사가 현에, 남으로는 요도 강으로 오사카 지역에 이어진다. 서쪽으로는 열도에서 유일하게 세토 내해와 동해가 만나는 효고 현과 접하고 있다.

교토의 역사는 바로 이런 풍토에 힘입은 바가 크다. 일본 열도는 중앙의 산악 지형에 가로막혀 동해나 태평양 연안 중 어느 한쪽으로 통하는 교통이 막힌 지역이 많은데, 교토는 동서남북의 왕래가 용이하다는 큰 강점을 가지고 있다. 이것이 교토가 1,200년 동안 일본의 수도가 될 수 있었던 중요한 배경이기도 하다.

이렇듯 교통이 편리하기 때문에 교토는 수도가 되기 이전부터 바다를 건너오는 사람과 문물의 영향을 쉽게 받았다. 한반도에서 건너온 하타씨 같은 도래인들은 선진 기술을 이용하여 범람하는 가쓰라 강을 다스리고 교토에 광대한 농경지를 개척했다. 또한 이들은 불교를 수용하고 거대한 수장묘를 만들었으며 씨족신들을 제사 지내는 신사를 만들었다. 지금도 이들이 정착했던 교토의 서부와 남부 지역에는 고류 사, 헤비즈카(蛇塚), 후시미이나리 신사 등 많은 유적이 남아 있다.

교토가 수도가 된 것은 8세기 말 간무 천황 때이다. 간무 천황은 하타씨 등이 개발한 이 지역에 헤이안쿄라는 계획도시를 세워 수도로 삼았다. 헤이안쿄는 중국의 장안이나 낙양을 본떠 만들었다. 고대 중국의 수도는 왕 중심의 율령 제도에 근간을 둔 형태로 왕이 사는 궁성을 중심으로 좌우대칭의 바둑판 모양의 시가지를 형성하고 있었다.

이런 도시 계획을 조방제라고 하는데, 중국이나 일본뿐 아니라 통일신라의 경주나 발해의 상경 용천부 등 율령 체제를 도입한 대부분의 국가에서 이와 같은 형태의 수도를 만들었다. 일본에서도 헤이안쿄에 앞서 율령제를 받아들이면서 아스카의 후지와라쿄, 나라의 헤이조쿄 같은 도성을 만든 바 있었다. 교토에 만들어진 헤이안쿄는 조방제에 따라 만들어진 마지막 수도로 율령제에 입각한 일본 고대 도성을 집대성하고 완성한 것이라 할 수 있다.

아스카나 나라 지역의 고대 시가지는 현재 거의 자취를 감췄지만 교토는 1,200여 년이 지난 지금까지 고대 수도의 틀을 유지하고 있다. 교토를 여행할 때 거리의 표지판에서 '이치조', '니조', '산조' 등 숫자 이름이 붙은 거리 이름을 쉽게 볼 수 있는데, 이것은 헤이안쿄 시절의 도로와 그 이름을 그대로 쓰고 있기 때문이다.

지금도 교토 사람들은 교토를 동서남북으로 나누어 각각 라쿠사이(洛西), 라쿠호쿠(洛北), 라쿠난(洛南), 라쿠토(洛東)라고 부른다. 이는 낙양의 동서남북이라는 말을 줄인 것이다. 교토와 중국의 고도 낙양을 동일시하는 이 명칭은 교토 역사의 뿌리에 위치한 중국 문화에 대한 자부심과 깊은 동경을 보여준다.

한반도와 중국의 영향을 직접적으로 받아 세워진 수도 교토에서 일본의 독자성이 강한 문화가 꽃피운 것은 10세기부터였다. 견당사가 폐지되면서 중국과 공식적인 교류가 끊어지고 교토의 도시화가 진행되는 가운데 교토의 귀족 사회를 중심으로 우아한 귀족적 취향이 강조되는 국풍 문화가 발달한 것이다. 일본의 안팎에서 일본이란 정체성을 대변하는 무엇들, 즉 벚꽃과 히라가나, 일본적 애상의 정서가 국풍이라는 바람 속에서 모습을 드러냈다.

오늘날 헤이안 귀족들의 마차와 말이 오갔던 교토의 대로에는 아침 출근하는 자동차가 달리고, 서민들의 주택인 마치야(町屋)가 옹기종기 모여 있던 샛길에는 여전히 아이들이 뛰어놀고 있다. 이렇듯 박제된 유적이 아닌 살아 있는 생활 공간에서 고대 수도의 모습을 엿볼 수 있다는 것이 이 도시의 큰 매력이다.

13

교토의 기반을 닦은 도래인들, 하타씨와 야사카씨

고류 사와 하타씨

교토 역에서 서북쪽으로 약 1시간 정도 버스를 타고 가면 우즈마사라는 지역이 나온다. 그곳에 고류 사가 있다. 고류 사는 교토가 수도가 되기 전인 7세기 초에 세워진 사찰로, 우리나라 국립 중앙 박물관에 소장된 금동미륵반가사유상과 꼭 닮은 '목조미륵반가사유상'이 봉안되어 있다. 두 상이 워낙 닮은 데다 고류 사 불상의 제재가 고대 한국에서만 자생하던 적송(赤松)이어서, 한반도에서 건너간 불상으로 추측하고 있다. 20세기 초 독일의 철학자 카를 야스퍼스(K. Jaspers)는 이 불상을 보고, "그리스 로마의 조각도 떨치지 못한 지상의 모든 잔재와 속박을 초월한 가장 청정하고, 원만하며, 영원한 표상"이라 절찬했다.

문제의 목조미륵반가사유상은 고류 사 안 영보전(靈寶殿)에 있는데, 따로 단을 하나 더 올리고 참배할 수 있게 자리를 마련해놓았다. 국립 중앙 박물관의 금농미륵반가사유상은 실루엣이 단순하고 천진무구

고류 사의 목조미륵반가사유상(왼쪽)과 국립 중앙 박물관의 금동미륵반가사유상(오른쪽)

한 맛이 있는 반면, 고류 사의 것은 좀 더 나이 먹은 듯 차분한 분위기다. 혹자는 금동으로 만든 국립 중앙 박물관의 불상과 나무로 만든 고류 사의 불상을 비교하면서, 다루기 어려운 금속으로 만든 국립 중앙 박물관의 불상이 완성도 면에서 더 뛰어나다고 평가하기도 한다. 그러나 개인적으로 두 불상은 금속의 경쾌함과 목조의 차분함을 잘 살려 각각 고유의 아름다움을 완성했다고 생각한다. 피상적인 비교는 아름다움이나 깊이에 대한 이해를 단절시키고 소통을 거부하게 만든다. 고류 사의 불상은 보는 이의 마음에 피안의 세계에 대한 그리움을 불러일으키는 고요한 힘이 있다.

고류 사는 경내가 그리 큰 편은 아닌데 절의 전체적인 구성이 좀 색다르다. 우리나라로 치면 대웅전에 해당하는, 부처님을 모신 건물이 강당인데 출입이 금지되어 있고, 2개의 사당과 영보전만 개방되어 있다. 두 사당은 고류 사를 세운 창건주 하타씨와 쇼토쿠 태자를 위한 것이었다.

절의 창건주 사당은 이해가 되지만 쇼토쿠 태자를 위한 사당이라니? 사실 고류 사는 603년 쇼토쿠 태자가 하타씨의 수장이며 교토 지역의 유력자였던 하타노 가와카쓰에게 백제에서 온 불상을 하사하자, 그 상을 봉안하기 위해 세운 절이었다.

그러나 여전히 의문은 남는다. 쇼토쿠 태자의 치세인 7세기 초에는 일본 정권의 중심지가 아스카로, 당시 교토는 이름 없는 변두리였다. 그런 시기에 당시로서는 희소한 귀중품이었을 한반도의 불상을 왜 일개 지방 호족인 하타씨에게 하사했을까? 하타씨는 도대체 어떤 사람들이었을까? 하타씨의 사당 앞에 세워진 표지판에는 신라계 도래인이라는 언급만 있을 뿐, 그들의 역사적 입지나 역할에 대한 상세한 설명은 없다.

일본의 불교는 토착 신앙인 신도와 함께 수평적으로 발전하여, 불교 사찰 옆에 신사가 심심치 않게 있다. 고류 사 역시 그 옆에 오사케 신사(大酒神社)가 있다. 오사케 신사는 일본에 양잠과 비단 직조 기술을 전한 것으로 알려진 하타노 사케기미(秦酒公)의 신주를 모신 곳이다. 고류 사와 함께 하타씨와 관련이 있는 신사로, 표지판에는 하타씨에 대한 설명이 적혀 있다.

그런데 고류 사에서 나누어준 팸플릿 내용과 달리 오사케 신사 앞 표지판에는 하타씨가 백제를 거쳐서 일본으로 건너온 중국 진시황제의 후손으로 둔갑하고 있다. 진시황의 후손인 궁월군(弓月君)이 백제에서 120현의 군민을 이끌고 가도노(葛野, 교토의 옛 지명) 지방에 정착하여, 이곳을 개척하고 오사케 신사를 세웠다는 것이다. 이렇게 설명이 불일치할 때는 더 고증을 거쳐야겠지만, 일본의 유적지를 다니다 보면 한반도에서 건너온 것이 중국에서 건너온 것으로 둔갑하는 경우를 심심치 않게 볼 수 있다. 그럼, 하타씨는 정말 진시황의 후손일까? 신라계 도래인일까?

하타씨, 교토의 지형을 바꾸다

자료에 따르면 한국뿐 아니라 이노우에 미쓰오〔井上滿郞〕, 가나자와 쇼자부로〔金沢庄三郎〕 등의 일본인 학자들도 하타씨를 신라 계통의 도래인으로 보고 있다. 하타씨는 고대 교토의 형성에서부터 수도가 되기까지 매우 중요한 역할을 담당했으며, 이들이 가져온 양잠, 양조, 직조, 축제 등의 선진 기술은 교토의 문화뿐 아니라 지형까지 바꾸어놓았다.

교토는 분지 지형으로 움푹한 중앙을 가로질러 서쪽에는 가쓰라 강이, 동쪽에는 가모 강이 흐른다. 하타씨는 5세기 초쯤 교토에 들어와, 범람을 거듭하며 주변을 습지로 만드는 가쓰라 강에 제방을 쌓아 거대한 경지를 개척했다. 선진 기술을 가져왔다고는 하나 낯선 땅에서 자연과 사투를 벌이며 땅을 개척하는 것은 지난한 과정이었을 것이다. 이들이 가쓰라 강가에서 벌인 외로운 싸움은 오제키〔大堰〕라는 제방과 일지정〔一之井〕이라는 인공 수로로 오늘날까지 그 흔적을 남기고 있다.

하타씨는 새로 개척한 땅에서 수확한 기름진 쌀로 술을 빚어 신께 감사의 제사를 지냈다. 고류 사 인근의 오사케 신사도 그들이 제사를 지내기 위해 세운 신사로 보이지만, 하타씨가 가쓰라 강가에 세운 가

교토 서부를 가로질러 흐르는 가쓰라 강
현재의 정비된 강가 모습에서는 상상하기 어렵지만 고대의 가쓰라 강은 매년 홍수와 범람으로 주변을 습지화시켰다. 도래계인 하타씨는 이 일대를 개척하고 교토의 지형을 바꾸었다.

장 유명한 신사는 인공 수로 '일지정'이 통과하는 곳에 세운 마쓰오 신사(松尾大社)이다. 701년 하타노 도리(秦都理)가 세웠다고 하는데, 지금도 전국에 1,400개의 말사(末社)가 있을 만큼 대단한 위세를 떨치고 있다.

오진 천황은 직접 시를 써서 하타씨의 번영을 나타내기도 했다.

> 치바의 가도노(교토의 서부 지역을 가르키는 옛이름)를 보면
> 수천의 가정도 보이고
> 나라의 융성함도 보인다.
> ─ 하야시야 다쓰사부로, 『교토』(이와나미출판사, 32페이지에서 재인용)

고대 교토에서 하타씨의 활약은 가쓰라 강가에서 멈추지 않는다.

교토 역에서 JR선을 타고 동남쪽으로 내려가 후시미이나리 역에서 내리면 얼마 안 가서 후시미이나리 신사(伏見稲荷大社)에 도착한다. 이 신사는 하타씨가 교토 동남부로 내려와 후시미 지역을 농경지로 개척하고 세운 것이다. 하타씨가 창건한 마쓰오 신사와 후시미이나리 신사는 교토 북부의 가모 신사(賀茂神社)와 함께 규모와 역사에서 교토의 3대 신사로 꼽힌다. 이는 고대 교토에서 하타씨의 영향력이 얼마나 대단했는지를 단적으로 보여준다.

후시미이나리 신사에는 '센본도리'라는 세계적인 명물이 있다. 약 2킬로미터가 넘는 빨간 도리의 행렬로, 끝없이 이어지는 진홍색 도리의 터널은 그 강렬한 시각 효과 때문에「게이샤의 추억」같은 할리우드 영화에서 지극히 일본적 장면으로 자주 등장한다. 어둑어둑한 하늘 아래 시뻘건 도리가 계속되는 것도 으스스한데 터널 중간에 입이 뾰족한 여우 조각상들이 더 괴기스러운 느낌을 준다. 여우 조각상들은 이나리 신(稲荷神)의 충실한 시종이었던 여우 부부의 전설을 기린 것이라고 한다.

이나리 신은 원래 쌀의 신이었으나 근대 이후 각종 사업의 번영을 주관하는 자본주의의 수호신으로 외연을 확장했다. 덕분에 이나리 신사는 전국에서 가장 많은 기부금과 가장 많은 말사를 가진 신사가 되었다. 빨간 도리의 터널은 후시미이나리 신사로 모이는 금력의 상징이다. 도리를 세우려면 20만 엔의 봉헌금을 내야 하는데, 일정 시간이 지나면 교체하여 세운다고 한다. 지금도 약 2킬로미터가 넘고 해마다 더 길어지는 이 붉은 터널은 어마어마한 돈의 향연이 빚어낸 광경이다.

고대 교토의 서부와 동남부를 장악한 하타씨의 거대한 경제력은

붉은 도리의 행렬, 센본도리

처음 후시미이나리 신사에 간 것은 겨울비가 추적추적 내리는 어느 날이었다. 후시미이나리 신사의 시각적인 특징에 대해서는 사전 정보 없이 도착한 터라 신사에 도착했을 때 본당의 뒤로 이어지는 무언가를 보고 내 눈을 의심했다. 거기에는 약 2킬로미터가 넘게 이어지는 빨간 도리의 행렬, '센본도리'가 있었다.

곧 정치력으로 환원되었다. 6세기 중엽 긴메이 천황은 아버지 게이타이 천황 때의 정치적 동요를 극복하는 과정에서 교토 하타씨에게 도움을 구했다. 이후 후시미 지역 하타씨의 수장이던 오쓰치(秦大津父)는 긴메이 천황 아래 대장성으로 입조했고, 후시미 지역의 하타씨는 조정의 둔창(屯倉, 다이카 개신 이전의 일본 왕실 직할령)을 관리하는 임무를 맡게 되었다. 고류 사가 있는 '太秦', 즉 우즈마사라는 지명도 천황이 하사한 것으로, 교토를 일군 하타씨의 업적을 칭송하면서 그들의 힘을 빌리려는 계산이 깔린 조치였다. 긴메이 천황의 손자인 쇼토쿠 태자가 한반도 전래 불상을 주며 하타씨와 정치적 연대를 꾀한 것도 바로 이런 맥락에서 가능한 일이었다.

쇼토쿠 태자 시절 하타씨는 당대의 권세가였던 소가씨에 비견될 정도의 세력을 가졌다. 그 증거를 고류 사 인근에 있는 헤비즈카에서 확인할 수 있다. 헤비즈카는 횡혈식 석실 고분으로, 현재 무덤 위에 쌓아올렸던 봉분이 유실되어 돌무더기가 그대로 드러나 있다. 이 고분의 규모는 교토 분지에서 발견되는 석실분 중 최대 규모로, 소가노 우마코의 무덤으로 비정되는 아스카의 이시부타이 고분에 비해 크기는 작지만 짜임새는 뒤지지 않는다. 헤비즈카의 주인은 우마코와 동시대 인물이자 고류 사의 창건주인 하타노 가와카쓰라는 설이 있으나 확증은 없다. 다만 고분의 조성 시대나 위치로 볼 때 당대 하타씨 가문의 중요 인물이 묻혔을 가능성이 높다.

교토 문화 박물관의 지도 한 장과 도래인들

하타씨와 교토는 떼려야 뗄 수 없는 관계이다. 하타씨에 대해 좀 더 자세히 알고 이해하려면 교토가 어떻게 형성되고 성장해왔는지 알아야 한다. 그래야 교토라는 전체적인 그림 속에서 하타씨의 역할도 제대로 보이기 때문이다. 교토 문화 박물관은 교토의 문화와 역사 전반에 대한 종합적인 전시를 하고 있어서, 교토의 역사를 아는 데 유용하다. 볼만한 기획 전시도 자주 하지만 '교토의 발달사'를 다룬 상설 전시가 있어서 교토의 역사를 한눈에 살펴볼 수 있다.

교토 문화 박물관은 '산조도리(三通り)'라는 거리에 있는데 우리말로

교토 문화 박물관 별관
별관 건축물의 붉은 벽돌은 19세기 말에 신소재로 각광받던 '적연와(赤煉瓦)'로 당대에는 '문명개화'를 상징하는 색깔이었다.

'세 번째 대로(大路)'라는 뜻이다. 8세기 교토를 수도로 조성할 때 가로 세로 바둑판 모양의 길들을 조성하면서 붙여진 이름인데, 산조도리는 가로로 세 번째 길이다. 이 거리는 근대 일본의 상업 중심지가 형성되었던 도심지이기도 하다. 군데군데 붉은 벽돌로 만들어진 고풍스러운 서구식 건물들이 서 있는데, 대개 20세기 초에 세워진 건물들로 교토 문화 박물관의 별관 역시 그중 하나이다. 지금은 박물관이지만 원래는 일본은행 교토 지점 건물이었다고 한다.

교토 문화 박물관에는 교토의 발달사를 시대 순으로 정리해놓았는데, 그중 '고대 야마시로의 씨족과 신사, 사원의 분포도'라는 지도가 있다. 야마시로는 수도가 되기 이전 교토의 옛 이름이다. 교토가 야마시로라고 불렸을 무렵, 이곳은 인구도 적고 열도의 정치 중심지와도 거리가 먼 궁벽한 지방에 불과했다. 지도 위에는 그 궁벽한 땅에 들어와 새로운 기술을 전파하고 경지를 개척하면서 번영의 토대를 만들어 나간 고대의 씨족들이 적혀 있었다. 하타씨, 이즈모씨(出雲氏), 가모씨(賀茂氏), 하지씨(土師氏), 야사카씨(八坂氏)…….

그런데 놀라운 것은 하타씨만이 아니라 이즈모씨, 가모씨, 하지씨, 야사카씨가 모두 고대사 연구에서 도래계로 거론되는 이름이라는 것이다. 그럼, 한반도의 도래계 일족들이 교토의 터전을 닦았다는 것일까? 박물관에서 나누어주는 자료에는 지도에 대한 설명이 없어서 지도 위에 듬성듬성 표기된 이름과 현재 지명들을 연관시키며 직접 그 관련성을 찾아보는 수밖에 없었다.

교토 문화 박물관의 '야마시로 지역 주요 씨족 분포도'
교토의 좌우를 관통하는 가쓰라 강과 가모 강 주위에 도래계로 추정되는 교토의 주요 씨족들이 분포하고 있다.

야사카 신사와 탑

교토 동부는 서부에 비해 습지가 적고 산도 많다. 그래서 동쪽에 있는 산이라는 의미로 이 동부 지역을 히가시야마〔東山〕라고 부른다. 앞쪽의 지도에서처럼 고대 히가시야마 지역에는 도래 계통인 야사카씨의 거점이 있었다. 지금도 그들이 세운 신사와 탑이 남아 있는데 그것을 야사카 신사〔八坂神社〕와 야사카 탑이라고 한다.

야사카 신사는 외국인 관광객에게 교토 관광 1번지라 할 수 있는 기온 거리에 있다. 기온은 알다시피 게이샤들이 나오는 오래된 찻집이 많은 곳으로 유명하다. 찻집들이 늘어선 기온에는 지금도 하나미코지〔花見小路〕, 즉 '꽃구경하는 골목길'이라는 아주 노골적인 이름의 골목길이 있다. 이곳에서는 저녁이 되면 게이샤를 태운 비싼 콜택시가 조용히 골목을 누빈다. 그 하나미코지를 지나 조금 더 올라가면 기온 거리의 끄트머리에 야사카 신사가 있다.

야사카 신사를 창건한 야사카씨는 고구려계 도래인이다. 야사카 신사에 보관된 『유서략기〔由緖略記〕』에 따르면, 야사카씨의 역사는 656년 고구려의 사신 이리지〔伊利之〕가 사이메이 천황에게 '야사카'라는 성을 하사받고 교토에 정착하면서 시작되었다. 그런데 뜻밖에도 그들이 모신 신은 고구려가 아니라 신라의 우두산에서 모셔온 스사노라고 한다. 스사노는 일본 신화에서 최고신인 아마테라스의 남동생으로, 누나 아마테라스를 괴롭히다가 천상에서 내쫓긴 말썽쟁이 신이다.

고구려 사신이 고구려 신이 아니라 신라에서 신을 모셔왔다는 것도 불가해하지만, 일본 건국 신화의 주인공 중 하나인 스사노가 신라에서 건너왔다는 기록 역시 뜻밖이다. 그런데 야사카 신사의 기록뿐 아니라 『일본서기』에도 스사노가 신라에서 머물다 왔다는 기록이 있다. 그래서 구메 구니다케(久米邦武) 같은 일본 학자는 스사노를 신라 계통의 신으로 보기도 한다.

스사노는 한반도와의 관련성과 별개로도 흥미로운 면이 많은 존재다. 일본 신화에서 가장 중요한 두 신격이 태양신 아마테라스와 그 동생 스사노이다. 처음부터 빛과 아름다움을 상징하는 완성형으로 나타난 누이와 달리, 스사노는 매우 입체적인 변화를 보여준다. 누나의 일을 방해하고 괴롭히던 말썽꾸러기 소년이 천상에서 땅으로 쫓겨난 뒤, 자기의 진정한 능력을 각성하면서 괴물 이무기를 퇴치하고 위험에 처한 약자를 구원한다. 소년은 성장한 것이다. 그리고 아름다운 여인과 결혼하여 수많은 자손을 낳아 이 땅을 풍요롭게 만들었다.

말년에 스사노는 다시 한 번 의미심장한 변화를 겪는다. 그는 땅에서 자신이 일군 모든 것을 버리고 지하 세계로 내려가서 은거한다. 그러던 어느 날 지하 세계로 한 젊은이가 찾아와서는 자신의 딸과 보물을 빼앗아 달아나버린다. 그러나 스사노는 젊은

이무기와 싸우는 스사노

이와 그를 사랑하는 딸에게 분노하지 않는다. 오히려 이 발칙한 다음 세대를 목소리 높여 축복한다.

"나보다 힘을 키우고, 나보다 지혜롭고, 나보다 행복해지거라!"

존재의 성숙에 대한 이야기는 부족한 우리 인간들에게는 언제나 매력적인 법이다. 천상의 아마테라스보다 땅에서 변화하고 성장한 스사노가 더 사랑스러운 이유다.

오늘날 야사카 신사는 기온 신사 또는 '기온상'이라는 별명으로 더 유명하다. 이곳에서 교토의 최대 축제인 '기온 마츠리'를 시작하기 때문이다. 기온 마츠리는 중세의 어느 더운 여름 교토에 역병이 유행하면서 시작되었다. 교토 사람들은 한때 난폭하기로 유명했던 스사노의 힘을 빌려 역병 귀신을 쫓으려고, 신사에서 시퍼런 칼날을 하사받아 가마의 지붕에 꽂고 전 도시를 돌며 시위했다. 이때 가마 행렬을 주도한 것은 지배층이 아니라 당시 성장하기 시작한 상공인 계층이었다. 그래서 기온 마츠리는 그 기원에서부터 민중의 힘이 성장하기 시작한 일본 중세의 사회 분위기를 반영한다. 지금도 매년 여름 기온 마츠리 때가 되면 교토의 상가회(商街會)에서 행렬을 준비하고, '호코'라는 칼을 꽂은 가마 행렬이 도심을 돌 때 축제가 절정을 이룬다.

고구려계 도래인 야사카씨는 야사카 신사 외에도 히가시야마 지역에 야사카 탑이라는 또 다른 흔적을 남겨놓았다. 탑과 야사카 신사는 모두 히가시야마 지역에 있으나 걸어가기에는 거리가 애매하여 버스를 타고 가서 다시 주택가를 한참 걸어 올라가야 한다. 야사카 탑이 있는 주택가는 '마치야'라는 일본의 전통 가옥이 많이 남아 있어 역사 보존 지구로 정해져 있다. '마치야'라는 서민 주택은 입구가 좁고 뒤로 긴 모양이 장어 같다고 하여 일명 '장어의 침실'이라고도 하는

중세 교토의 서민주택과 거리풍경
교토의 옛 거리를 묘사한 그림속에서 입구가 좁고 긴 서민들의 주택 마치야(町屋)가 보인다.

데, 안보다 밖에서 보면 더 좁아 보인다. 중세부터 교토의 인구가 급격히 팽창하면서 좁고 밀집된 형태의 주택 구조가 발달한 것이다.

 작은 마치야들이 다닥다닥 붙은 골목길을 슬슬 걸어 올라가다 보면 갑자기 커다란 건축물이 불쑥 솟아오른 게 보인다. 야사카 탑이었다. 이 높이 때문에 중세까지 야사카 탑은 교토를 상징하는 기념물이었다. 메이지 시대까지만 해도 꼭대기에 전망대가 있어 교토를 한눈에 내려다보는 지붕 역할을 했다고 한다. 장군이건 천황이건 교토의 실권을 쥔 세력은 이 탑의 꼭대기에 가문의 깃발을 꽂아 교토가 자신의 천하라는 것을 과시했다.

 표지판에 따르면 현재의 야사카 탑은 7세기에 야사카씨가 쇼토쿠 태자의 지원을 받아 세운 것이 불타자, 14세기 교토의 위정자였던 아

주택가에 불쑥 솟아오른 야사카 탑

시카가 요시노리(足利義教)가 재건한 것이라고 한다. 재건한 것은 맞지만 탑의 유래를 쇼토쿠 태자와 관련시킨 것은 문제가 있다. 야사카씨가 일본으로 건너온 것이 7세기 후반인데 쇼토쿠 태자는 7세기 초반 사람이니 아마도 후대 사람들이 탑에 더 큰 권위를 부여하기 위해 쇼토쿠 태자와 엮은 듯하다. 원래 야사카씨가 설립한 호칸 사(法觀寺)에 세웠는데 현재 절은 없어지고 탑만 남았다.

가모 강가에서

 도래계 씨족이 남긴 고대의 흔적을 보고 싶다면 교토 동북부 가모 강가에 세워진 가모 신사도 빠뜨릴 수 없다. 가모 강은 강폭도 꽤 넓고 비가 적은 철에도 수량이 풍부한 편이다. 강가에서 자전거를 타는 사람들을 어렵지 않게 볼 수 있다. 현재 교토의 도심이 동쪽으로 치우쳐 있어 서쪽의 가쓰라 강은 완전히 변두리가 된 반면, 가모 강은 거의 도심 속에 있어서 교토를 돌아다니다 보면 심심찮게 만날 수 있다.
 가모 신사는 가모 강 상류에 세워졌는데, 위쪽의 가미가모 신사(上

賀茂神社)와 아래쪽의 시모가모 신사(下鴨神社)로 나뉘어 있고 가미가모 신사가 더 크고 관광객들도 많이 찾는다. 교토 역에서 버스로 1시간 반 정도의 거리에 있으며, 신사 근처에 채소를 키우는 텃밭이 많아서 모노즈케라는 절임 채소가 유명하다. 또한 신사 주변에는 절임 채소를 파는 가게도 있어 시골스러운 분위기가 물씬 풍긴다.

가미가모 신사에 모셔진 신은 와케이카즈치(別雷)라는 번개의 신이다. 전설에 따르면 가모 강에서 여신 다마요리히메(玉依姬)가 목욕을 하다가 강물에 떠내려오던 붉고 아름다운 화살을 주웠는데, 그 화살이 갑자기 젊은 남신으로 변해 하룻밤을 함께했다. 이 만남에서 와케이카즈치가 태어났다. 그는 출산이 임박하자 스스로 어머니의 자궁에서 뛰쳐나왔을 뿐 아니라 그대로 지붕을 뚫고 밤하늘로 올라가 천둥과 비의 신이 되었다고 한다. 천둥과 비의 신이란 전형적인 농경신의 모습이다. 이를 볼 때 와케이카즈치를 모신 가모씨는 가모 강가에서

가미가모 신사의 입구
원시의 어느 때부터 존재한 듯 거대한 나무가 시선을 압도한다.

농사를 짓던 사람들이었을 것이다. 가모씨는 교토의 동부 가모 강 일대에서 세력을 떨친 호족으로, 가모 강과 다카노 강 부근을 개발하고 두 강의 합류 지점에 가모 신사를 세웠다.

흥미로운 것은 화살에 깃들었던 와케이카즈치의 아버지가 하타씨의 조상신이자 농경신인 마쓰오 신사의 오야마쿠이노카미〔大山咋神〕라는 사실이다. 하타씨가 세운 신사의 신과 가모씨가 세운 신사의 신이 신화 속에서 가족 관계로 얽혀 있는 셈이다. 그럼, 신화의 원형이 된 역사적인 사실은 무엇일까? 기록에 따르면 가모씨와 하타씨는 결혼으로 맺어진 인척 관계이다. 혼인을 통해 가모씨는 선진 문화와 경제력을 얻고 하타씨는 가모씨와 연대하여 이주민이라는 약점을 채워나갔다는 기록이 후시미이나리 신사의 『유서략기』와 『하타씨 혼케이쵸〔秦氏本系帳〕』 등에 실려 있다. 즉, 가미가모 신사 역시 하타씨와 같은 도래계 일족의 문화 속에서 만들어진 것이다.

가미가모 신사 앞 신관마을
신관마을 사케마치의 집들은 하얀 흙벽과 검은 물로 세속과 구분되어 있다. 다리 아래 햇빛을 받아 반짝이는 검은 물은 신과 인간이 나뉘기 전의 시원의 세계를 상징하는 것 같다.

교토가 수도가 된 이후에도 가미가모 신사의 비중은 줄어들지 않았다. 천황의 기우제를 지내는 장소로서 천황의 딸이나 누이동생이 제관이 되어 이곳 신사에서 일정 기간 신을 모셨다. 이처럼 왕실과 관계가 밀착되면서 시작된 마츠리가 바로 매년 5월 15일 열리는 아오이 마츠리이다. 아오이 마츠리는 헤이안 시대까지 거슬러 올라가는 매우 오래된 축제로, 천황의 사절이 궁전을 출발해서 기우제를 지내는 가미가모 신사에 도착하는 행렬을 구경하던 게 마츠리로 발전했다고 한다. 야사카 신사의 기온 마츠리가 교토 서민의 힘으로 조직되었다면, 아오이 마츠리는 지배층의 행사에서 출발했기 때문에 지금도 행렬의 치장이나 전반적인 분위기가 기온 마츠리보다 차분하고 엄숙하다.

가미가모 신사는 입구에서부터 거대한 숲과 도리로 주변을 압도한다. 신사의 경내로 들어서면 배전 건물 앞에 원뿔 모양의 모래 기둥이 2개 나란히 서 있었다. 이 정체불명의 기둥들은 와케이카즈치에게 기우제를 올릴 때 기도를 올리던 산을 상징하는 것이라고 한다. 가모 강에서 태어난 신의 사당이라 그런지 경내 전체를 빙 둘러 물이 흐르고 있다. 경내에서도 물을 경계로 신의 영역과 세속의 영역을 구분 짓는다고 한다.

가미가모 신사 아래에는 사케마치라는 신관 마을이 있다. 이곳의 신관들은 모두 가모씨의 후손들이며 천도 이전부터 모여 살았다고 하니, 마을은 1,000년 이상의 역사를 가진 셈이다. 희고 두터운 흙벽 너머로 신관의 집들이 있고 그 앞을 검고 잔잔한 물이 흐른다. 신사 경내를 흘렀던 그 검은 물이다. 신관들은 매일 아침 가모 강에서 흘러나오는 물로 몸을 씻어 부정한 것을 없앤 후에 신사에 들어간다고 한다.

한일 고대사를 바라보는 관점에 대한 작은 소회

한일 고대사 관련 자료를 읽다 보면 두 나라가 고대에 매우 밀접한 관계였다는 것을 알 수 있다. 그러나 한국 쪽은 '우리가' 건너가거나 주었다는 것을 강조하고 싶어 하고, 일본 쪽에서는 중국에서 바로 왔거나 아니면 한반도는 그저 '경유지'일 뿐이라고 강조한다. 전자가 심해지면 일본 천황의 가계를 거슬러 올라가 백제 왕실의 핏줄이니 '천황은 한국인'이라는 주장이 나오고, 후자가 심해지면 신라 계통의 도래인인 하타씨가 중국인으로 둔갑한다.

교토를 돌아보다 보면 한반도의 도래인들이 일본 고대사를 만든 부분이 얼마나 많은지 놀라울 정도다. 이 부분은 일본인 학자들이 인정하는 것 이상이다. 그러나 교토를 세운 사람들이 고구려나 백제, 신라에서 건너간 도래인이니 교토를 만든 것은 한국인이라는 주장 또한 황당하기는 마찬가지다.

예를 들어 10세기의 일본 정치인이자 기타노텐만구(北野天満宮) 신사에 신으로 모셔진 스가와라노 미치자네(菅原道眞)는 신라계 도래인 하타씨 출신이다. 그렇다면 과연 그를 신라인이라 칭하는 것이 타당한가? 7세기 쇼토쿠 태자와 함께 일본 조정에서 고대 국가의 형성을 주도한 소가씨는 백제계 도래인의 후손이다. 그렇다면 소가씨가 백제인일까? 만일 그렇다면 중국에서 우리나라로 귀화한 사람들의 후손들은 모두 중국인인가?

고야마 슈조(小山修三)라는 일본 고고학자는 기원전부터 나라 시대까지 약 1,000년간 200만 명 정도의 이주민이 대륙에서 규슈, 긴키 지역으로 들어왔다고 보았다. 그 때문에 조몬 시대 일본인과 이후 야요이 시대 일본인의 인종적 구성이 크게 변할 정도였다. 그렇다면 야요이인들은 또는 나라 시대의 이주민들은 일본인이 아닌가? 고야마 슈조는 일본인의 기원에 대한 질문은 유전자나 형질로 결정되는 것이 아니라 문화적으로 만들어진다고 자문자답한다.

    나 역시 일본의 역사에 등장하는 도래인들을 한반도에서 건너갔다는 이유만으로 한국인의 정체성을 가졌다고 보는 시각에 반대한다. 그들은 스스로 또는 조상이 한반도에서 건너가 일본 땅에 뿌리내린 사람들이다. 더도 아니고 덜도 아닌 그만큼이라고 생각한다. 하타씨도, 야사카씨도. 지금의 우리가 하타씨에게 관심을 가진다면, 그것은 그들이 한국인이어서가 아니라 한반도에서 새로운 땅으로 건너가 그곳에서 삶을 일구고 '일본' 역사의 일부가 되어갔기 때문이다. 도래인이란 존재가 '한반도에서 건너간' 이들이기에 더욱 관심이 가는 것은 부인할 수 없는 사실이나, 혈통만으로 새로운 땅에서 만들어간 그들의 역사를 한국사에 통합시키는 것은 지나친 비약이다.

14 간무의 도시 헤이안쿄

간무가 야마시로로 간 까닭은?

794년 수도를 교토로 옮긴 간무 천황은 고닌 천황의 아들이다. 아버지 고닌은 덴무 천황의 마지막 혈통인 쇼토쿠 천황에 이어 덴지 계열로는 최초로 황위에 올랐다. 커다란 권력 이동이 일어난 것이다. 고닌은 덴무계인 황후에게서 태자를 두었으나 덴무계 세력을 일소하려는 후지와라씨의 모략으로 태자는 폐위를 당하고 서자였던 간무가 뒤를 이었다. 간무의 외가는 백제계 도래인으로 중하급 귀족이었다. 일설에는 다카노노 니가사(高野新笠)라는 간무의 어머니가 백제 무령왕의 아들 순타 태자(純陀太子)의 딸이라는 설도 있으나, 명확한 근거는 없다. 간무 측에서 외가의 권위를 높이기 위해 퍼뜨린 이야기일 가능성이 높다.

왕이 된 간무는 마찬가지로 외가가 도래계였던 후지와라노 다네쓰구(藤原種繼)와 손을 잡고 도래계 귀족과 하급 관인을 우대하면서 나

간무 천황의 초상
간무 천황은 덴지 계열로서는 최초로 천황이 된 고닌 천황의 아들이다. 권력 기반이 약했던 그는 나라 지역의 기존 세력들을 약화시키기 위해 교토 천도를 단행했다.

라 지역의 기존 세력들을 약화시키려 했다. 간무의 28명의 후궁 중 7명이 도래계 씨족 출신이라는 사실도 그가 도래계에 상당히 의지하고 있었다는 것을 보여준다. 후지와라씨 중에서는 후지와라노 다네쓰구가 속한 후지와라씨의 식계(式界)가 세력을 장악했다.

간무와 그의 지지자들은 율령 체제를 정비하고 나라 시대의 사원 세력과 덴무계를 약화시키려 했다. 그러자면 기존의 도읍지였던 헤이조쿄를 떠나 새로운 수도를 세우는 게 필요했다. 이때 새 수도의 후보지로 야마시로가 대두되었다. 야마시로 지역은 간무의 선조인 덴지 천황이 세운 오쓰 궁에서 가까워서 덴지 천황을 잇는 권력의 정통성을 알리는 데 적합했다. 또한 간무와 그의 조력자 후지와라노 다네쓰구의 외가가 모두 이 야마시로 지역과 연관이 있었다.

야마시로 지역 안에서 첫 번째 수도 후보지로 선택된 곳은 나가오카였다. 그러나 나가오카로 천도 중이던 785년 후지와라노 다네쓰구가 반대파에게 암살당했다. 그리고 암살에 연루되었다는 죄로 황태제 사와라 친왕(早良親王)이 폐위되는 소동이 일어났다. 사와라 친왕은 간무 천황의 동생으로 원래 나라에서 출가하여 승려가 되었다가, 고닌 천황의 명으로 간무의 후계자가 되었다. 하지만 나라 불교계를 견제하던 간무에게 나라의 승려였던 동생 사와라 친왕은 늘 거슬리는 존재였고, 다네쓰구가 죽자 그를 빌미로 폐위한 것이다. 이후 사와라 친왕은 자결했고, 간무는 오랫동안 사와라 친왕의 원령에 시달렸다.

나가오카에서 정치적 변고가 이어지자, 794년 간무는 같은 야마시로 안에서 가도노 지역으로 장소를 바꿔 천도를 단행했다. 이것이 헤이안쿄, 지금의 교토다.

헤이안쿄의 건설과 하타씨

헤이안쿄의 건설은 이전의 수도 건설과 전혀 다른 조건에서 전개되었다. 헤이안쿄는 후보지 선정에서 천도까지 약 1년이라는 짧은 시간 안에 이루어졌다. 전례가 없는 일이었다. 당시 동원된 인부의 수나 자재 등 공사 기록이 남아 있지 않은 것으로 보아, 민간 차원에서 공사가 진행되었던 것 같다. 원래 국가가 담당해야 하는데, 하타씨를 비롯한 지방 호족들이 자원과 노동력을 투입한 것이다. 이는 현대 국가의 도시 재개발 계획이나 공업 지역 개발에 '제3 섹터 방식'을 도입하는 것과 유사하다.

호족들은 수도 건설에 협력하며 자신들의 영토 개발을 더 극대화하려 했을 것이다. 특히 민간 차원의 공사였기 때문에 바둑판 모양의 사각형 도시를 만들면서도 저습지가 많은 서쪽은 적게 이용하고, 지대가 높고 건조한 왼쪽의 산기슭에는 주거지를 많이 만드는 식으로 융통성을 발휘했다.

헤이안쿄 건설에서 가장 중추적인 역할을 담당한 호족은 하타씨로 보인다. 하타씨는 쇼토쿠 태자에게 불상을 하사받는 등 오래전부터 일본 왕실과 돈독한 관계였지만, 천도를 전후하여 조정에서 더욱 세력 기반을 넓혀갔다. 간무 천황은 수도 건설을 진두지휘하기 위해 하타씨의 조상신을 모신 마쓰오 신사에 머물렀고, 헤이안쿄가 세워진 뒤 하타씨의 신사인 후시미이나리 신사와 마쓰오 신사는 모두 왕실 수호를 담당하는 신사로 높여졌다. 헤이안쿄의 궁전 건설 책임자는 하타씨의 하타노 쓰키마로〔秦都岐麻呂〕가 임명되었고, 천황이 사는 궁전은 수장이던 하타노 가와카쓰의 저택 자리에 지었다

그러나 헤이안 시대가 본격적으로 전개되는 10세기를 전후로 하타씨의 이름은 점점 역사 기록에서 사라진다. 이 시기 후지와라씨의 권력 독점이 심화되면서 하타씨 같은 교토 토착 세력에 대한 견제가 심해졌기 때문이다. 그리고 이에 저항하다가 뿌리가 뽑히거나 권력을 잃고 격하되는 과정을 겪으면서 그들의 목소리를 역사에 남길 기회가 사라졌을 것이다.

천황이 사는 집, 교토고쇼

일본에서는 천황의 궁전을 '고쇼〔御所〕'라 한다. 간무 천황이 교토에 고쇼를 지은 794년 이후 1888년 메이지 유신까지 고쇼는 교토에 있었다. 화재와 전란으로 소실과 재건을 반복하다가, 간무 천황이 원래 만들었던 교토의 중심지에서 서북쪽으로 치우친 곳에 현재의 고쇼가 세워졌다. 메이지 유신 이후 새 수도 도쿄에도 고쇼가 세워졌으나

교토 궁전을 없애지는 않았다. 지금도 1년에 며칠 정도 천황이 교토에 머무를 때 사용한다고 한다.

고쇼 앞에는 아주 널찍하게 자갈길이 깔려 있는데, 크기는 하지만 나라의 도다이 사에서 느꼈던 웅장함이나 탁월한 미감은 없다. 그보다는 우리나라 칠팔십 년대 관공서 건물에서 느끼던 상상력이 결핍된 썰렁함 같은 게 느껴진다. 어쩌면 일상적으로 사람이 살지 않아서 온기가 없기 때문인지도 모른다.

고쇼 안으로 들어가려면 궁내청 사무소에 가서 사전 신청서를 작성하고 정해진 시간에 안내인의 인도를 받아 들어가야 한다. 가이드 투어는 정전인 시신덴(紫宸殿)부터 시작한다. 시신덴은 천황의 즉위식을 행하는 큰 건물로 사방을 회랑이 둘러싸고 있어 장엄한 분위기를 연출하기에 적합하다. 지붕은 노송나무 껍질을 켜켜이 모아 만든 일본 전통식 지붕이다.

시신덴
교토고쇼는 어디나 크다. 이 압도적인 크기는 교토의 조밀한 도시 경관 속에서 이례적인 단조로움과 막막한 느낌을 자아내며 일반인들의 주거지와 확연한 차별을 보여준다.

세이료덴 앞의 정원
세이료덴은 천황의 사적인 주거 공간이었으나 헤이안 시대 후반부터 천황의 권력이 약화되면서 공식적인 행사도 이곳에서 간략하게 이뤄졌다. 세이료덴 앞의 정원에서는 궁전의 연회와 계절 행사가 열리기도 했다.

건물 앞에는 커다란 공터가 있다. 건물 계단 앞에 귤나무와 벚나무가 각기 한 그루씩 서 있는 것을 제외하고 아무 경물도 없다. 일견 살풍경해 보이는 이 빈 공간은 궁전 공식 행사나 종교 행사를 거행할 때 이용했다. 원래 신사 앞마당에는 '유니와〔齋場, 齋庭〕'라 해서 빈 공간이 있는데, 정화된 영역으로 여겼다. 궁전의 앞마당도 대개 이런 식이었는데, 헤이안 시대 후반에 취향이 세속화되면서 공간을 나무, 연못, 바위로 화려하게 꾸민 정원으로 바뀌었다시신덴 뒤로는 천황의 사적인 생활 공간이 나온다. 그중 천황의 침실이 있는 공간을 세이료덴(淸凉殿)이라 하는데, 중앙 마루에 옥좌가 놓여 있어 측근의 알현도 이루어졌다고 한다. 하지만 눈에 보이는 느낌은 너무 황량해서 도저히 '사적인 공간'이라고 여기기 어렵다. 나중에 안내물을 읽어보니 중세 이후 천황이 실권을 잃고 정치적 역할이 줄어들면서, 세이료덴이 시신덴을 대신해서 간단한 공식 행사를 치르는 장소가 되었다고 한다. 그리고 사적인 주거를 위해서는 세이료덴 뒤쪽에 따로 오쓰네고덴(御常御殿)이라는 건물을 세웠다고 한다.

세이료덴 바로 앞에는 인공 모래밭 위로 작은 시내가 흘러가고 있다. 이렇게 흘러가는 시내와 연못이 있는 정원은 시신덴 앞에 있는 빈 공간보다 후대의 형태라고 볼 수 있다. 헤이안 시대의 대표적인 문학 작품인 『겐지 이야기』에 따르면, 이 세이료덴의 정원은 보름달이 뜰 때 천황이 귀족들과 함께 시가를 읊거나 춤을 추며 궁정의 풍류를 즐기던 무대였다. 세이료덴 뒤로는 왕실 자제를 위한 학습소와 오쓰네고덴 등의 건물이 이어졌다.

고쇼 투어는 흥미로운 부분도 있지만 전체적으로 박물관의 모형 전시를 보는 듯한 느낌이 적지 않다. 그 자체로 역사 공부가 될 수는 있을지언정 현장의 감흥은 떨어진다. 간무가 교토에 헤이안쿄를 세웠을 무렵의 유적은 현재 몇 군데밖에 남지 않았는데 그것도 주로 불교 유적이다. 나라 불교 세력과 매우 적대적인 관계였던 간무 천황 때의 유적이 대부분 불교 사찰이라는 것은 무엇을 의미하는 것일까? 그리고 나라의 사찰들과 이들은 어떤 차별성을 갖고 있을까?

왕을 가르치고 나라를 지키는 절, 도 사

도 사(東寺)는 교토 역에서 걷기에는 좀 멀고 버스를 타기에는 정류소가 한참 떨어져 있는 애매한 거리에 있다. 도 사를 포함한 교토 역 일대는 원래 고대 시가지의 최남단으로 규조대로(九條大路)가 지나는 지역이다. 헤이안 시대의 교토에는 이치조(一條)부터 규조(九條)까지 9개의 대로가 시내를 가로질렀다. 이치조와 니조 주변에는 궁전과 귀족 저택이 즐비한 반면, 천황이 사는 곳에서 제일 떨어진 규조 부근은 살림살이 남루한 서민들이 살았다고 한다. 인근에 시마바라라는 공창(公娼) 구역이 있었던 것도 이런 지역적 특색을 보여준다. 이 규조대로가 지나는 곳에 관사인 도 사와 사이 사(西寺)가 나란히 서 있다.

처음 간무 천황은 새 수도에 사찰을 세우는 데 부정적이었다. 나라 시대 천황들이 불교에 지나치게 의존하여 불교계의 정치 개입을 불러왔기 때문이다. 그래서 자신의 동생 사와라 친왕이 나라의 유력 사찰들과 긴밀한 관계를 유지하자, 암살 사건을 빌미로 폐위시키기까지 했다. 수도를 옮긴 것도 나라 세력을 배제하기 위한 것이었기에, 새 수도 나가오카에서는 아예 사찰의 건립을 허용하지 않았다. 그러나 헤이안쿄로 다시 수도를 옮길 때는 마음이 바뀌어 사찰의 건립을 허용했다. 수도를 지킬 사찰의 필요성을 인정한 것이다.

이렇게 해서 세워진 절이 수도의 출입구 라쇼몬 뒤에 나란히 세워진 도 사와 사이 사였다. 두 사찰은 함께 '교왕호국사(敎王好國寺)'라는 칭호를 하사받고 수도에서 왕을 가르치고 나라를 지키는 사찰로 자리매김했다.

창건 당시에는 국가진호를 위해 중요 행사 개최와 승려 교육의 기능을 맡은 사이 사가 도 사보다 비중이 큰 사찰이었다. 그러나 사이 사는 일찍부터 사세가 기울어 없어진데 반해, 도 사는 현재까지 번성하고 있다. 도 사가 사이 사를 제치고 살아남은 것은 구카이(空海)라는 일본 불교사 최고의 인기인이 있었기 때문이다.

천재적인 학승이자 일본 밀교의 창시자인 구카이는 귀족 집안에서 태어났다. 젊은 시절 유학을 공부했으나 곧 불교에 귀의하여 승려가 되고 견당사를 따라 당나라로 갔다. 당나라의 수도 장안에서 당시로서는 최신 사상인 밀교를 접한 그는 당시 밀교 1인자였던 혜과(惠果)에게 직접 가르침을 받고 관정(灌頂, 밀교에서 법을 전수받는 의식)까지 받았다.

구카이의 집중력과 명철함은 당대에도 명성이 자자했다. 원래 견당사의 유학승으로 가면 외국어인 중국어 공부를 포함한 새로운 지식을 습득해야 하기 때문에 20년 공부를 예정하고 파견되지만 구카이는 2년 만에 중국어는 물론 심오한 밀교의 종지까지 깨쳤다고 한다. 스승인 혜과는 구카이를 정통 밀교의 제8조로 인정하고 일본에 밀교를 전파하라는 교시를 내렸다.

귀국한 뒤에는 황자 시절부터 교유가 있었던 사가 천황(嵯峨天皇, 간무 천황의 아들)의 전폭적인 지원을 받아 도 사의 주지로

구카이의 초상
헤이안 시대 승려 구카이는 중국에서 밀교를 배워와 일본 진언종을 창시했다.

취임했다. 밀교 사찰로서 도 사의 역사는 이때부터 시작되었다. 구카이는 밀교 연구자로 대단한 명성을 얻어, 그보다 먼저 중국에서 천태종과 밀교를 배우고 귀국한 명승 사이초(最澄)도 그에게 가르침을 청했다고 한다. 구카이는 천황의 총애와 보호 속에서 평생 최고의 자리에 있었으나 백성들의 삶을 외면하는 종교인은 아니었다. 도 사 안에 세운 종예종지원(綜藝種智院)은 학문 수준이나 신분에 구애받지 않은 일본 최초의 민중 교육 기관이었고, 고향 사누키 지역에 만농지(滿農地)를 수축하여 가난한 백성을 구휼하기도 했다. 예순두 살을 일기로 입적하자 천황이 고보 대사(弘法大師)라는 시호를 내렸다.

나라 시대까지 한반도의 영향을 깊이 받았던 일본 불교계가 밀교색이 짙은 독자적인 발전을 시작한 것은 구카이의 성과라고 할 수 있다. 구카이는 밀교 이전의 모든 불교 종파를 현교(顯敎, 겉으로 드러난 불교)라 규정하고 부처의 가르침은 현교에서 최종 단계인 밀교로 나아가야 한다고 주장했다. 밀교는 명상이나 수행으로 체득되는, 언어로 설명되지 않는 근원적인 내용을 담고 있다는 것이다. 이런 주장은 현교에 해당되는 나라 불교를 제압하여 수중에 두고자 한 헤이안 조정의 환영을 받았다. 또한 어려운 경문 대신 즉각적인 체험과 깨달음을 강조한다는 부분에서 일반 민중에게도 쉽게 다가갈 수 있었다.

이후 구카이의 밀교는 일본 불교의 한 특징을 이루었을 뿐 아니라 일본 문화의 특징을 이루는 중요한 요소가 되었다. 오늘날에도 관혼상제 등 공식적인 자리에서 행해지는 대부분의 전통 의식에 밀교적 요소들이 강하게 남아 있고, 신도의 태양신 아마테라스를 밀교의 최고신인 대일여래(大日如來)와 동일시하면서 신도와 불교의 융합 현상도 강화되었다.

오늘날 일본인들은 구카이를 '고보 상'이라 친근하게 부르며 특별한 사랑과 존경을 보낸다. 일본에서 가장 엄격하게 밀교 수행을 지키는 것으로 유명한 도 사가 한 달에 한 번 장사꾼들에게 경내를 개방하여 오전 동안 시끌벅적한 벼룩시장이 열린다. 3월 21일에 입적한 구카이를 기려 매월 21일 열리는 이 시장을 '고보상'이라고 한다는데, 벼룩시장으로 스님을 기린다는 발상도 그렇지만 고보 대사라는 시호를 '고보 상'(우리 식으로 하면 '고보 씨'랄까?)이라고 불러버리는 언밸런스한 센스는 놀라울 뿐이다.

도 사의 벼룩시장은 에도 시대부터 시작되었지만 절의 고문헌에 1403년 절의 남대문 앞에서 값싼 차를 파는 상인이 터를 잡았다는 기록이 있는 것으로 보아, 서민들의 살림에 자애로웠던 대사의 마음 씀씀이를 계승하는 자세는 오랜 역사를 가지고 있다고 봐도 좋을 것 같다.

살아 있는 만다라, 도 사의 강당

우리나라 사찰의 중심은 대개 금당이지만 일본의 경우 금당보다 강당의 비중이 큰 곳도 있는데 도 사가 그렇다. 도 사의 강당은 825년 구카이가 직접 세워 여기서 밀교의 관정식을 행했다. 관정(灌頂)이란 밀교에서 가장 중요한 의식으로, 수행자가 완전한 깨달음에 이르는 과정을 한 단계, 한 단계마다 전수하는 의식이다.

지금도 강당 내부의 배치는 구카이가 정한 전통을 따르고 있다. 건물 내부로 들어가 보면 수미단 위에 21개의 상들이 빽빽하게 들어서

도 사 강당의 불상 만다라
개인적으로 도 사의 불상 만다라는 교토에서 받은 가장 큰 시각적 충격 가운데 하나였다.
21개의 상들의 조합이 만들어내는 낯설고 이국적인 아름다움은 그 안에 담긴 의미를
모르고 보더라도 그 자체로 감동적이다.

있는데 불상으로 구성된 만다라다. 원래 만다라란 진리를 눈에 보이는 형태로 형상화한 것인데, 보통 그림으로 된 것이 많지만 도 사의 강당에서 보는 것처럼 불상으로 직접 만다라를 구성하기도 한다. 밀교에서는 불상을 보는 것도 관상(觀想)이라는 수행의 하나로 중요시했다. 모든 불상은 손가락의 모양 하나, 갖고 있는 지물 하나로도 각각의 진리를 설하고 있다.

강당의 불상 만다라는 크게 3개의 군으로 나뉘어 있다. 중앙에는 대일여래를 중심으로 하는 5채의 불상이 있고, 오른쪽에는 금강바라밀보살을 중심으로 보살상 5채, 왼쪽에는 부동명왕상을 중심으로 명

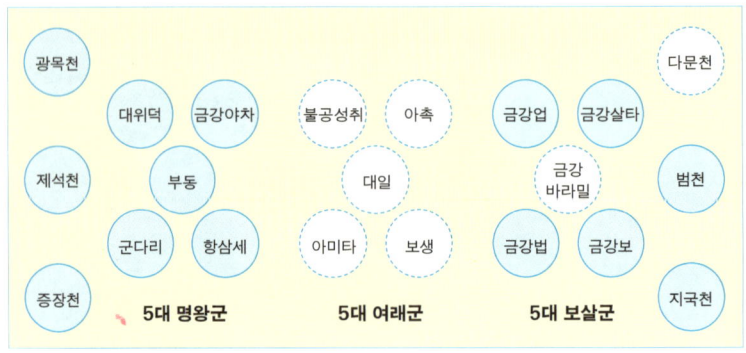

도지 불상의 만다라

왕상이 5채 있다. 그리고 그 주위를 사대천왕과 제석천, 범천 등의 수호신이 지키고 있다.

　이 세 군상의 의미는 무엇일까? 밀교의 교리에 따르면 부처는 세 가지 몸으로 바뀌어 나타날 수 있다고 한다. 첫째가 진리로 충만한 여래 그 자체의 몸인데 이는 직접 인간을 구하지는 못한다. 둘째가 보살의 모습으로 정법에 따라 중생을 교화할 수 있다. 그러나 악업을 많이 쌓아 구제가 어려운 중생들에게는 무서운 분노의 자태로 나타나 그들을 굴복시킬 명왕의 힘이 필요하다. 도 사 강당의 세 군상은 이 교리를 담은 구성으로 여래와 보살 그리고 명왕이 따로 있는 것이 아니라 하나의 유기적 존재라는 것을 보여주고 있다.

　일본에는 정통 밀교가 확립되었지만 한국에는 밀교적 요소가 일부 수용되었을 뿐 정통 밀교가 자리 잡지 않았기에 강당의 존상들은 상당히 이색적으로 느껴진다. 밀교적 특징은 대일여래상에서 보이는 것처럼 상당히 장식적인 모습이 많다는 것과 명왕상 같은 새로운 존상들이 많다는 점이다. 특히 가장 색다르게 다가오는 것은 이글이글 타는 불길을 배경으로 하거나 이를 드러내며 분노하는 모습을 표현한 명왕상이다. 명왕의 무섭고 박력 있는 모습은 중생을 괴롭히는 악마나 번뇌를 물리치기 위한 방편일 뿐, 사실은 부처의 화신이다. 또한 제석천이나 범천같이 우리나라에 있는 존상들도 공작새나 물소, 코끼리를 타고 있는 등 특이한 모습이 많다.

강당의 불상들은 금강계법(金剛界法)이라는 밀교적 가르침과 함께 『인왕경(仁王經)』이라는 호국 불교적 요소도 같이 아우르

도 사의 오중탑
도 사의 오중탑은 교토를 상징하는 랜드마크로, 현재 시내에 있는 목조 건물 중 가장 큰 키를 자랑한다.

고 있다. 이것은 도 사를 거점으로 일본에 밀교의 가르침을 전파하는 한편, 관사가 담당해야 할 호국적 요소도 간과할 수 없었던 구카이가 두 가지를 절충한 결과이다.

강당을 나오면 바로 앞에 도 사의 명물 오중탑이 보인다. 일본 사람들에게 교토를 상징하는 유적 1순위가 이 오중탑이라고 한다. 일본인들에게 오중탑이 가지는 비중은 「일본 대침몰」이라는 영화의 포스터에서 열도가 바다에 잠기던 날 해일에 쓸려가던 탑이라는 사실에서도 확인할 수 있다. 높이 55미터로 현재 교토에 있는 목조 건축물 중 가장 키가 크다. 그래서 강당 앞이 아니라 도 사 바깥에서도 어지간한

엔랴쿠 사의 본당, 근본중당
상쾌한 산의 공기를 호흡하며 한참 걸어 들어가니 근본중당이 보였다. 하늘을 향해 뻗어 올라가는 삼나무 숲의 압도적인 형상과 근본중당의 붉은 열주는 우열을 가릴 수 없을 만큼 아름다움을 자랑하고 있었다. 근본중당은 이 절을 창건한 승려 사이초가 19세에 홀로 히에이 산에 세운 암자의 터에 창건주의 정신을 기리기 위해 지어진 건물이다.

거리에서는 늘 이 오중탑을 볼 수 있다. 도 사의 담벼락 위로 껑충하니 솟아올라 파란 하늘을 수놓는 오중탑을 보는 기쁨은 교토에서만 누릴 수 있다.

엔랴쿠 사, 산속에 사찰을 세우다

교토는 분지라 남쪽을 빼고 사방이 산인데 그중 가장 큰 산이 동북쪽에 있는 히에이 산이다. 히에이 산의 꼭대기에 엔랴쿠 사(延曆寺)가 있다. 나라 시대 사찰은 대부분 수도나 지방 중심지에 있었으나 간무 천황은 불교와 정치를 엄격히 분리하고자 수도에 사찰의 건립을 통제했다. 그 결과 헤이안 시대 초에는 엔랴쿠 사 같은 산사(山寺)가 많이 생겼다. 엔랴쿠 사는 승려 사이초가 간무의 후원을 받아 창건한 곳이다. 사찰 명호도 간무 천황의 연호인 엔랴쿠(延曆)를 따서 지었다. 엔랴쿠 사가 건립된 8세기 이후부터 히에이 산 곳곳에 부속 절과 신사, 암자들이 하나씩 생기면서 지금은 산 전체가 사실상 엔랴쿠 사화되었다.

사이초는 젊은 시절 나라의 도다이 사에서 승려가 되었으나 권력화된 나라 불교에 염증을 느껴 뛰쳐나왔다. 홀로 교토 인근의 히에이 산으로 들어가서 수행하던 당시 쓴 기원문에는 "해탈의 경지를 혼자서만 느끼지 않고…… 세상의 모든 중생과 함께 깨달음의 경지에 오르기를" 원한다는 구절이 보인다. 중생과 함께 깨달음의 경지를 구하는 이 마음은 생애 후반에 쓴 『현계론(顯戒論)』이라는 글에서도 발견할 수 있다.

"욕망이 바로 열반이다. …… 욕망, 분노, 어리석음이라고 하는 세 가지 독소 안에 무한한 불도가 있다. 사람이 자기를 성자와

사이초의 초상
엔랴쿠 사의 창건자인 사이초는 권력화된 나라 불교에 반대하고, '인간을 구제한다'는 종교의 본령을 회복하고자 노력했다.

같이 생각해서 탐욕, 분노, 어리석음을 판단한다면, 그 사람은 불도로부터 하늘과 땅과 같이 멀리 떨어져버릴 것이다."

인간이라면 누구라도 노력을 통해 불도를 얻을 수 있으며 잘난척하는 성자들보다 속세에 묻힌 중생들이 더 가능성이 있다는 것이다.

사이초의 이런 발언에는 불경에만 매달려 중생을 구제하는 데 관심이 없는 나라 불교에 대한 비판이 감춰져 있었다. 간무 천황은 자신과 뜻이 맞는 사이초를 높이 평가하고 더 큰 배움을 얻을 수 있도록 견당사의 일행으로 보내주었다. 이때 견당사 일행 중에는 사이초보다 여덟 살 어린 구카이도 있었다. 밀교 연구에 몰두한 구카이와 달리 사이초는 중국에서 발전한 통합적 종파인 천태종을 배워 나라 불교의 종파를 아우르고자 했다.

중국에서 돌아온 사이초는 엔랴쿠 사를 건립하고 '인간 중에 부처가 될 수 없는 자가 있다'는 차별적인 나라 불교계에 맞서 '모든 중생은 성불할 수 있는 가능성이 있다'고 역설하며 불교의 대중화를 이끌었다. 그러나 그의 활동이 순탄하게 전개된 것은 아니었다. 나라 불교에서 독립하려면 엔랴쿠 사에 승려로서 수계를 받을 수 있도록 '계단원'을 세워야 했는데, 간무 천황에 이어 즉위한 새 천황은 이를 허가하지 않았다. 882년 계단원 설립 허가의 칙허는 내려오지 않고, 나라 불교와 논쟁은 지루하게 계속되는 가운데 사이초는 눈을 감았다. 그리고 일주일 뒤 계단원 설립의 칙허가 내려 엔랴쿠 사는 나라 불교에서 독립하게 되었다.

위풍당당한 기둥이 서 있는 회랑을 지나 안으로 들어가면 격자창 너머 수미단과 불상이 보인다. 일반적인 사찰에서는 불상이 올려다 보이는 위치에 있지만, 근본중당(根本中堂)은 방문객의 시선과 수미단

위의 불상이 거의 같은 위치에 있다. '일체중생 실유불성(一切衆生 實有佛性)', 중생이 곧 부처라는 사이초의 정신이 반영된 게 아닐까 싶다. 격자창 너머의 공간은 매우 어두운데 작은 등불이 하나 그 안을 밝히고 있다. 1,200년 동안 타고 있다는 '불멸의 법등'이다. 이 등불은 사이초가 열아홉 살 때 히에이 산에 지은 암자에서 밝힌 것으로 지금까지 한 번도 꺼지지 않았다고 한다. 현재 서 있는 근본중당의 건물은 오다 노부나가(織田信長)의 공격으로 원래 건물이 불탄 뒤 재건한 것이다.

엔랴쿠 사는 사이초가 살아 있던 헤이안 시대보다 서민 불교가 폭발적으로 성장하는 가마쿠라 시대 불교에 큰 영향을 미쳤다. 구카이의 밀교는 나라 불교에 비해 대중적인 측면도 있었지만 내밀한 의식을 통한 진리의 전파를 꾀해 소수의 사람들에게만 전해졌다. 반면 사이초의 불교는 보다 많은 사람에게 밀착된 불교를 강조했다. 그는 자신보다 어린 구카이에게 가르침을 청할 만큼 다른 종파의 가르침을 수용하는 데도 개방적이었다. 그래서 엔랴쿠 사에는 천태종만이 아니라 밀교, 정토종 계열의 경전과 이론서들이 방대하게 쌓여 있었다.

이런 특성 때문에 많은 젊은이가 엔랴쿠 사로 모였고 결국 가마쿠라 시대 이후 일본 불교사의 수많은 고승이 엔랴쿠 사에서 배출되었다. 엔랴쿠 사도 후일 권력화하고 부패하는 폐단을 드러냈으나, 그 폐단을 비판하는 개혁 세력마저도 엔랴쿠 사를 통해 단련되고 배출되었다. 이는 엔랴쿠 사가 일본 불교계를 받치는 거대한 주춧돌 역할을 했다는 것을 알 수 있다.

근본중당에서 가까운 작은 언덕 위에 뜻밖의 기념물이 서 있다. 2002년 완도군에서 엔랴쿠 사와 협력 관계를 맺으면서 세운 장보고(張保皐/張寶高) 대사 기념비이다. 교토의 엔랴쿠 사와 통일신라의 장보고 사이에는 대체 어떤 연결고리가 있는 것일까?

먼저 약간 다른 이야기부터 살펴보자. 엔랴쿠 사의 창건주 사이초가 신라계라는 설이 있다. 그가 태어난 비와 호 주변은 신라인이 많이 사는 곳으로, 사이초의 아버지가 아들 탄생을 기원했다는 사당도 신라 신을 모신 히요시 신사(日吉大社)이다. 도쿄대학교의 이노우에 마쓰시타 교수도 고대 일본의 승려들 중 교키를 비롯하여 신라계가 많다고 지적한 바 있다. 임태홍은 저서 『일본 사상을 말한다』에서 신라계 승려가 많은 이유로 백제계가 정치적 진출이 활발했던 반면, 상대적으로 소외된 신라계 인재들이 사찰로 몰렸을 가능성을 제기했다. 또한 당시 승려들은 대부분 당나라 유학을 통해 불법을 전수받았는데 당시 제해권을 장악하고 있던 통일신라 사람들의 도움을 받으려면 신라어와 신라 문화에 익숙한 신라계 도래인들이 유리했을 것이다.

헤이안 시대 엔랴쿠 사의 승려들도 중국으로 구법 여행을 하는 경우가 종종 보이는데, 엔랴쿠 사의 4대 주지이자 사이초의 후계자인 엔닌(圓仁)도 그러했다. 그는 스승 사이초가 구카이에게 배우다가 중단된 밀교를 더 연구하기 위해 당나라로 들어갔는데, 그 여행 과정을 『입당구법순례기(入唐求法巡禮行記)』라는 저서에 생생히 남겼다.

그런데 책을 읽다 보면 여행의 시작부터 끝까지 신라인들의 도움을 받고 있는 것을 알 수 있다. 이때 도움을 준 신라인들은 대부분 신라 상인단에 소속된 사람들인데 그 수장이 바로 장보고였다. 엔닌은 책 속에서 장보고를 대사라 칭하며 깊은 감사와 존경을 표했다. 당나라에서 돌아온 뒤 그는 자신의 여행이 안전하게 끝날 수 있도록 도와준 신라인들에게 감사하는 마음으로 신라 신을 모신 세키잔도(赤山堂)라는 신사를 엔랴쿠 사 북쪽 언덕에 세웠다고 한다. 이러한 선연(善緣)이 오늘날까지 이어져 2002년 경내에 장보고 기념비가 세워진 것이다.

기요미즈 사

기요미즈 사(淸水寺)는 교토에서 동쪽에 있는 히가시야마 지역에 있다. 지금 히가시야마 지역이라고 하면 기요미즈 사를 비롯하여, 기온, 고다이 사(高台寺), 헤이안 신궁(平安神宮) 등 유명한 관광지와 쇼핑가가 밀집한 시내다. 그러나 옛날 이곳은 도성 밖이었고, 문자 그대로 동쪽의 산동네(東山, 히가시야마)였다. 이곳의 오토와 산에 교토 분지의 지하수가 용출되는 폭포가 있었으니 그 맑은 물이 있는 곳에 세워진 절이라고 해서 '淸水寺', 즉, 기요미즈 사가 된 것이다. 시 외곽이라고는 하나 간무 천황이 사찰의 건립을 통제하던 시대에 기요미즈 사가 창건될 수 있었던 것은 특별한 후원이 있었기에 가능했다.

간무 천황이 교토 천도를 단행한 이후 추진한 가장 주요 정책 중 하나는 동북 지방의 에미시(蝦夷) 정벌이었다. 에미시는 홋카이도에 거주하는 코카서스 계통의 인종인 아이누와 같은 용어로 여겨져왔으나, 실제로는 일본인과 같은 인종으로 야마토 정권에 복속하지 않은 중서부 지방의 일족들로 추정된다. 나라는 긴키 지방의 남쪽 산악 지대에 위치한 반면, 교토는 육로와 수로를 통해 다른 지방에 훨씬 수월하게 접근할 수 있었기에 천도 이후 수차례의 동북 원정이 가능했다.

9세기 초 헤이안 조정에서 파견한 군대가 마침내 에미시에게 결정타를 가해 정복에 성공하는데, 이때 정벌을 주도한 장군이 사카노우에노 다무라마로(坂上田村麻呂)라는 인물이다. 그는 원정의 공을 인정받아 수도에 기요미즈 사를 세울 수 있는 특권을 인정받았다.

사카노우에 장군은 에미시 정벌 이전에 이곳 오토와 산에서 수행하던 승려 엔친(圓珍)을 찾아 관음보살의 가피를 구했는데, 정벌이 성공한 후 엔친을 주지로 하여 관음보살을 모신 기요미즈 사를 세운 것이다.

기요미즈 사로 올라가는 길에는 '기요미즈야키(淸水燒)'라 하여 이 지역의 독특한 향토색을 갖춘 아름다운 도자기 가게들이 즐비하고, 기요미즈 사를 둘러싼 히가시야마의 숲은 봄에는 벚꽃, 가을에는 단풍이 사찰을 장식한다. 이런 곳에 기요미즈 사의 아름다운 절정, 본당이 있다.

본당은 창건주인 승려 엔친이 직접 조각했다는 관음보살상을 봉안한 곳이다. 이 건물은 오토와 산의 거대한 산비탈을 이용하여 무대조(舞台組)라는 축대 위에 세운 독특한 건축 양식으로 만들었다. 무대조는 절벽 아래로 13미터의 나무 축대를 쌓아올려 세웠는데 축대 위에 너른 무대 같은 공간이 있어 무대조라고 한다.

이 특이한 건축 구조는 종교적 근거를 갖고 만들어졌다. 기요미즈 사는 관음을 모신 사찰인데, 『법화경』에 따르면 관음보살은 남해의 보타락산이라는 절벽에 살고 있다고 한다. 무대조는 보타락산의 깎아지른 듯한 절벽 형상을 나무 축대로 표현한 것이다.

기요미즈 사의 관음은 자식을 위해 기도하는 어머니를 특별히 보살핀다고 한다. 그래서 경내에는 자안탑(子安塔)이라는 3층탑이 있고, 기요미즈 사로 올라오는 산넨자카라는 언덕은 일명 산네이자카(産寧坂)라 하여 이곳으로 오면 임산부들이 건강해진다는 속설이 전한다. 곳

기요미즈 사의 본당
절벽 위에 나무 축대를 세우고 그 위에 쌓아올린 이 독특한 건축 구조는 관음이 산다는 보타락산을 형상화한 것이다. 일본 상용구에는 무언가를 결연히 하고자 할 때 '기요미즈 무대에서 뛰어내리듯이 한다'는 말이 있다. 이 표현은 기요미즈 무대에서 뛰어내리면 어떤 소원이든 이루어진다는 속설에서 유래한 것으로 실제로 에도 시대부터 오늘날까지 많은 사람이 이 본당의 무대 위에서 뛰어내렸다고 한다.

곳에 빨간 앞치마를 두른 작은 바위나 불상이 보이는 것도 그 때문이다. 이 석상들은 다름 아닌 토속적으로 만들어진 지장보살이다. 사산되거나 병으로 죽은 아이들의 영혼을 위해 세운 것이다. 아이를 위한 어머니의 기도만큼 강렬한 것이 또 있을까? 기요미즈 사가 1,200년 이상 교토 최고의 인기 사찰로 자리를 굳힌 이유 중 하나다.

기요미즈 사의 경내에는 지슈 신사(地主神社)가 있다. 우리에게는 신도와 불도가 자연스럽게 융합되어 있는 게 색다르게 보이겠지만, 이

것이 일본 불교의 특색이다. 신불습합(神佛習合) 현상은 불교가 들어올 때부터 부처를 신도의 신의 일종으로 이해하면서 시작되어, 8세기 이후에는 본지수적설(本地垂迹設)의 형태로 본격화되었다. 본지수적설이란 중생을 구제하기 위해 부처가 신도의 신으로 화하여 일본에 나타났다는 것으로, 부처가 근본이지만 신도의 신도 배척하지 않고 수용했다.

지슈 신사는 사명(社名)으로 미루어 이 지역의 터주 신이 사찰로 흡수된 것 같다. 오늘날에는 사랑하는 사람을 이어주는 힘을 가졌다는 믿음이 있어 교토로 수학여행을 오는 수많은 여고생의 성지가 되고 있다 한다.

또한 기요미즈 사 안에는 오토와노 폭포라 하여 지하수가 흘러내리는 유명한 장소가 있다. 이곳의 지하수는 세 줄기로 나뉘어 각기 애정, 학업, 건강의 운을 북돋아준다고 한다. 원래 이 세 물줄기는 인간의 탐진취(貪瞋癡, 욕심, 어리석음, 성냄) 삼독(三毒)을 불법승(佛法僧) 삼보(三寶)로 씻어 말, 행동, 마음을 정화시킨다는 불가적 의미를 담고 있었으나, 기요미즈 사가 관광 상품화되는 과정에서 변질되었다.

도쿠가와 가문이 세운 화려한 성채인 니죠 성 부근에는 교토의 역사가 만든 작은 흔적이 남아 있다. 간무 천황이 조성한 왕실 원유지, 신센엔이 그곳이다. 한때 숲과 호수로 이루어진 거대한 왕실의 원유지였던 신센엔은 도쿠가와 막부가 니죠 성을 조성하는 과정에서 의도적으로 축소시켰다.

신센엔
신센엔은 왕실 소유의 원유지다. 일본에서는 헤이안 시대에 원령 사상이 유행했는데, 이곳 신센엔에서 원혼을 위로하는 왕실의 '어령회'가 열렸다.

귀신과 역병이 수도를 점령하다

오늘날의 신센엔(神泉苑)은 매우 작은 연못이다. 눈에 띄지 않는 한적한 길가에 있는 이 초라한 장소가 한때 왕실의 거대한 원유지(苑囿地)의 일부였다는 사실을 기억하는 이는 많지 않다. 신센엔은 교토 분지 지하에 흐르는 수층이 분출하여 자연적으로 형성된 거대한 호수로, 교토가 수도로 정해진 뒤 왕실에서 이 주변에 사냥과 공식 행사를 위한 원유지를 조성했다. 이곳에서 어령회(御靈會)가 시작된 것도 헤이안 시대가 시작된 지 얼마 되지 않아서이다.

정치적 실각으로 뜻밖의 죽음을 당한 자가 원령이 되어 사회에 불이익을 준다는 생각은 나라 시대부터 시작되어 헤이안 시대에 더 널리 퍼졌다. 간무 천황은 동생인 사와라 친왕을 억울하게 자결토록 한 뒤, 그 원령을 두려워해 묘를 개축하고 '스도 천황(崇道天皇)'으로 칭하며 다양한 불교 행사를 베풀어 원혼을 위로하고자 했다. 이 행사는 점점 규모가 커지고 공식화되어 곧 어령회라는 이름으로 매년 신센엔에서 개최되었다. 어령회에 모신 원령은 스도 천황을 비롯한 여러 정쟁의 희생자들이었다.

그런데 헤이안 시대 교토에서 벌어진 재앙은 정말 원령의 복수였을까? 982년 요시시게노 야스타네(慶滋保胤)라는 하급 관리가 쓴 『지정기(地亭記)』라는 문집을 읽어보면 재앙의 단초를 다른 각도로 볼 수 있다.

"요즘 수도의 동쪽으로는 공경귀족들뿐만 아니라 서민들까지도 몰려들어 고대광실이 줄을 잇고 누추한 서민들의 집들도 빈틈없이 빽빽하다."

이와 같은 인구의 집중 현상은 필연적으로 건축 용재에 대한 수요를 부추겼다. 동시대 관부(官府)의 기록에도 교토 교외의 벌채가 과다하여 강물이 범람하는 사고가 일어났다는 기록이 보인다. 남벌 때문에 삼림이 훼손되니 자주 홍수가 일어나고 강물이 범람하면서 위생상태도 나빠졌던 것이다. 즉, 10세기 교토에서 유행한 역병과 화재는 원령의 복수가 아니라 도시의 번영이 가져온 인구 과밀과 남벌이 낳은 인재였다.

폐허가 된 왕조의 상징, 라쇼몬

교토에 헤이안쿄를 세울 때 간무 천황의 머릿속에는 도성을 에워싸는 웅장한 나성(羅城)의 건립이 들어 있었다. 그래서 도성의 남쪽 끝

라쇼몬 유적지
고대 수도 교토의 출입문이었던 라쇼몬은
사라지고 그 터에 표지석만 남아 있다.

주작대로와 나성이 만나게 될 지점에 출입구를 만들고 라쇼몬〔羅城門〕이라고 이름 지었다. 성문 2층에는 불교의 수호신인 도발비사문천상(兜跋毘沙門天像)을 세워 악귀들로부터 도성을 수호하도록 했다. 그러나 나성 축조는 계획에 그쳤고 라쇼몬은 나성이 없는 나성의 문으로 남았다.

라쇼몬 앞은 '도바노 즈쿠리미치(鳥羽の作路)'라 하여 도바 항구로 이어진 도로가 지나는 곳이었다. 교토의 서쪽 지방에서 일어난 반란이나 해적을 토벌한 장성들은 이 라쇼몬 앞길에서 출정을 하고, 돌아와 개선 행진을 벌였다. 교토의 남녀노소가 열광적으로 환영하는 가운데 갑주를 입은 병사들과 장군들이 토벌한 적장의 수급을 창에 꽂고 라쇼몬을 통과하며 의기양양하게 행진했다. 한때 라쇼몬이 왕조의 개선문과 같은 역할을 담당한 것이다.

그러나 라쇼몬의 전성기는 오래가지 않았다. 헤이안 시대 말 지진과 폭풍, 큰 화재, 기근 따위의 재앙이 계속해서 일어나면서 교토의 피폐상은 이루 말할 수 없을 정도였다. 라쇼몬은 황폐해져 여우와 너구리, 도둑이 사는 곳이 되었고, 어느 날부터인가는 연고자가 없는 송장을 버리고 가기까지 했다. 헤이안 시대 말 편찬된 설화집 『곤자쿠

이야기집(今昔物語集)』에는 한 사내가 비를 피하려 라쇼몬에 들어왔다가 시체 더미 사이에서 한 노파가 송장의 머리카락을 훔쳐가는 장면을 목격한 이야기가 실려 있다.

　설화 속에 등장하는 이들의 폐허가 된 인생은 폐허가 된 라쇼몬을 배경으로 더 극명하게 부각되었다. 한때 왕조의 자랑스러운 상징이던 라쇼몬의 몰락은 간무의 꿈의 종말과 궤를 같이했다. 라쇼몬이 황폐해진 헤이안 시대 후반에 외척 후지와라씨 가문이 왕실을 압도하는 권세를 휘둘렀고, 새 수도에서 천황 중심의 통치 체제를 확립시키고자 했던 간무 천황의 시도는 꿈에 그치고 말았다.

　오늘날 라쇼몬은 완전히 없어져 가까운 도 사의 경내에 표지석만 남아 있다. 라쇼몬의 2층에서 성내를 굽어보며 도성을 수호하던 도발비사문천상 역시 설 자리를 잃고 도 사의 사찰 박물관에 전시되어 있다.

15

일본, 자신을 발견하다

사쿠라, 매화의 자리를 빼앗다

> 세상에 벚꽃이 없었다면 봄을 즐기는 마음 더없이 한산했으리.
>
> ─『이세 이야기(伊勢物語)』 82단

해마다 봄이 오면, 일본의 텔레비전에서는 벚꽃 전선의 이동을 주요하게 보도한다. 벚꽃 전선이란 벚꽃 개화일이 같은 지역을 선으로 이은 것으로 기상 캐스터는 여름의 장마전선처럼 시시각각으로 전선의 추이를 알려준다. 절반 이상의 일본 회사나 학교에서는 벚꽃이 피는 시기에 맞춰 개업식이나 개학식을 하기 때문에 이런 정보는 실제로 매우 중요하다. 그리고 대망의 꽃이 피는 날 지역 사회 전체가 하나미(花見, 꽃구경)로 들썩인다. 활짝 핀 벚꽃 나무 아래 사람들은 준비해온 도시락과 술을 펼쳐놓고 음주가무를 즐긴다. 이들에게 벚꽃은 꽃이 아니라 봄 그 자체를 의미하는 것처럼 보인다.

교토 닌나사(仁和寺)에 핀 벚꽃
봄이 오면 교토의 도심은 활짝 핀 벚꽃으로 변신한다. '하나미(벚꽃구경)'로 이름난 장소가 많은데 닌나사도 그 중 하나다. 왕실의 어찰(御刹)이었던 이곳에 핀 벚꽃을 '오무로(大室)의 사쿠라'라 한다.

벚꽃의 이렇듯 특별한 지위는 언제부터 시작된 것일까? 헤이안 시대(9~12세기) 이전에 지어진 시가를 보면 가장 많이 언급된 꽃은 매화였고 벚꽃의 비중은 적었다. 중국의 시문을 많이 접하는 귀족공경(貴族公卿)들은 일본의 자생종 벚꽃보다 중국에서 건너온 매화를 아름답게 여겼다. 그러나 10세기에 중국 문화의 주 수입원이던 견당사가 폐지되고 중국과 공식 교류가 끊어지자, 일본에서는 풍토색 강한 문화가 형성되었다. 그와 함께 미적인 취향에도 큰 변화가 일어났다.

이때부터 문학 작품은 한문 대신 일본 고유문자인 히라가나로 쓴 것이 많아졌고, 히라가나의 주 소비층인 여성들이 『겐지 이야기』 같은 고대 소설 문학을 부흥시켰다. 종교 면에서는 불교가 고유의 신도와 한층 밀착되면서 신도의 신과 부처의 불이 다르지 않다는 신불일치론(神佛一致論)까지 등장했다. 그림에서도 중국풍의 그림 대신 강렬한 색채를 구사하는 일본 고유의 야마토에(大和繪)가 유행했다. 헤이안 시대의 후반에 발달한 이 문화를 국풍 문화(國風文化)라고 한다. 중국이나 한반도에서 건너오는 문화에 대한 동경이 없어진 것은 아니지만, 일본인들 스스로 '내 것'에 대한 자각이 뚜렷해진 것이다. 물론 이와 같은 자각은 앞서 도입한 중국과 한반도의 문화가 열도의 토양에 뿌리내리고 성숙한 결과인 것은 부언할 필요가 없다.

벚꽃이 특별한 자리를 얻은 것은 이때부터였다. 10세기에 편찬된 시집 『고금 와카집(古今和歌集)』에서는 매화에 대한 시가 거의 없어지고 벚꽃에 대한 글이 주를 이룬다. '하나미'라는 말도 10세기 이전까지는 매화를 감상하는 것이었으나 그 후부터 벚꽃을 감상하는 행사로 의미가 바뀌었다. 또 천황이 거주하는 궁전 내실의 앞마당에는 원래 매화가 심어져 있었으나 국풍이 확립되는 10세기부터 매화 대신 벚나무로 바꿔 심었다. 이는 벚꽃이 천황으로 상징되는 국가의 선택을 받았다고도 볼 수 있는 대목이다. 벚꽃이 일본적인 아름다움의 표상으로 읽히기 시작한 것이다.

벚꽃의 아름다움을 사랑하는 이 시대의 정조(情調)는 일본의 원형적인 미의식으로 자리 잡았다. 헤이안 시대 후반에 편찬된 『이세 이야기』는 이렇게 읊조린다.

눈갈이 지니 더욱이 벚꽃 나무 사랑스럽다.

> 근심 많은 세상사 오래갈 일 있으리.
>
> ―『이세 이야기』

활짝 핀 벚꽃의 아름다움 속에서 곧 지게 될 슬픈 운명을 읽는 애상(哀想)의 정조를 '모노노 아와레(物の哀れ)'라 한다. 헤이안 시대의 시인 기노 쓰라유키(紀貫之)는 『고금 와카집』 서문에서 모노노 아와레를 자연의 아름다움이나 사람의 감정을 접하여 감동할 줄 아는 능력이라 정의했다. 모노노 아와레가 가장 전형적으로 드러나는 순간은 스러져가는 자연의 아름다움 앞에서 슬픔을 느끼는 경우이다. 헤이안 시대의 귀족들은 이런 애상의 감정을 가지고 극치의 아름다움을 평가했다.

흥미롭게도 일본 문화 사학자 폴 발리(P. Varley)를 비롯한 많은 학자는 '모노노 아와레'가 오늘날까지도 일본 문화의 근저에 깔린 고유의 미의식이라고 보고 있다. 벚꽃과 히라가나, 모노노 아와레까지 국풍 문화는 오늘날 일본 문화의 핵심을 이해할 수 있는 고전적 원형으로 자리하고 있다.

그러나 국풍 문화가 만개했던 고도 교토에서 막상 눈으로 볼 수 있는 당대의 명소가 많지 않다는 것은 아이러니한 일이다. 창건 시기가 헤이안 시대로 거슬러 올라가는 곳은 많으나 현전하는 건축물이나 유적은 대부분 후대에 재건되었다. 마치 우리나라의 부여나 공주에서 백제 문화를 답사할 때와 느낌이 비슷하다고나 할까? 분명 거기 존재하지만 가시적으로는 확인하기 어려운, 한 문화의 향기를 좇는 답사. 교토에서 헤이안 시대를 읽어간다는 것은 그런 의미다.

국풍의 문을 연 스가와라노 미치자네

어디를 가든 호시절이 있는 법이다. 교토에 봄이 한창일 때는 벚꽃이 좋고, 가을에는 붉은 단풍이 도시 곳곳을 물들인다. 수국과 등꽃의 보랏빛 향기가 진동하는 여름의 교토도 좋고, 눈꽃에 덮인 고도의 겨울 운치도 특별하다. 그러나 만약 교토에 도착한 시점이 2월이라면, 지저분한 잔설과 봉오리도 없는 벚나무 그리고 찬바람만 만날 것이다. 이때 가야 할 곳이 기타노텐만구 신사다. 2월의 기타노텐만구에는 매화가 절정이기 때문이다.

기타노텐만구는 스가와라노 미치자네를 모신 신사이다. 미치자네는 헤이안 시대에 견당사 폐지를 주장하여 국풍의 문을 연 인물로 평가받고 있다. 기타노텐만구에는 매화가 많은데 미치자네가 매화를 사랑했기 때문이다.

스가와라노 미치자네는 헤이안이 수도가 된 지 100여 년이 지난 10세기 초에 죽었다. 8~9세기 동안 천황가와 후지와라씨는 때로 연대하고 때로 맞서며 권력의 줄다리기를 벌였지만, 10세기 초 승부는 후

기타노텐만구를 대표하는 석(石)도리 옆에 활짝 핀 매화
매년 2월 25일이 되면 이곳에서 매화 마츠리가 열린다.

기타노텐만구 연기
기타노텐만구의 연기는 기타노텐만구가 세워진 유래와 전설을 묘사한 그림이다. 그림의 왼쪽, 미치자네가 원령이 되어 궁전에 번개를 때리자 귀족공경들이 머리를 감싸 쥔 채 혼비백산하여 도망치고 있다. 원령은 이처럼 무소불위의 권력을 자랑하는 후지와라씨를 혼내줄 수 있는 상상의 존재로 민심을 사로잡았다.

지와라씨에게 기울고 있었다. 이때부터를 일명 후지와라 시대라고도 한다.

 천황은 점점 자신을 압도하는 후지와라씨의 권세를 견제하고자, 스가와라노 미치자네 같은 신진 인물을 발탁, 지지했다. 미치자네의 건의로 200년간 계속되던 견당사라는 풍습까지 폐지할 정도였으니, 그에게 쏟아진 천황의 총애와 신임을 추측할 수 있다. 그러나 후지와라씨는 총력을 기울여 이에 반격했고, 결국 미치자네에 대한 천황의 신뢰를 깨는 데 성공했다.

 미치자네는 당시로서는 정치적 사망 선고나 다름없는 지방관 발령을 받고 규슈로 갔다. 몇 년 뒤 그가 임지에게 쓸쓸히 숨을 거둔 후, 교토에서는 질병, 화재, 번개, 홍수 등 온갖 재앙이 끊이지 않았다. 930년 여름 천황과 귀족공경들은 가뭄이 계속되자, 대책을 의논하기 위해 세이료덴에 모였다. 그런데 갑자기 번개가 깜깜한 하늘을 찢으며 세이료덴을 때렸고 후지와라씨 가문의 두 중신이 그 자리에서 급사했다. 미치자네를 내쳤던 천황은 그 참상을 목도한 뒤 병에 걸렸고, 3개월 뒤 여덟 살짜리 아들에게 황위를 물려주었다.

원령 사상에 익숙했던 헤이안 시대 사람들은 거듭되는 재앙이 미치자네의 복수라고 수군거렸다. 그러던 어느 날 한 무녀가 "신탁을 받았다"고 주장했다. 기타노 지역에 미치자네를 위해 사당을 세운다면, 원령이 내리는 재앙이 그칠 거라는 것이다. 원령을 두려워한 후지와라씨가 앞장서서 신사를 짓고 공양하자, 모든 이변이 사라졌다고 한다. 현재 스가와라노 미치자네를 모신 신사는 기타노 지역 외에도 전국에 산재하고 있으며, 모두 '텐만구'라는 이름을 사용한다.

스가와라노 미치자네의 원령은 번개로 궁성을 치고 정적의 목숨을 빼앗을 수는 있었지만 후지와라씨의 권력만은 흔들 수 없었다. 10세기 중반부터 후지와라씨의 수장은 딸을 왕비로 들여보낸 뒤, 천황의 장인이자 섭정이 되어 실권을 장악했다. 이런 후지와라씨의 섭정 정치는 이후 약 200년간 지속되었다. 그래서 헤이안 시대 후반에 해당하는 이 시기를 일명 후지와라 시대라고 한다.

매화를 사랑한 한문학의 대가였고 중국 문화에 조예가 깊었던 미치자네가 견당사 폐지를 주장하고, 이후 그 영향으로 풍토색 강한 국풍의 시대가 열린 것은 역설적이다. 그러나 당시 중국에서는 당나라가 망한 뒤 5대 10국이 흥망성쇠를 거듭하고 있었고, 한반도도 나말여초의 혼란 속에서 호족 세력이 새로운 사회 질서를 만들고 있었다. 일본은 대륙의 혼란을 목도하면서 견당사를 중지하고 폐쇄적인 자기 안정을 꾀하기 시작했다.

대부분의 일본 학자들은 견당사 폐지 이후 찾아온 국풍의 시대를 일본이 자기 문화의 정체성을 확립하는 매우 중요하고 긍정적인 시기로 평가한다. 그러나 이노우에 기요시(井上淸) 같은 일본 사학자는 견당

기타노텐만구 본전
지붕 정면 중앙에 뒤집어진 윗입술처럼 반전되는 장식 부분이 보이는데 이를 하후(破風)라 한다. 대개는 지붕에 하후 하나만 붙이는데 여기 본전은 지붕 아래쪽에 둥근 가라하후(唐破風), 위쪽에 뾰족한 삼각형의 치도리하후(千鳥破風)를 함께 붙여 화려한 느낌을 강조했다. 이런 것이 이른바 모모야마 양식이다.

사 폐지는 당대의 일본 귀족 지배층이 점점 기득권에 집착하는 나약하고 무력한 집단으로 변하면서 외부와 적극적인 접촉을 기피한 결과라고 비판한다. 후지와라씨만큼이나 그 대항 세력인 스가와라노 미치자네 역시 시대적 한계를 뛰어넘지 못한 나약한 안목의 소유자라는 것이다.

　기타노텐만구에서 매화만큼이나 눈길을 끄는 것은 본전과 배전 건물의 화려함이다. 원래 신사의 본전은 신령이 깃드는 신체를 모신 곳이고, 배전은 신사에 참배하러 온 사람들이 절과 공양을 올리는 곳이다. 기타노텐만구의 본전과 배전 건물은 헤이안 시대 것이 아니라 15세기 후반 도요토미 히데요시(豊臣秀吉)가 세운 것이다.

우리가 조선 침략의 주인공으로 알고 있는 도요토미 히데요시는 사치스럽고 화려한 이벤트를 좋아했다. 명문가의 후손이 아닌 전국 시대에 새롭게 흥기한 무장 출신이라는 콤플렉스가 있었던 그는 자신의 문화적 위용을 과시할 기회가 있으면 천문학적 비용도 서슴지 않고 지불했다. 그는 이곳 기타노텐만구에서도 유례없이 거창한 다도회를 열어 권세를 뽐냈다. 본전과 배전은 그때 지어진 것이다. 히데요시의 시대에 세워진 건물들은 매우 화려한 장식을 특징으로 하며 이를 모모야마(桃山) 건축 양식이라 하는데, 기타노텐만구의 건물도 예외는 아니어서 장식성이 강한 편이다. 히데요시의 다도회는 지금도 계승되어 매년 11월 1일에 교토에서 가장 거창한 다도회인 '겐차사이(獻茶祭)'가 이곳에서 열린다. 인근 가미시치켄에서 게이샤들이 와서 다도 시범을 보인다고 한다.

교토 풍속 박물관

헤이안 시대의 국풍 문화는 풍토색이 강할 뿐 아니라 고도로 중앙집중적인 궁정 문화이기도 했다. 9세기 말 후지와라씨를 중심으로 소수의 권력 가문들이 중앙 관직을 독식하여 지방관들은 중앙으로 다시 들어오기가 힘들었다. 이때부터 수도와 궁정을 중심으로 한 폐쇄적인 소집단이 형성되면서 국풍은 그들의 일상 속에서 꽃을 피웠다. 당시의 귀족들이 향유했던 일상을 직접 눈으로 볼 수 있는 소중한 장소가 교토에 있는데 그곳이 바로 교토 풍속 박물관이다.

교토 풍속 박물관은 교토 역에서 도보로 5분 거리로 한 건물 5층

교토 풍속 박물관의 전시물 중 그림책을 읽는 무라사키
주인공 겐지의 어린 아내 무라사키가 두루마리 그림책(會圈)을 보고 있는 장면이다. 이 두루마리 그림책들은 그림에 히라가나로 설명을 붙인 형태로, 다양한 이야기를 전달하는 당대 최고의 인기 매체였다. 고대 소설 『겐지 이야기』 역시 이런 두루마리의 형태로 읽혔다. 헤이안 시대 귀족들의 중요한 소일거리였던 이 책들은 가나 문학의 발전에 핵심적인 역할을 담당했다.

교토 풍속 박물관 전시물 중 침전조 양식의 건물 내부
교토 풍속 박물관의 전시물은 건축적인 재현도 잘되어 있다. 헤이안 시대의 귀족들은 침전조 양식의 건물에서 살았다. 침전조 양식은 중국의 영향을 벗어나 일본에서 독자적으로 확립된 건축 양식으로 다다미 바닥이나 미닫이 문 같은 지금의 일본 건축 양식은 아직 나타나지 않았다. 대신 위의 사진에서 보는 것처럼 마룻바닥에서 생활했으며 내부를 벽으로 나누지 않고 휘장이나 그림으로 나누어 생활했다.

전체를 차지하고 있다. 내부에는 헤이안 시대의 각종 풍속이 담긴 장면들을 실물 크기 1/6의 미니어처로 재현해놓았다. 세계적인 여행 가이드북 『론리플래닛』은 이 박물관에 "꼭 봐야 할 정도는 아니고 비 오는 날 시간 때우기 정도(not must-be, but worth a peek on a rainy day)"라는 굴욕적인 멘트를 붙였다. 그러나 개인적으로 헤이안 시대 궁정의 의복, 주거, 음식, 그림, 연회 등을 아기자기하고 세세하게 재현한 전시물을 보는 것은 무척 즐거운 경험이었다.

사실 답사의 대부분이 그러하지만 교토 풍속 박물관도 진정한 매력을 보려면 눈으로만 볼 것이 아니라 읽어야 한다. 이곳을 좋아하는 이들은 많은 경우 헤이안 시대 고대 소설『겐지 이야기』를 읽은 사람이다. 교토 풍속 박물관의 미니어처들은 대부분『겐지 이야기』의 등장인물과 장면들을 나타낸 것이기 때문이다.『겐지 이야기』가 전제되지 않을 때 박물관의 전시는 옛날 옷 입은 인형들이 벌이는 초라한 소꿉장난처럼 보일 것이다.『론리플래닛』의 저자는『겐지 이야기』를 읽지 않았던 것이다.

『겐지 이야기』와 헤이안 시대의 연애

『겐지 이야기』는 헤이안 시대를 당대 귀족의 눈을 통해 재현한 작품으로 주인공 겐지와 그의 끝없는 애정 편력을 그리고 있다. 겐지는 천황과 낮은 신분의 부인 사이에서 태어났으며 모든 덕목을 갖춘 인물로 묘사된다. 이때 '모든 덕목'이란 오늘날의 덕목과 거리가 멀다. 그는 눈부시게 아름다운 남자이자 뛰어난 시인, 서예가, 음악가, 무용가였다. 미적 관념이 절대적 가치를 부여받던 사회에서는 나무랄 데 없는 사람이었다. 하지만 현대적 기준에서 볼 때 그는 2명의 정실부인과 수많은 애인에게 전혀 충실하지 못했고 계모, 형수, 양녀 등과 부적절한 관계에 빠졌으며 롤리타 콤플렉스와 오이디푸스 콤플렉스에 사로잡힌 패륜아다. 그러나 책 속에서는 끊임없이 겐지에 대한 칭송이 이어진다. '해처럼 아름다운' '다시없을 분' '흘긋만 보아도 그 눈부심에 마음을 빼앗기고 넋을 잃는' 등……. 이것이 헤이안 시대의 가치관이자 이상이다.

무엇보다『겐지 이야기』의 백미는 헤이안 시대의 연애 풍습에 대한 현미경 같은 묘사이다. 이 시대의 연애는 까다로운 심미안을 통과해야 했다. 아니, 어떤 의미에서 헤이안 귀족들의 연애는 당대 심미적 문화의 총체라고도 볼 수 있다. 남녀가 하룻밤을 보낸 뒤 남자는 여인을 위해 향기로운 편지지에 아름다운 필체로 와카를 쓴 다음 제철의 꽃으로 장식하여 보낸다.

> 매미가 허물만 남겨두고 떠난 나무 아래서
> 겉옷만 벗어두고 사라진 그대를 잊지 못하는 이 몸.
>
> ―『겐지 이야기』「우쓰세미 편」

『겐지 이야기』 5첩 겐지가 어린 미소녀를 담장 너머로 훔쳐보고 있는 장면 소녀에게 마음이 동한 겐지는 보호자가 없는 소녀를 자신의 집으로 데려와 교육시켜 아내로 삼는다. 17세기의 화가 도사 미쓰오키의 작품

여인의 답장도 수준에 맞으면 로맨스는 길어진다.

> 얇은 매미의 날개에 내린 이슬이 나뭇가지에 가려 보이지 않듯
> 나 또한 눈을 피하고 피하여 당신 향한 그리움에 홀로 눈물지으니.
>
> ─ 『겐지 이야기』「우쓰세미 편」

그러나 애인의 수준이 멋진 답가를 할 정도가 아니거나 취향이 촌스러울 경우 사랑은 순식간에 종말을 맞이한다. 아름다움에 대한 신의 외에는 어떤 신의도 지켜야 할 의무가 없었다. 요즘의 기준으로 보면 나쁜 남자들의 천국인 셈이다. 헤이안 시대는 결혼과 연애의 경계, 결혼과 이혼의 경계가 애매한 분위기였기에 이런 로맨스를 자연스럽게 받아들였다.

무라사키 시키부와 가나 문학의 발전

『겐지 이야기』의 작가는 11세기 초 궁정 시녀였던 무라사키 시키부(紫式部)이다. 시키부의 아버지는 히라가나로 쓰는 와카는 물론 한시문에도 능한 문장가로, 딸에게 재능을 고스란히 물려주었다. 시키부는 남편이 일찍 죽자, 당대의 최고 권력자였던 후지와라노 미치나가(藤原道長)에게 발탁되어 궁정 시녀가 되었다. 미치나가는 딸 쇼시(彰子)를 이치조 천황(一條天皇)과 결혼시켰는데 무라사키 시키부가 쇼시의 시녀로 들어간 것이다.

앞서 보았듯 당시의 연애 풍조는 심미적 취향이 뒷받침되어야 했다.

당시의 천황들은 후지와라씨에게 실권을 잃고 글 읽기 외에는 달리 할 일도 없던 터라, 대체로 문학적 소양이 높고 감식안도 탁월했다. 따라서 비빈들도 천황의 마음을 얻으려면 학식 있는 궁녀들의 도움이 필요했고, 후궁들 주위에는 자연히 문화 살롱 같은 것이 형성되었다. 실제로 쇼시의 최대 라이벌이던 데이시 황후(定皇后)는 세이 쇼나곤(清少納言)이라는 여류 문장가를 시녀로 거느리고 높은 수준의 문화 살롱을 만들어 천황의 총애를 받았다.

하지만 무라사키 시키부가 쇼시의 궁녀로 입궁하면서 궁정의 살롱 문화는 판도가 달라진다. 무라사키는 입궁하기 전부터 『겐지 이야기』를 쓰고 있던 터라, 천황은 그 유명한 이야기의 전개가 어떻게 될지 궁금해하며 쇼시의 방을 찾는 일이 잦았다. 결국 중궁(中宮) 쇼시는 이치조 천황의 후계자를 낳았고 후지와라노 미치나가는 시키부를 딸의 시녀로 들여보낸 목적을 이루었다. 세계 최초의 소설 『겐지 이야기』가 탄생한 배경에는 헤이안 시대의 섭정 정치라는 시대적 특수성이 있었던 셈이다.

그러나 무라사키 시키부가 『겐지 이야기』를 쓸 수 있었던 가장 큰 시대적 배경은 가나 문학의 발전이다. 헤이안 시대 이전부터 한자는 남자들이 학문을 하고 율령과 같은 국가의 공식 문서를 작성할 때 사용했지만, 자연스러운 감정을 표현하는 와카에는 적합하지 않다고 생각했다. 10세기에 일본어를 소리 나는 대로 기록하는 표음 문자 히라가나가 완성되면서, 와카가 가나로 기록되기 시작했다.

와카와 거의 같은 시기에 구전의 전설이나 창작한 이야기를 포괄하는 산문 장르인 '모노가타리(物語)'도 인기를 끌기 시작했다. 가나 문자의 보급은 한자를 배울 기회가 적었던 여성들에게 표현 수단을 제공

무라사키 시키부의 선면 초상화
궁전의 시녀로 근무한 바 있는 무라사키 시키부는 『겐지 이야기』를 저술했다. 『겐지 이야기』는 히라가나로 쓴 일본 고대 문학의 정수로 꼽힌다.

『마쿠라노소시(枕草子)』(일본 궁정 사회를 묘사한 수필로, 세이 쇼나곤의 작품이다), 『가게로 일기(蜻蛉日記)』(일본 최초의 여성 산문 문학 작품이다) 등 당대의 대표적인 문학 작품들이 대부분 여성들, 특히 무라사키 시키부처럼 궁정에서 일하던 여성들이 썼다는 것은 흥미로운 부분이다. 한자에 비해 사적인 감정이나 일상적인 생활의 표현이 더 자유로운 가나의 특성상 여성적인 섬세한 글을 표현하는 데 더 쉬웠을 것이다. 또한 지적인 배경을 가진 여성들이 후궁들을 위해 일하면서 자유롭게 문재를 펼칠 기회가 주어진 시대적 배경도 큰 힘이 되었다.

헤이안 시대 초기까지만 해도 일본인들의 생각과 느낌을 직접적으

헤이안 시대의 부채에 그려진 궁중 시녀들의 일상
책을 보거나 부채에 글을 쓰며 소일하는 모습이 보인다.

로 다룬 와카나 모노가타리 같은 가나 문학은 중국의 문장에 비해 가치가 없는 것으로 여겨졌다. 그러나 9세기 중엽에 편찬된 일본 최초의 불교 설화집인 『일본영이기(日本靈異記)』 서문을 보면 "다른 나라의 전설 기록은 경건하며, 우리나라의 것은 이상한 것으로 믿고 두려워할 것인가"라고 자국에 대한 분명한 자의식을 드러내고 있다. 이후 이런 자국 인식을 바탕으로 가나 문학은 '이 세상(일본 자국)의 실생활을 전하는' 글로서 진실하고 가치 있는 문학이라는 인식이 확산되었다.

이에 따라 10세기부터 일본 고유의 시가인 와카는 사적인 연애의 장에만 국한되지 않고 공적인 자리에까지 영역을 확장하여 널리 사랑받았고, 천황의 명으로 『고금 와카집』 같은 와카집이 편찬되었다. 궁정에서는 해마다 좌우로 편을 나누어 와카 대결을 벌이는 우타아와

세(歌合) 같은 놀이를 벌이기도 했다. 모노가타리 역시 구전의 전설을 기록하는 데서 계속 진화하여 다양한 창작이 이루어졌고 심지어 한문의 전유물이라고 생각되었던 역사를 기록한 『에이가 이야기(榮花物語)』 같은 작품도 등장했다. 이러한 가나 문학의 발전은 당풍(唐風)에서 국풍(國風)으로 일본 문화가 질적으로 변화하는 가장 결정적인 지점 중 하나였다.

땅 위의 정토, 뵤도인

우지는 교토에서 나라로 가는 길 위에 있는 작은 도시로 우지 강의 멋진 풍광과 편리한 교통 때문에 헤이안 시대부터 교토 귀족들의 별장지로 번성했다. 무라사키 시키부의 후견인이자 당대 최고의 권세가였던 후지와라노 미치나가도 우지에 자신의 여름 별장을 크게 세웠다. 그것이 뵤도인(平等院)이다.

뵤도인에 들어서면 입구에 커다란 등나무 넝쿨이 보인다. 등꽃은 후지와라씨 가문을 상징하는 꽃으로, 초여름 우지를 찾으면 곳곳에 운치 있게 늘어져 있는 아름다운 연보라꽃을 볼 수 있다. 그리고 등나무 넝쿨 너머로 헤이안 시대의 장대한 건축물과 그 그림자를 드리운 연못이 보인다. 바로 뵤도인의 중심 건물 봉황당(鳳凰堂)이다.

봉황당은 헤이안 시대 귀족들의 주거 형태인 침전조(寢殿造) 양식으로 만들어졌다. 침전조란 광대한 정원과 연못 위로 중앙의 건축물이 양 날개형 건축과 회랑으로 연결되어 있는 양식을 말한다. 주인의 처소는 중앙 건물에 있고 누각과 회랑은 실용성보다 장식성이 강하다.

봉황당
아미타불을 봉안한 건물이라 원래 이름은 '아미타당'이지만, 중앙 건물 좌우로 활짝 편 봉황의 날개처럼 날렵한 장식 건물이 붙어 있어서 봉황당이라는 이름이 붙었다 한다. 중앙 건물 지붕 끝을 장식한 봉황들은 날개 자락을 펼치고 곧 극락으로 날아갈 듯한 모습이다. 건물 앞에 있는 연못은 '아미타불'의 '아(阿)' 자 모양으로 만들어져 '아자지(阿字池)'라고 불린다.

귀족적 아취와 화려함이 실용성을 압도하는데, 이는 헤이안 시대의 전반적 특징이다. 공간 활용도가 높은 다다미나 미닫이문 같은 일본식 주거 양식은 훨씬 뒤 귀족 세력이 몰락하고 살림살이가 쪼들리기 시작한 중세에 등장한 것이다. 고대의 침전조 건물의 내부에는 바닥에 마루를 깔고 부분적으로만 다다미를 사용했고. 문도 미닫이문이 아니라 두꺼운 목재 여닫이문을 붙였다.

봉황당이 세워진 시대는 말세 신앙이 유행하던 시기였다. 불교에는 석가모니가 돌아가신 뒤 2,000년이 지나면 세상이 멸망한다는 믿음이 있는데, 당시 계산법에 따르면 미치나가가 건물을 만든 해가 말세 원년에 해당되는 때였다. '말세' 또는 '말법(末法)'이라는 용어는 9세기쯤부터 승려들 사이에서 회자되기 시작했고, 10세기 후반이 되면 승려뿐 아니라 귀족들도 저작물에 '말법'을 언급하며 두려움을 보였다.

이렇듯 말법사상이 속세인들에게까지 침투한 배경에는 헤이안 시대 후반 율령 체제의 해체에 따른 치안의 부재와 지방 무사 세력의 등장, 사찰 승병들의 폭거 등 사회 불안이 증대했기 때문이다. 특히 후지와라노 미치나가의 통치기에 지방은 심각한 분열을 겪어 지방의 많은 무사 가문이 중앙 정부의 지배권을 인정하지 않았다. 미치나가는

헤이안 시대의 「아미타내영도」
신심이 독실한 수행자에게는 임종 시 아미타불이 보살들과 함께 직접 극락으로 인도하러 온다는 경전의 내용을 묘사했다.

미나모토씨(源氏)와 다이라씨(平氏) 같은 무사들에게 급료를 주고 치안을 맡겨 한동안 안정시킬 수 있었으나, 이 조치는 이후 후지와라씨의 세력이 기울어가면서 무사들이 정부 권력을 찬탈하는 계기가 되었다. 후지와라노 시대를 끝장낼 종말의 싹이 트고 있었던 것이다.

말법사상이 퍼지면서 구원에 대한 관심도 커져 서방정토에 있는 아미타부처님께 극락왕생을 기원하는 정토 신앙이 인기를 끌었다. 정토 신앙에서 구원을 찾으려 했던 것은 당대 최고 권세가였던 후지와라노 미치나가도 예외는 아니었다. 그는 사찰 건립이 금지되어 있던 교토 시내에 홋쇼 사(法性寺)라는 거대한 사찰을 세우고 매일 아미타불상 앞에서 서방정토로 극락왕생하기를 빌었다. 4명의 천황에게 딸들을 시집보내고 온 궁궐 사람들 앞에서 의기양양하게 술잔을 기울이며 "달은 지더라도 나의 권세는 지지 않으리라"라고 노래하던 이 권세가도 종말은 두려웠던 것이다. 당대의 사서 『에이가 이야기』를 보면 미치나가는 홋쇼 사 금당의 바닥에 누워 아미타불상의 손가락에 매단 실을 붙잡고 염불하며 애절하게 아미타불의 왕림을 기다리다가 눈을 감았다고 한다.

후지와라노 미치나가가 죽고 그의 아들 후지와라노 요리미치(藤原賴通)가 아버지의 권력과 뵤도인을 이어받았다. 요리미치는 원래 일반 주택이었던 뵤도인을 사찰로 고쳐 아미타불에게 봉양하고 말세의 구원을 얻고자 했다.

연못을 아미타불의 '아' 자 모양으로 고쳐 파고, 중앙 건물에는 아미타불을 봉안했다. 건물로 들어가는 9개 문에는 극락으로 들어가는 9개의 왕생 방법을 묘사한 「구품왕생도」를 그렸다. 아미타불이 있는 불당에는 화려한 보상화문(寶相華紋, 상고 시대에 유행한 식물 모양의 장식 무늬

뵤도인 아미타불상
뵤도인의 아미타불은 당대 최고의 불사 조초가 만든 걸작이다. 내리감은 눈은 명상적인 분위기를 만들어내고, 허리를 곧게 세워 자세에 안정감이 있다. 의복의 주름이나 신체의 볼륨감이 자연스러운 곡선으로 이루어져 거슬리는 점이 없는 헤이안 시대 조각의 명품이다.

운중공양보살상 여러 장
운중공양보살상은 대개 40센티미터에서 90센티미터 사이의 소형 상들로, 극락에서 구름을 타고 날면서 부처의 공덕을 찬탄하는 모습으로 묘사되어 있다. 어떤 상은 북을 치고, 어떤 상은 노래를 하며 어떤 상은 연주에 맞춰 춤을 추면서 위대한 덕을 찬양한다. 운중공양보살상들은 우아하고 절제된 헤이안 양식의 전형을 따르면서도 동작 하나하나가 개성 있고 생동감 넘친다. 음악과 춤에 몰두하여 무아지경에 빠진 보살은 전시실의 관람객들에게는 들리지 않는 천상의 운율에 맞춰 움직이고 있다.

이다)을 새긴 광배를 세우고 네 벽을 빙 둘러 구름을 탄 보살상들이 부처를 찬미하는 운중공양보살상으로 장식했다. 금색의 아미타불 주위의 네 벽은 원래 화려한 단청으로 장식하고, 천장에는 나전과 거울을 새겨 넣었다. 당시 사람들의 눈에 봉황당은 극락정토의 찬란함, 그 자체였다. 12세기의 역사서 『부상략기(扶桑略記)』는 "극락을 알고 싶다면 뵤도인을 보라"는 말로 뵤도인을 칭송했다.

일본적 불상의 기준, 봉황당의 아미타불

봉황당의 아미타불은 11세기 최고의 불상 조각가였던 조초(定朝)가 만든 것이다. 조초는 기목조(寄木造)라는 불상 제작법을 완성하여 일본 조각사에 획기적인 전기를 만든 사람이다.

헤이안 시대부터 일본의 불상은 목조로 만드는 게 보편화되었다. 헤이안 시대 전기에는 목재 하나로 전신을 둥글게 묘사하는 일목조(一木造) 방법이 일반적이었는데 조초가 여러 개의 목재를 조합하여 불상을 만드는 기목조 기법을 완성한 것이다. 기목조는 목재를 조합하면서 내부를 비워놓아 그만큼 무게에 구애받지 않고 거대한 상을 만들 수 있고, 분업도 가능하여 제작 기간을 단축할 수 있었다. 새로운 기법은 헤이안 귀족들에게 환영받았다. 당시 귀족들은 많은 불상을 세울수록 많은 공덕을 쌓는다는 수량주의에 매몰되어 불상 제작 수요가 급증하고 있었기 때문이다.

또한 그는 독자적인 자기 공방을 세워 일본 안에 사공방(私工房)이 자리 잡는 데 큰 역할을 했다. 나라 시대에는 궁정 산하에 관영 공방들이 있어 도다이 사나 고후쿠 사 같은 큰 불사를 담당했다. 그러나 헤이안 시대에 들어서면서 율령 체제가 약화되자 관영 공방이 해체되고, 불상의 제작은 각 사찰의 승려나 장인들의 손에 맡겨져 제작 수준이 떨어지는 경우가 많아졌다. 그러다 조초 이후 일정한 종파나 사찰에 매이지 않고 장인들 스스로 독자적인 공방을 세워 주문 제작하면서, 사회적 신분과 전문성이 향상되었다.

조초가 만든 불상들은 이렇게 전문화된 작업 조건 속에서 완성되었다. 그의 불상 양식은 일명 야마토 양식(和樣式)이라고도 불리는데, 귀족의 취향을 반영하여 우아한 아름다움을 추구했다. 그의 유일한 진작(眞作)으로 공인된 뵤도인의 아미타불상을 보면, 보름달같이 원만한 얼굴에 눈썹은 길게 호(弧)를 그리고 높지 않은 코에 입술도 작다. 몸에는 양감을 줄이고 잔물결같이 평행한 옷 주름을 새겼으며, 양손과 무릎은 좌우로 널리 뻗어 안정된 모습이다. 이와 같은 조초의 작풍은 '부처의 모습을 제대로 나타낸 것'으로 여겨져 이후 100여 년간 일본 전역에서 그의 양식을 따른 불상이 만들어졌다.

봉상관(鳳翔館)은 뵤도인 경내에 있는 사찰 박물관으로 모던한 멋이 있는 건물이다. 내부에는 뵤도인의 원래 모습을 디지털로 복원한 영상 자료실을 비롯하여 다양한 전시실이 있다. 그중 가장 압권은 공양보살상만으로 꾸며진 전시실이다. 전시실의 공양보살상들은 원래 봉황당의 아미타불 주위 벽 상부에 붙어 있던 52구의 운중공양보살상(雲中供養菩薩像) 중 26구를 떼어 전시한 것이다. 전시실의 마주 보는 두 벽에는 보살상을 하나씩 나누어 전시하고, 가운데 벽에는 전면 가득 보살상들을 집중 배치하여 마치 합창 교향곡을 듣는 듯 장엄한 광경을 연출하고 있다.

헤이안 신궁(위)과 정원(아래)
태평각이라 불리는 이 다리는 헤이안 시대 궁전 건물을 그대로 옮겨와 세운 것이다.

헤이안 시대 후기 말세에 대한 두려움으로 시작된 정토 신앙은 백성들이 아닌 귀족들의 것이었다. 뵤도인의 봉황당 외에도 주손 사(中尊寺) 아미타당, 간조 사(願成寺) 아미타당과 같은 예들이 이렇게 만들어졌다. 그러나 황금과 최고급 목재로 만들어진 극락처럼 아름다운 풍경은 특권층을 위한 것이었고 공개되지 않았다. 살아서는 물론 죽은 뒤의 극락에도 백성의 몫은 없었다.

모든 문화가 이렇듯 귀족 중심적으로 흘러가던 헤이안 시대의 끄트머리에 가서야 변화의 조짐이 나타나기 시작했다. 교토의 저잣거리를 떠돌며 '아미타불'만 부르면 극락왕생한다고 가르쳤던 구야(空也) 같은 탁발승들을 통해 서민들에게도 정토 신앙이 알려지기 시작한 것이다. 이후 가마쿠라 시대에는 잇펜(一遍), 호넨(法然), 신란(親鸞) 등의 고승들이 본격적으로 정토 신앙을 민중들에게 전파했고, 이때부터 비로소 일본 불교는 국가 불교, 귀족 불교가 아니라 백성의 삶을 함께하는 진정한 종교로 자리 잡았다. 보석과 금으로 치장한 헤이안 귀족들의 원찰에서 시작된 정토 신앙은 서민들의 품속에서 숨기고 있던 폭발력을 발휘하게 된다.

헤이안 신궁에 핀 1894년의 벚꽃

국풍의 상징인 벚꽃으로 유명한 곳은 교토에서도 특히 동부 오카자키 지역에 있는 헤이안 신궁이다. 신궁이 속한 오카자키는 1894년 교토 정도 1,100년을 기념한 교토 박람회 준비를 위해 지역 전체가 새로 만들어졌다. 헤이안 신궁도 이때 창시되었는데, 교토를 수도로 세운 간무 천황을 기리기 위해 헤이안 시대 궁전의 실물 크기를 2/3로 축소하여 신궁 건물을 만들었다.

어떤 책에는 '19세기 후반에 만들어진 헤이안풍의 건물'이라고 적혀 있으나, 실제 헤이안 신궁의 모습은 자못 실망스럽다. 일단 입구에서부터 일본 최대라는 붉은 시멘트 도리들이 보는 이의 시선을 압도하면서 어딘지 부자연스럽고 불편하게 만든다. 그리고 안으로 들어서면 초등학교 운동장 같은 모래 마당에 주황색 페인트로 도색한 좌우 대칭의 신궁 건물이 버티고 서 있는데, 살풍경한 마당과 야하디야한 주황색 건물이 기묘한 조화를 이룬다. 익산에서 미륵사지의 복원된 동탑에서 볼 수 있는, 거대하나 거대한 만큼 조야한 모습이다.

그래도 볼만한 것은 신궁의 정원이다. 이 정원을 만든 오가와 지헤〔小川治兵衛〕는 20세기 초 최고의 정원 제작자였다. 그는 헤이안 시대에 유행했던 귀족들의 정원을 염두에 두고 헤이안 신궁의 정원을 만들었다. 벚꽃이 만개하는 봄의 정원도 유명하지만, 5월에는 두 종류의 철쭉이, 6월에서 긴 줄기의 아이리스가, 7월에는 노랑, 분홍, 하양의 귀여운 수련이 얼굴을 내민다. 중앙 정원에 있는 디딤돌들은 400년 전 도요토미 히데요시가 세운 고조〔伍條〕와 산조〔三條〕 거리에 있던 다리의 기둥으로 만들었다. 여기 쓰인 대부분의 돌은 도요토미가 무너진 후 시미 성에서 가져온 거라고 한다.

지헤는 걸어 다니면서 즐길 수 있는 헤이안 양식의 정원을 만들고자 했지만, 완성된 결과는 걸어 다니는 공간이면서 동시에 바라보는 감상의 공간이다. 특히 연못 너머로 보이는 지붕이 있는 다리가 매우 아름답다. 태평각〔泰平閣〕이라 불리는 이 다리는 원래 황궁에 세워진 것을 옮겨온 것이다.

헤이안 신궁의 벚꽃
헤이안 신궁에는 유난히 벚나무가 많다. 벚나무는 일본적 아름다움의 상징일 뿐만 아니라 군국주의 일본의 상징이기도 하다.

   그런데 헤이안 신궁을 보다 보면 의문이 드는 게 있다. 유독 벚나무가 많다. 벚꽃이 헤이안 시대에 최고의 꽃으로 올라선 것을 기념하려는 의미일까? 그리고 헤이안 신궁이 교토 박람회 준비의 일환으로 지어지기는 했지만, 왜 굳이 헤이안 신궁을 만들었을까? 1894년에 신궁을 세운 일본인들에게 헤이안 시대는 어떤 의미였을까?
   사실 신궁이 세워진 1894년은 청일 전쟁이 발발한 해로, 당시 일본에서는 천황을 앞세운 군국주의가 급속히 자리 잡고 있었다. 동아시아를 제패하려던 일본의 군부는 청일 전쟁 중에 민중을 충성스러운 국민으로 재탄생시킬 필요가 있었다. 이를 위해 천황을 국민의 어버이이면서 살아 있는 신으로 신격화하며 '어버이 천황을 받드는 국민 공동체'를 만들어갔다. 간무에서 메이지로 이어지는 천황가의 치적을 상징하는 헤이안 신궁을 세운 것도 이를 위해서였다. 헤이안 신궁은 헤이안 시대에 대한 단순한 역사적 오마주가 아니라 당대의 정치적 목적을 실현하는 장치였다.

이처럼 당대의 정치적 의미를 덧입고 있는 것은 헤이안 신궁에 심어진 벚꽃도 마찬가지였다. 전쟁이 계속되면서 많은 희생이 필요해지자, 군부는 '천황, 즉 국가를 위한 희생'을 모토로 하는 병사들을 양성해야 했다. 이 과정에서 벚꽃은 전사를 미화하는 상징적인 도구가 되었다. 1870년 군대 제복을 근대식으로 바꾸면서 군복 휘장에 벚꽃 문양을 사용했다. 천황의 문양이 국화와 오동나무라면 병사를 상징하는 꽃은 벚꽃이라는 등식이 만들어졌다.

일본 군부는 벚꽃을 병사와 동일시하는 한편, 지는 꽃을 은유적으로 사용하여 전사를 미화했다. 청일 전쟁과 러일 전쟁 중에는 병사의 죽음을 벚꽃이 지는 것에 비유한 노래가 유행했다. 또한 병사의 죽음을 벚꽃이 진다는 뜻의 '산화(散花)한다'라고 불렀다. 원래 '산화'란 불교 용어로 부처를 기리기 위해 꽃잎을 뿌리는 것을 말한다. 이것을 당시 군부가 의미를 바꿔 전사는 '꽃처럼 아름답게 지는' 것이라고 미화하는 데 이용했다.

헤이안 시대의 벚꽃은 일본적 아름다움의 상징이었지만 1894년 헤이안 신궁의 벚꽃은 전쟁에서 천황을 위해 목숨을 바치는 병사들을 상징했다. 가장 일본적인 꽃, 벚꽃이 가장 처절한 군국주의의 상징이 된 것이다. 국풍과 군국주의의 기묘한 동거는 벚꽃이라는 자연물을 보는 문화 속에 각인되어 오늘날 헤이안 신궁을 걷는 현대인들에게도 자연스럽게 내재화된다. 이렇듯 우리가 보는 역사적 장소가 고정불변

이 아니라 계속 그 의미를 새로 덧입으며 변화해가는 유기체적 존재라는 것을 확인할 때 답사는 정말 흥미로워진다. 그 현재성을 생각하면서 걸을 때 우리에게 헤이안 신궁의 벚꽃은 어떤 의미일까?

이세신궁 내궁 가는 길

5부

일본 문화를 찾아서

16

일본인의 삶과 정신, 신도에 깃들다

일본인의 일상과 신도

일본에서 낯설고 이색적인 풍경 중 하나는 동네마다 신사가 있는 것이다. 우리나라는 밤이면 동네마다 교회의 십자가 불빛으로 현란하지만, 일본의 신사는 차분하게 동네에 들어앉은 느낌이다. 밤에도 자신들을 드러내는 불빛이 없다. 단지 도리가 있어 신사라는 것을 알려 줄 뿐이다.

일본인들은 신사를 참배하는 것으로 일 년의 시작을 기념하는 관례가 있는데, 하츠모우데(初詣)라고 한다. 정월 초하루부터 일주일 동안 7,000~8,000만 명이 신사를 방문할 정도이다. 도쿄의 메이지 신궁에는 수백만 명의 인파가 몰려오는데, 동전을 던지는 곳에는 사람들이 밀려 넘어지지 않도록 하기 위해 경찰이 인의 장막을 치기도 한다.

또한 일본인들은 인생의 중요한 매듭마다 신사를 참배한다. 아기가 태어나서 일정 기간(남아는 32일, 여아는 33일)이 지난 다음 어머니와 할머니가 아기를 안고 신사를 참배하여 건강한 성장과 행복을 기원한다.

일본의 대표적 신사
일본의 신사는 'OO 신사'라는 명칭이 가장 일반적이다. 그 밖에 'OO 신궁'은 주로 황실과 관계가 깊은 특별한 신을 모신 신사를 말한다.

가미다나
신도에서는 사람이 죽으면 '신(神)'이 된다고 믿는다. 그래서 집안 조상들의 신을 가정 내 신단인 '가미다나〔神棚〕'란 곳에 모신다. 일종의 사당 역할을 하는 선반으로 개폐식 신단이다. 신은 가정 내에도 들어와 평범한 일본인의 일상과 함께하고 있다. 신단 위에는 조상의 신위나 각종 신상, 신사에서 발행하는 부적이 놓여 있다. 가족의 무사안일을 기원하며 입학, 진학, 졸업, 취직, 환갑 등의 중요한 날에는 신단 앞에서 가족들이 감사와 축하의 기원을 올린다.

아이가 3세, 5세, 7세가 되는 해의 11월 5일에도 신사를 찾아간다. 더군다나 성인이 된 후에도 남자는 25세와 42세 때, 여자는 19세와 33세 때를 액년이라 하여 신사에 가서 액땜을 하는 관습이 있기도 하다.

일본인들은 신사에서 판매하는 오후다〔御札, 일종의 부적〕와 오미쿠지〔御神籤, 복점뽑기〕를 좋아한다. 오후다에는 신사이름과 더불어 화재나 교통안전, 입학과 합격, 치병, 연애, 혹은 운수 및 복과 장수 등을 기원하는 글귀들이 적혀 있다. 자기에게 필요한 오후다를 사서 몸에 지니거나 집안의 신단에 안치하거나 문 입구나 기둥 같은 곳에 붙여 놓기를 즐긴다. 심지어 자동차나 선박 혹은 비행기 안에서도 오후다를 발견할 수 있다. 일본인들은 정초에 신사를 참배하여 오미쿠지로 자신의 길흉을 점치는 것도 즐겨한다. 대길(大吉)이라는 좋은 점괘가 나올 때까지 하는 사람들도 종종 있다고 한다.

일본들이 자주 찾는 신사 중 규슈에 다자이후덴만구〔太宰府天満宮〕가 있다. 이곳은 학문의 신으로 추앙받는 스와가라노 미치자네를 모시고 있다. 이런 연유로 이 신사는 전국에서 각종 시험 합격과 승진을 기원하는 사람들로 1년 365일 사람들로 들끓는다. 특히 입시철인 2월이 되면 200만 명이 넘는 수험생과 학부모들이 학문의 신에게 기도하며 합격 기원 부적을 사기 위해 구름처럼 몰려든다고 한다. 입시 열풍만큼은 일본도 우리처럼 유별난 것 같다.

또한 일본인들은 일생에서 중요한 의식의 하나인 결혼식을 신사에서 하기도 한다. 신도 결혼식에는 신랑, 신부, 중매인 부부, 가족, 친족만이 참석하며 엄숙한 분위기 속에서 이루어진다. 그런데 신사에서 결혼식을 하게 된 것은 그리 오래된 풍습이 아니다. 1900년 다이쇼 천황〔大正天皇〕이 황태자 시절에 궁중에서 신도식으로 결혼 의식을 거행

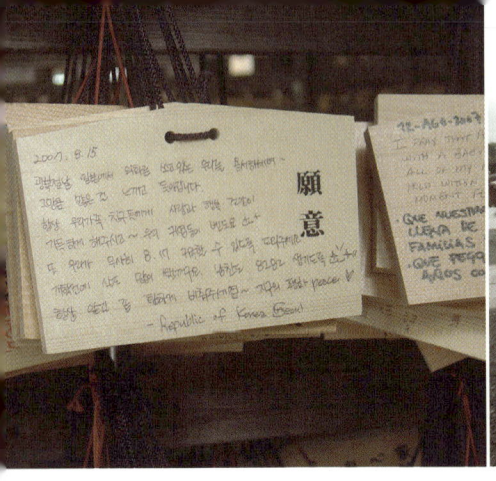 

메이지 신궁 에마(왼쪽)**와 다자이후텐만구의 오미쿠지**(오른쪽)
(왼쪽)메이지 신궁은 도쿄의 도심 시부야에 있으며 늘 관광객으로 넘쳐난다. '남자 친구랑 잘 되게 해달라, 좋은 남자랑 결혼할 수 있게 도와달라, 유명한 대학에 합격하게 해달라' 등 한국인들이 써놓은 글귀도 꽤 많다. 이곳은 조선을 침략한 메이지 천황이 신으로 모셔져 있는데, 이런 기원을 담은 글들을 보니 씁쓸한 마음이 들었다. 일본에 갈 때 신사에 대한 기본 정보는 가지고 가면 좋지 않을까?
(오른쪽)새해에는 신사에서 판매하는 오미쿠지가 일본인들에게 가장 인기 있다고 한다. 전체적인 운세로는 대길(大吉), 중길(中吉), 소길(小吉), 흉(凶) 등이 있고, 그 밖에 학문, 장사, 승부 등 여러 항목마다 운세가 적혀 있다. 자신의 운세를 알기 위해서 오미쿠지를 뽑는다기보다 재미 삼아 하는 경우가 많다. 읽은 오미쿠지 종이를 접어서 신사 게시판이나 나뭇가지 곳곳에 걸어 놓아 마치 흰 눈꽃이 핀 것처럼 보인다.

메이지 신궁의 결혼식
신부의 하얗고 뽀얀 화장과 빨간 립스틱이 인상적이다. 우리 결혼식장의 떠들썩하고 번잡한 분위기와 다르게 조용하고 엄숙한 분위기이다.

한 것이 처음이다. 다음 해 히비야 대신궁(日比谷大神宮)이 이를 기념하여 간소화한 의식을 적극적으로 보급하면서 일반인들도 신도 결혼식을 하게 되었다고 한다. 그러나 요즈음은 복잡한 의식과 까다로운 절차 때문에 젊은이들에게 외면 당하여 인기가 없어져 가고 있다.

신사의 기원

> 사람이 죽으면 그 사람만의 관을 준비한다. 흙을 쌓아 올려 봉분을 만든다. 상을 당하면 열흘 이상 곡을 한다. 이 기간 중에는 고기를 먹지 않는다. 상주들이 곡을 하며 애도하는 동안, 지인들은 노래하고 춤추고 술을 마신다. 장례식이 끝나면 가족들 모두 물가로 나가 목욕재계를 한다.
>
> ―『삼국지』「위지·왜인전」

3세기 초기 신도의 모습, 특히 장례 모습에 대한 중국 사서의 기록이다. 위와 같은 주술적 행위가 신도의 원시적 형태이다. 슬픔에 잠겨 열흘간 곡을 했다는 기록은 6세기경 일본에 불교가 전해지면서 사라졌다.

일본인은 땅바닥이 쩍쩍 갈라지고 시뻘건 용암이 흘러내리며 순식간에 모든 것을 태워버리는 자연재해를 수시로 겪으며 살아야 했다. 그 때문에 내면에 자연에 대한 두려움을 가지고 있어 안전을 기원하며 제사를 지냈다.

야요이 시대 이후에는 논농사가 발달하면서 벼농사의 풍작을 기원하는 농경의례가 중요해졌다. 농업은 기후와 기상 등 자연조건에 의존할 수밖에 없다. 그래서 주술의 필요성은 더욱 강화되었다. 일본인들의 신에 대한 애정과 의존은 험난한 자연 환경을 극복하고 농경 생활로 풍요로운 삶을 살고자 하는 소망 때문인 듯하다.

소도 신앙
소도는 삼한 시대 천신에게 제사를 지내는 신성 지역으로, 죄인이 이곳으로 달아나면 잡아갈 수 없었다. 이곳에 신단을 세우고 그 앞에 방울과 북을 단 큰 나무를 세워 제사를 올렸는데, 이것을 신도의 기원으로 보기도 한다.

그럼, 일본인들이 그토록 의지했던 신들은 어떤 모습이었을까? 신도의 신은 일본어로 '가미'라고 한다. 『고사기』에는 800만의 가미가 있다고 전한다. 가미는 씨족과 마을과 이웃의 수호신들이나 산, 강, 바위, 나무, 섬 등의 자연물이나 13세기에 바다를 통해 침입해온 몽골로부터 일본을 구해주었다고 전하는 가미카제〔神風〕와 같은 자연현상도 포함된다.

신도에서는 농경의례와 관련하여 봄의 기년제〔祈年祭, 가을의 수확을 미리 축하하는 의식〕와 가을의 신상제〔新嘗祭, 수확한 햇곡식을 신에게 바치는 의식〕 등 다양한 형태의 제사를 지내며 촌락 공동체의 결속을 다졌다. 신은 제사를 지내는 동안만 제사 지내는 장소에 강림하고 제사가 끝나면 본래의 거처로 돌아가는 것으로 간주했기 때문에 오랫동안 신을 위한 특정 건축물, 즉 신사를 세우지 않았다. 오늘날에도 바위 자체가

신사 성립 이전 원시 신도의 모습
과거에는 바위, 산 자체가 하나의 신사로 신성하게 여겨졌다. 오른쪽에 있는 산이 후지 산이다.

　신사이거나 산 자체가 신사인 곳도 있다.
　후지 산은 예로부터 성스러운 산으로 일본을 상징하는 대표적인 산이다. 전통적으로 후지 산 자체가 하나의 중요한 가미로 여겨져 지금도 매년 엄청난 수의 참배객이 찾는다고 한다.
　그러면 신사는 언제부터 만들어졌을까?
　외래 종교인 불교가 전래되면서 사찰이 포교의 중심이 되고 종교의 상징물이 되었다. 이에 영향을 받아 신도에서도 건물을 설립한 것이 신사라 할 수 있겠다. 최초의 신사에는 씨족의 조상신을 모셨는데 지금은 신사마다 각기 다른 다양한 신을 모시고 있다. 하지만 일본인들은 자신이 예배드리는 대상이 어떤 신인지 이름조차 모르는 경우가 태반이다. 신이 현실적으로 인간에게 어떤 복을 가져다주느냐가 중요할 뿐이고, 그 신의 이름이나 내용은 아무래도 상관없다고 여기기 때문이다.

복을 가져다주는 농경신, 이나리

　이나리 신사는 일본 전체 신사의 1/4을 차지할 정도로 곳곳에 퍼져 있고, 오늘날 일본인에게 가장 친숙한 신사이다. 그중 교토의 후시미 이나리 신사가 이나리 신사의 총본산이다. 붉은 도리와 여우가 상징으로, 비가 추적추적 내리는 날이면 붉은색 도리가 더욱 선명하게 사람들의 시선을 잡아끈다. 도리가 아예 터널을 이루어 정상까지 2.5킬로미터로 왕복 2시간 이상이 소요되는 상당히 긴 행렬이다. 도리의 개수가 무려 1만여 개라고 한다. 개인이나 회사, 단체 등이 소원을 빌기 위해 혹은 소원이 이루어진 것에 대한 답례로 바친 도리들일 것이다.

　도리에는 봉헌한 사람들의 이름과 소속 회사가 적혀 있고 세워진 연도도 표기되어 있다. 규모와 크기가 큰 것들은 앞쪽에 위치해 있고, 작은 것들은 뒤쪽에 배치되어 있다. 크기와 위치는 희사한 돈의 액수에 따라 달라지는 것 같다. 아파트 평수가 넓은 곳이 양지바른 좋은 위치를 차지하는 것과 같은 이치다. 더러 중간에 비어 있는 곳이 있는데, 그곳은 새로 분양할 자리이다. 또 어떤 것은 도리 관리비를 내지 않아서 뽑힐 위기에 처한 것도 있다. 현세 구복적이고 자본주의적인 발상의 극대화를 보여주는 신사의 전형적인 모습으로, 종교 시설이라기보다 상업성의 극치를 보여준다.

　후시미이나리 신사의 또 다른 상징은 여우상으로, 여우는 이나리 신의 사자이자 수호신이다. 여우와 관련한 재미난 전설이 있다.

　때는 지금으로부터 1,300여 년 전 헤이안 초기, 수도 헤이안쿄 북쪽 산에 백여우 부부가 살고 있었다. 여우 부부는 마음씨가 착해 항상 인간세계에 도움을 주고자 기원했다. 그러나 짐승의 몸이라 뜻을 이루기가 어려웠다. 그래서 자식 다섯을 데리고 이나리 신사에 참배하며 신사의 식구가 되기를 간절히 기도했다. 이나리 신이 감응하여 이들을 식구로 받아들였고, 이때부터 백여우 부부는 참배하는 인간들이 뜻을 이룰 수 있도록 힘을 쏟았다. 이런 연유로 이나리 신사에서는 다양한 모습의 여우상을 심심찮게 볼 수 있다.

후시미이나리 신사가 세워진 유래에는 두 가지 설화가 있다.

711년에 일본 전역이 가뭄으로 흉년이 들어 먹을 게 없자 조정에서는 점술가를 시켜 명산대천에 기도를 드리게 했다. 그러자 야마시로국(지금의 교토) 이나리 산에서 대신을 제사 지내면 풍년이 들 거라는 계시를 받았

후시미이나리 신사의 도리
도리는 신사로 들어가는 성스러운 문이다. '바라는 일이 모두 통한다'는 일본어 도루(通る)의 뜻에서 도리를 신사에 바치는 습관이 에도 시대부터 있었다. 터널을 이룬 붉은 도리들은 지금 후시미이나리 신사의 상징물로, 일본인들의 현세 구복에 대한 간절한 바람을 반영하고 있다. 도리는 크기에 따라 가격이 다르다. 도리의 비용은 높은 것은 80만 엔에서 120만 엔으로 한국 돈으로 1,000만 원에서 1,500만 원 정도다. 자본주의 사회의 신은 희사한 돈의 액수만큼 사람들에게 복을 되돌려주는 것 같아 씁쓸하다.

고, 이후 그 자리에 후시미이나리 신사를 세웠다고 한다.

—『야마시로국 풍토기〔山城國風土記〕』

후시미이나리 신사를 세운 한반도 출신 하타노 이로코〔秦伊呂巨, 하타씨의 조상〕가 어느 날 떡 반죽으로 화살 표적을 만들어 활 연습을 하러 나갔다. 그런데 화살을 쏘자 떡 반죽에서 하얀 새 한 마리가 푸드득거리며 날아갔다. 이상하게 여겨 쫓아가보니, 벼이삭이 자라고 있었다. 하타노 이로코는 신의 계시가 내린 장소로 여기고 그곳에 후시미이나리 신사를 세웠다고 한다.

—『야마시로국 풍토기〔山城國風土記〕』

후시미이나리 신사에 모시는 신은 식물 신으로, 특히 벼의 생산과 풍요를 수호하는 신이다. 기우제나 오곡 풍성, 국가 안정을 기원하는 농업 관계의 일을 주관하다가, 헤이안 시대 이후에는 좋은 인연이 맺어지기를 비는 게 추가되었다. 그 후 도요토미 히데요시가 건강이 악화된 어머니의 쾌유를 빌기도 했다. 시대가 흐르면서 이나리 신의 외연은 더욱 확장되어 위력이 더 대단해져 갔다.

아직도 4월, 6월, 10월에 모판 만들기, 모내기, 벼 수확 행사가 진행되고 있어 과거의 명맥을 유지하고 있다. 그리고 지금은 상업 번창, 사업 번성, 가내 안전, 교통안전, 예능 활동 등의 소원을 들어주는 신이 있다. 인생사의 모든 것을 기원하는 만능 신사로 변신하여 여전히 일본인의 마음을 사로잡으며 대단한 인기를 누리고 있다.

현재 일본의 유명한 기업들이 회사 빌딩 안에 이나리 신사를 많이 세워놓고 있다. 아사히방송국의 '텔레비전아사히이나리' 신사, 유명한

이나리 신사의 여우상(위)과 여우 에마(아래)
우리나라에서는 여우를 요염한 여성으로 이미지화하여 부정적인 느낌이 강하다. 주로 구미호와 악의 화신으로 발현한다. 그러나 일본에서는 긍정적인 모습으로 나타나기도 한다. 이나리 신사가 대표적이다. 사람들이 그려놓은 다양한 형상의 여우 얼굴이 인상적이다.

우지 교 위쪽에 걸려 있는 일장기

이세 신궁은 미에 현 이세 시에 있으며 10여만 개에 이르는 일본 전국 신사의 총본산이자 신사 신도의 메카이다. 메이지 유신과 더불어 민중적 이세 신앙의 틀에서 벗어나 천황가의 조상신인 아마테라스를 모시는 국가 신도의 지성소가 되었다. 이세 신궁으로 들어가는 우지 교 위 일장기는 이세 신궁이 국가 이데올로기의 상징이라는 것을 여실히 보여준다.

음료 회사 가고메의 '후시미이나리' 신사, 일본 최대의 화장품 회사 시세이도의 '세이코이나리' 신사, 미쓰비시 은행의 '미쓰비시이나리' 신사 등 헤아릴 수 없을 정도이다. 이런 신사들은 기업의 이윤 추구를 목적으로 만들어진 신사로 이나리 신사가 기복 신앙으로 매력적인 곳이라는 것을 잘 보여준다.

아마테라스, 이세 신궁에 모시다

일본의 천황가는 만세일계로, 진무 천황 이후 한 번도 계보가 끊어진 적이 없다고 주장한다. 그리고 그 만세일계의 출발점에 태양신 아마테라스가 있다. 천황가에서는 이세 신궁에 참배를 하는데, 그곳에 아마테라스가 모셔져 있기 때문이다. 이세 신궁은 1년에 600만 명 이상이 찾는 곳으로, 천황의 조상이 하늘에서 왔다는 신화를 현실로 끌어내려 천황가를 신성시하고 위엄 있게 만들어주고 있다.

이세 신궁의 내궁 앞에는 10년마다 공사를 하는 '우지 교'라는 다리가 있는데, 속세와 성세의 경계다. 다리 아래로 흐르는 이스즈 강에 손을 씻고 안으로 들어가면, 수령이 몇백 년은 된 참나무들이 늘어선 길이 나온다. 원래 내궁으로 들어가는 참나무 길은 에도 시대에만 해도 민가가 들어서 있었다. 그런데 1887년에 최종적으로 민가가 철거되었고, 이세 신궁의 성역화 작업이 본격적으로 진행되면서 지금과 같은 모습으로 바뀌었다.

참나무 길을 한참 걸어가면 계단이 나온다. 계단의 큰 나무들 사이로 들어오는 빛줄기는 성스러움을 더해주어 마치 아마테라스가 빛과 함께 나타날 듯한 분위기를 연출한다. 하지만 계단을 다 올라도 내궁의 정전은 겹겹이 가려져 있어서 볼 수가 없다. 게다가 정전을 지키는 사람들이 감시하는 듯한 시선으로 지켜보기 때문에 마음 한구석이 불편해진다. 한마디 말도 해서는 안 될 것 같은 경건한 분위기, 사진도 찍을 수 없는 엄숙한 기운만 주변을 감돈다.

『일본서기』에 따르면, 내궁은 스진(崇神) 천황 시대에 역병이 유행하고 농민 반란이 빈발하자 천황이 신의 뜻을 물었고, 그 신탁에 따라 궁중에 모셔왔던 아마테라스를 조정 밖 야마토에 모셨다. 후에 스이닌(垂仁) 26년에 오미, 미노를 거쳐 마침내 이세에 이르렀다고 한다. 그러자 아마테라스가 황녀인 야마토히메에게 다음과 같이 말했다고 한다.

"신성한 바람(가미카제)이 부는 이세 지방은 영원한 세계로부터 끊임

없는 물결이 밀려오는 곳으로, 야마토 곁에 있는 한적하고 아름다운 땅이다. 나는 이곳에 거하고 싶다"

이 같은 아마테라스의 뜻에 따라 야마토히메는 이세 지방에 여신을 위한 신사를 세웠다. 이것이 이세 신궁 내궁의 기원이다. 하지만 『일본서기』의 기록을 그대로 믿어 역사적 사실이라고 단정 짓기는 어렵다. 아마 이세 신궁은 원래 이세 지역의 토착신을 모시던 신사였을 것이다. 그 토착신은 나중에 외궁의 제신이 된 농업 신이었을 것으로 추측된다. 5세기 무렵 왜가 이세 지역으로 진출하면서 본래 있던 외궁에 내궁을 만들어 이세 양궁이 성립된 것으로 보인다.

이세 지역은 야마토의 동쪽 해안으로 해상 교통의 요지이며, 도고쿠(東國)로도 뻗어가기 좋은 곳이다. 그리하여 야마토 정권은 내궁에는 천황가의 조상신 아마테라스를 모셨으며, 외궁에는 아마테라스의 제사 음식을 관장하는 신 도요우케(豊受)를 모시게 되었다. 특히 오아마 황자가 '임신의 난(645년)'을 일으킨 후 이세 신궁에 절을 하고 승리를 기원하였는데, 그 영험으로 중앙 정부군을 무찌르고 승리하여 덴무 천황이 되었다고 여겼다. 그 후 천황가에서는 이세 신궁을 더욱 중요시하게 되었다.

이세 신궁은 8세기 초에는 고대 천황제 국가의 확립과 더불어 전국 신사 가운데 최고의 지위를 부여받고 국가적인 성격을 지니게 되었다. 야마토 정권이 전국 통일을 한 후 왕실의 조상신이었던 아마테라스를 일본 최고신으로 승격시키는 과정이기도 하였다. 그 후 중세에는 이세 신앙의 민중화가 크게 진전되었다. 에도시대 중엽부터는 이세 신앙이 전국적으로 확산되어 백성들의 집단적 참배가 주기적으로 유행할 정도였다. 그러다가 1869년 3월, 메이지 천황이 도쿄로 천도하기에 앞서

이스즈 강(왼쪽)과 조약돌이 깔린 참나무 숲길(오른쪽)
이스즈 강은 정전에 참배하기 전 손을 깨끗이 씻고 마음을 정갈히 하는 곳이다. 이스즈 강을 지나 안으로 들어가면 참나무 숲길이 나온다. 바닥의 조약돌과 수령이 몇백 년 된 나무들로 뒤덮인 숲길은 이세 신궁의 성스러움을 증폭시킨다.

이세 신궁 정전으로 오르는 길과 정전(본전)
도리 뒤쪽에 보이는 지붕이 이세 내궁의 정전이다. 신사에서 가장 중요한 건물인 정전에는 신사의 제신과 신체가 모셔져 있다. 힘들게 올라갔지만 일반 참배자는 출입 금지라 정전으로 들어갈 수가 없다. 아마테라스에게 아무나 접근해서는 안 된다는 가르침 같았다. 실체를 볼 수도 없는 이곳에서 일본인들은 무엇을 느끼고 돌아갈까? 볼 수 없고 상상으로만 다가갈 수 있어 더 성스러운 것일까? 보이지 않는 실체이기 때문에 지성으로 기원만 해야 하는 것일까? 일본인들의 천황가에 대한 관념이 궁금할 뿐이다.

이세 신궁의 정전(위)과 식년천궁(아래)
(위) 천황이 매년 연례 의식을 행하는 정전인데 오직 황족과 신도의 사제들만이 들어 갈 수 있다.
(아래) 식년 천궁을 끝낸 내궁의 정전이다. 두개의 정전이 보이는데, 아래쪽의 정전이 새로 이사한 곳이다. 위쪽의 정전은 얼마전까지 아마테라스의 신체인 거울이 보관되어 있던 옛날 정전으로 이사가 끝났으므로 곧 힐리게 될 것이다. 다음 번 식년천궁 때는 그 자리에 다시 새 정전을 짓고 이사를 한다. 이세 신궁의 62번째 식년 천궁은 2013년에 행해질 예정이다.

이세 신궁에 참배하면서 다시 국가 신도화가 추진 되었다. 국가 이데올로기로서 신도는 근대 일본 천황세 국가와 함께 다시 부활한 것이다.

20년 식년천궁 60여 회의 역사

이세 신궁에는 독특한 풍습이 있는데 20년을 주기로 이루어지는 신들의 이사이다. 이 이사를 식년천궁이라 한다. 식년천궁의 과정은 좋은 재목을 얻기 위한 제사의례에서 시작되어 아마테라스의 신체인 거울을 새로 지은 내궁 정전에 옮기는 의식으로 마무리 된다. 이 과정들은 최소한 8년 이상이 걸리며 막대한 비용과 엄청난 노동력과 수많은 정교한 의식까지 요구된다. 무엇이든 속전속결로 해치우는 우리나라의 정서로 들여다보면 번거롭기 짝이 없다. 그런데도 이 복잡하고도 힘겨운, 신들의 정기적인 이사는 왜 고집되는 것일까? 목조 건축이라 일정한 기간이 지나면 내구력이 상실되므로 개축, 보수가 필요한 것일까? 혹은 건축 양식을 계승하고 전통을 중시하는 관념 때문일까?

가장 중요한 것은 반복적인 재건축을 통한 재생과 정화일 것이다. 일본인들은 식년천궁으로 아마테라스와 도요우케가 새로운 활력을 갖게 된다고 믿는다. 그리고 이런 의례가 왕실의 지속적인 생명력과 벼농사의 풍요로운 수확을 가능하게 하여 국가를 지속시켜 준다고 믿고 있다. 그 의례에 참여하는 자들에게 식년천궁의 의미는 신대(神代)의 시간으로 돌아가게 해 생명을 재생시키는 데에 있다고 한다. 일본적인 것, 천황적인 것, 황국적인 것을 지금, 이곳에 재생하고자 하는 것이다.

말도 많고 탈도 많은 야스쿠니 신사

야스쿠니 신사(靖國神社)는 국가 이데올로기화하여 정치적 수단으로 이용되는 곳으로, 우리에게는 불쾌한 곳이다. 하지만 현재 일본의 모습을 제대로 파악하려면 한 번은 봐야 한다는 묘한 의무감도 생기는 곳이기도 하다.

야스쿠니 신사를 가기 위해서는 도쿄 구단시타 역에 내려야 한다. 널따랗게 뻗은 길을 걸어올라 신사의 첫 번째 도리를 지나면 커다란 동상을 만나게 된다. 메이지 시대에 육해군 창설의 최대 공훈자인 오무라 마스지로(大村益次郎)를 기념하는 동상이다. 높이뿐만 아니라 크기 또한 대단하다. 다시 작은 도리를 지나면 배전 앞이다. 일본 총리가 야스쿠니 신사를 참배할 때 우리나라 언론과 방송에 자주 등장하는 곳이라 낯설다는 느낌은 없다. 오른쪽 옆에는 다른 신사에는 없는 특이한 시설이 있는데, 군사·전쟁기념관인 류슈칸이다. 일본 가미카제 특공기, 로켓기, 전차 등이 전시되어 있어, 마치 군국주의가 살아 숨쉬고 있는 듯하다.

> 일본의 여야 국회의원 50여명이 2차 세계대전 종전 기념일을 맞아 야스쿠니(靖國)신사를 참배했다. 15일 교토통신과 요미우리신문 등에 따르면 일본의 초당파 의원 모임인 '다함께 야스쿠니신사를 참배하는 국회의원 모임' 소속 중의원, 참의원 의원 등 52명은 이날 오전 일본이 패한 2차 세계대전 종전 66주년을 맞아 A급 전범이 합사된 야스쿠니신사를 참배했다. 이날 야스쿠니신사 참배에는 자민당의 다니가키 사다카즈(谷垣禎一) 총재, 아베 신조(安倍晋二) 전 총리가 참여했다. (중략) 하지만 간

야스쿠니의 오무라 마스지로 동상
야스쿠니는 일본 도쿄 치요다 구에 있는
신사로 구단시타 역에서 내려야 한다.
한여름에 언덕배기를 올라 나무 그늘 하나
없는 길을 헉헉거리며 힘들게 걸어가서
만난 동상이다. 전쟁을 충동질하기 위해
세운 기념 동상이다.

야스쿠니 신사 배전
일본 황실의 문장이자 권위의
상징인 국화 문양과 신사에
참배하는 일본인들의 모습이
보인다.

류슈칸
전차, 포, 어뢰 등 전쟁을 부추기는 전시물로
가득하여 섬뜩한 기분이 느껴지지만,
한국에도 용산에 전쟁 기념관이 있어
일본만을 욕할 일은 아니다. 한국의 전쟁
기념관은 가족의 나들이 장소로 그곳에서
아이들이 전쟁놀이를 하는 것을 볼 수 있다.

5부 | 일본 문화를 찾아서

나오토(菅直人) 총리를 비롯한 내각의 각료들은 모두 작년에 이어 올해도 야스쿠니신사를 찾지 않았다. 간 총리는 야스쿠니신사를 찾는 대신 도쿄 시내의 지도리가후치 전몰자 묘지에 헌화했다.

— 연합뉴스 2011.08.15

일본 각료 전원이 종전 기념일에 야스쿠니 신사에 참배하지 않은 것은 1980년대 이후 처음 있는 일이다. 1985년 나카소네 야스히로(中曽根康弘) 총리가 처음 공식 참배한 이후로 총리들의 야스쿠니 신사 참배는 지속적으로 이루어져 왔다.

특히나 8월 15일, 일본의 공직자들이 야스쿠니 신사에 참배하는 행

야스쿠니의 신들
류슈칸에 전시된 3,000여 명의 전몰자 사진이다. 도조 히데키 같은 A급 전범자뿐 아니라 지배층이나 장군, 사병, 군속 등 다양한 계층이 망라되어 있다. 모든 일본인이 일치단결하여 자발적으로 싸웠다고 적혀 있다. 여기에는 전쟁에 강제로 동원된 희생자도 있을거라는 생각에 마음이 아프다.

위가 왜 이토록 언론에게는 관심의 대상이고 우리나라 사람들에게는 민감한 문제일까? 8월 15일은 우리에게는 일본의 식민지 지배로부터 해방된 날이고, 일본에게는 항복 선언으로 2차 세계 대전에 종지부를 찍은 날이다. 그런데 하필 이 날, 야스쿠니 신사를 참배한다는 것은 일본이 전쟁 발발에 반성하지 않을 뿐만 아니라, 제국주의 침략 야욕을 아직도 버리지 않았음을 보여주는 행동으로 보이기 때문이다.

야스쿠니 신사 참배가 특히 문제가 되는 것은 야스쿠니가 단순한 종교 시설이 아니라, 국민의 이데올로기 통제를 위한 국가 신도의 핵심 시설이며 동시에 일본 군국주의의 마음의 고향으로 육군성과 해군성이 관할하고 주로 육군 대신이 사제장을 겸한 군사 시설이기 때문이다.

이 말썽 많은 신사는 도대체 언제 만들어졌을까? 1868년 천황을 업은 사쓰마, 조슈 등의 지방 세력이 도쿠가와 막부와의 벌인 권력 투쟁에서 승리하면서 메이지 정부를 수립했다. 이듬해 메이지 정부는 천황을 위해 죽은 자를 기리는 '도쿄쇼콘샤(東京招魂社)'를 건립했고 1879년에 '야스쿠니 신사'로 이름을 바꾸었다. 야스쿠니는 평화로운 나라를 의미한다.

야스쿠니는 죽음을 추도하는 방식뿐 아니라 추앙된 대상도 다른 전몰장병 묘지들과 다르다. 야스쿠니에 봉안된 것은 전몰자들의 유골이 아니라 사망자들의 이름을 적어놓은 '영새부(靈璽簿)'라는 명부다. 천황을 위해 목숨을 바쳐 야스쿠니에 봉안되면 전사자가 아니라 신으로 추앙된다. 이곳에는 메이지 유신, 청일 전쟁, 러일 전쟁, 만주 사변, 중일 전쟁, 태평양 전쟁 등의 전사자 246만 6,427위가 봉안되어 이들 모두가 신으로 대접받는다. 그중 압도적인 다수가 '태평양 전쟁'에서 희생된 사람들이다.

바야흐로 일본이 아시아·태평양으로까지 전쟁을 확대해 나가던 시기, 1942년 2월 야스쿠니 신사는 국민총궐기대회를 개최하는 등 전쟁 동원을 부추기기 위한 상징적인 장소로 활용되기 시작했다.

> 네 녀석과 나는 벚꽃 동기생
> 같은 항공대 정원에서 피어났다.
> 그대와 나, 벚꽃 동기생들아,
> 이별을 겹쳐가며 사라질지라도
> 꽃의 서울, 야스쿠니 신사여,
> 봄이 오면 거기서 꽃피어 만나리.
>
> ―「벚꽃 동기생」

위 노래처럼 야스쿠니 신사는 전쟁터로 나가는 젊은이들이 출정식을 하면서 국가를 위해 영광스럽게 죽어서 '야스쿠니에서 만나자'라고 각오를 다지는 곳이었다. 하지만 꽃다운 나이의 젊은이들은 아마도 전장에서 살아 돌아와 가족의 품으로 가고 싶었을 것이다.

제사 지내는 신을 추가하는 것을 합사(合祀)라고 하는데, 야스쿠니에는 합사의 문제 또한 심각하다. 신사 측은 전쟁에서 죽은 자 중에서 적으로 죽은 자는 배제하고, 자국의 전사자 중에서도 일반 민간인 전사자는 배제한 후 일본 군인·군속(및 일본군에 협력한 사람)만을 합사 대상자로 선정하고 있다. 그 중에는 강제 징병으로 전쟁터에 끌려가서 죽은 사람들도 합사되어 있다. 이들은 전쟁 피해자이자 희생자인데, 천황을 위해 죽은 전쟁 영웅으로 추도되고 있다.

그런데 야스쿠니 신사가 논란의 중심이 되는 것은 아시아·태평양 전쟁을 일으킨 도조 히데키 등 A급 전쟁 범죄자 14명을 추앙하고 있기 때문이다. 게다가 B급, C급 전범으로 사형당한 조선인 23명, 대만인 26명도 포함되어 있다. 강제징집 대상자들과 전범자들을 함께 합사하여 야스쿠니는 침략 전쟁을 미화하고 정당화하고 있는 것이다.

더욱이 문제가 되는 것은 야스쿠니 신사 측이 유족들의 동의 절차도 없이 합사했다는 것이다. 전쟁에서 죽은 자들은 그 영령조차 가족의 품으로 돌아가지 못한 것이다. 때로는 버젓이 살아 있는 생존자가 합사되기도 했다. 2007년 일본인 전몰자 유족 9명과 영령으로 모셔진 한국인 생존자가 야스쿠니 신사와 일본정부를 상대로 합사 취소를 요구하는 소송을 제기한 적이 있었다. 그러나 2011년 7월 21일 도쿄지방법원은 생존자에게는 "신사측이 생존 사실을 확인한 뒤 재빨리 사과했고, 합사 사실을 제3자에게 공개하지 않은 점 등을 고려할 때 참을 수 있는 한도를 넘어 인격권을 침해했다고 볼 수 없다"며 청구를 기각했다. 다른 합사자의 유족이 낸 청구에 대해서도 야스쿠니 신사 측의 종교의 자유가 침해되는 것이라며 원고 패소 판결을 내렸다. 전쟁에 강제 동원하여 죽였을 뿐 아니라 죽은 후에도 당사자와 그 가족을 욕되게 하는 이중의 가해라고 하겠다.

일본이 세계 대전에 총력을 기울이던 때, 합사제에 참가한 한 부모의 경험담을 들어보자.

> 우리 같은 천한 산골 출신 사람들은 설령 칠팔십까지 살다가 병으로 죽어도 산속의 너구리도 울어주지 않는데 나라를 위해 죽었다고 황송하게도 천황 폐하께서 친히 참배해주시는 것을 보고 감전된 것처럼 기쁨과 고마움을 느꼈다. 그 후로는 괴로운 마음은 완전히 사라지고 자식들은

영원히 살아 있다는 생각이 들어 기분이 밝아졌다.

—『주부의 벗』(1944)

자식을 잃은 슬픔이 천황과 야스쿠니 신사를 매개로 기쁨으로 바뀌었다는 것을 그대로 받아들이기 어렵다. 그러나 천황이 참배하는 야스쿠니 신사에 합사되는 것이 최고의 명예라는 이념을 만들어내어, 국민을 전쟁에 동원하더라도 유족이 불만을 표출하지 못하도록 한 것만은 분명하다.

지금 현재에도 야스쿠니 신사는 일본의 우경화와 더불어 천황제 군국주의를 부활시키기 위한 기억장치로 작동하고 있으며 침략 전쟁을 정당화하고 국민을 새로운 전쟁에 동원하려는 역할을 충실히 이행하고 있다.

일본 사회와 신도

신도는 일본의 민족 종교다. 민족 종교는 특정 민족 문화의 역사적 전개 속에서 자연발생적으로 생겨난 종교로 특정한 창시자와 명확한 교의가 없다. 또한 신도는 민속 신앙과도 관계가 깊다. 종교 조직이 직접 관장하지 않고 민중들 사이에 퍼져 있는 신앙 체계를 총칭한다. 구체적으로 보면, 산이나 나무 등에 대한 자연 숭배, 원령 등과 같은 영적 존재에 대한 신앙 등을 말한다.

일본인들은 신도를 믿느냐고 물어보면 대체로 난감한 표정을 짓는다. 종교를 가지고 있지 않다고 생각하기 때문이다. 일본인들에게 신도는 종교라기보다 일본의 전통 문화나 생활 습속으로, 기복을 비는 현세 중심적 성격이 짙다.

  2차 세계 대전의 패배 후 천황이 살아 있는 신이라는 주장은 공식적으로는 삭제되었고 정치와 종교가 분리되었다. 하지만 국가 신도로 이데올로기화하여 존속하기도 하는데 앞서 보았던 이세 신궁이 그러하다. 더 나아가 야스쿠니 신사는 국가 신도에다 전쟁을 부추기고 군국주의의 이상을 부활하고자하는 정치적 목적까지 보태었다. 일부 위정자들이 제국주의 부활을 꿈꾸며 신도를 이용하고 있는 것이다.

  일본의 신도는 민족 종교, 생활 습속, 현실 중심의 개인 구복, 정치적 이데올로기화, 군국주의를 부활하려는 모습 등이 혼재되어 다양한 층위로 존재한다. 신도의 다채로운 빛깔들을 볼 수 있는 통찰력 있는 안목이 있어야 일본의 신도를 제대로 이해하고 그 사회의 내면도 온전히 파악할 수 있을 것이다.

17

고대인의 노래, 와카가 담긴 『만엽집』

『만엽집』, 일본인의 마음의 고향

여행의 계절, 5월의 아스카 들판은 지도를 들고 유적지를 찾는 일본인들로 가득 찬다. 혼자서 지도를 들고 뚜벅뚜벅 걸어 다니는 중장년의 아저씨, 자전거 하이킹을 즐기는 젊은 연인들, 어린아이를 데리고 나온 부부, 관광버스에서 내린 여행단, 소풍을 나온 듯한 청각 장애인 단체까지……. 나라의 도다이 사 앞의 번잡함에 비길 수는 없지만 계절 좋을 때 아스카에 가면, 일본인들에게 아스카가 '마음의 고향'이라는 말을 실감할 수 있다.

일본 고대사의 무대인 아스카를 누비다 보면 곳곳에서 만엽시비를 만나게 된다. 아스카 촌에서 후지와라쿄까지 22개 만엽시비가 있다. 현재 아스카, 나라, 일본 전역에 세워진 만엽시비는 130여 개나 된다. 시비에는 아스카의 산과 들, 구름과 꽃, 옛 도시, 그 속에서 살았던 사람들에 대한 와카가 새겨져 있다.

만엽시비
시비 주변에는 아스카 평원에 있는 22개 시비 위치가 그려진 지도와 스탬프 찍을 여백이 있는 팸플릿, 스탬프가 있다. 자전거를 타고 가다 만나는 시비에서 스탬프도 찍고 와카도 읽어보며 땀을 식히는 것도 나름 즐거웠다.

　일본인들은 고대인을 만엽인이라고 부르며 고대를 만엽 시대라고 한다. 『만엽집』은 우리나라 향가를 수집해 만들었다는 『삼대목(三代目)』처럼 고대 일본의 와카를 모아놓은 노래책이다. 일본인들은 『만엽집』을 세계에 유례없는 '일본 문화의 위대한 유산'이라며 자랑스러워한다. 우리의 『삼대목』은 없어져 전하지 않고 신라 시대 향가는 기껏 25수만 전하고 있으나, 4천여 수의 와카가 담긴 『만엽집』은 현대까지 전해졌다. 『고사기』와 『일본서기』에도 고대 와카가 남아 있으니 일본은 우리보다 고대로부터 넘겨받은 문화유산이 많은 셈이다.
　『만엽집』이라는 이름이 뜻하는 바에 대해서는 아직도 정해진 설이 없다. '엽'을 '단어, 언어'라는 뜻으로 보면, '수많은 언어'라는 뜻으로 다수의 와카를 수록한 노래책으로 해석할 수 있다. 만약 '엽'을 '대(代)'로 해석하면 만엽이란 만대(萬代)의 의미이고 만대까지 이어지라는 축복의 의미를 담은 노래책이다. 둘의 뜻을 함께 살리면 『만엽집』은 '당시의 수많은 와카가 자손 대대로 전해지기를 축원'하는 노래책이라는 뜻이 된다.

『만엽집』에 담긴 와카의 종류는 남녀 간에 주고받는 사랑의 노래, 장례식장에서 부르는 노래, 왕의 공식 행사나 국토를 찬양하는 노래 등 다양하다. 현대 일본인 중 『만엽집』의 와카를 모르는 이가 없을 정도로 『만엽집』은 일본인들에게 사랑받는 시가집이다.

현대에까지 이어진 아스카를 그리워하는 마음

> 채녀의 소매를 날리던 아스카의 바람이여
> 도읍은 멀어지고 바람도 헛되이 불고 있구나.
>
> —『만엽집』(권 1) 51편

이누카이 만엽 기념관의 정면 벽에 걸린 커다란 액자에는 아스카에 대한 그리움을 담은 와카가 적혀 있다. 이 와카는 아스카키요미하라 궁에서 후지와라쿄로 천도한 후 덴무 천황의 아들인 시키(志貴) 황자가 옛 도읍인 아스카를 그리워하며 지었다고 한다. 이처럼 고대인들은 아스카를 마음의 고향으로 여기며 애틋한 그리움을 가지고 있었다.

고대인의 이런 마음을 현대에 되살려내어 다른 사람들도 느낄 수

만엽 노래를 따라 야마토 길을 걷는 모임과 이누카이
이누카이는 『만엽집』의 와카를 노래로 부르며 와카를 현대 일본인들에게 되돌려주었다. 이누카이 만엽기념관은 이시부타이에서 아스카 사로 가는 길목에 있다.

있게 한 사람이 이누카이 다카시(犬養孝)이다. 이누카이 만엽 기념관에서는 평생 『만엽집』 연구에 몰두한 이누카이의 삶을 엿볼 수 있는 전시물로 가득 차 있다. 이누카이는 1907년 도쿄에서 태어나 일본제국대학에서 문학을 전공한 교사이자 '만엽 풍토학'을 제창한 학자였다. 풍토란 일본인의 심성과 문화, 예술의 이해에 있어서 풍토적 심성을 중요하게 여기는 것이다. 이누카이는 『만엽집』에 나오는 아름다운 풍경과 변화하는 자연과 더불어 만엽 와카를 부르던 당시의 풍토를 제대로 이해해야 와카를 제대로 이해할 수 있다고 생각했다.

이누카이는 5년간 『만엽집』에 나타나 있는 지명을 찾아 일본 전국을 답사하고 『만엽의 여행』이라는 책을 펴냈다. 일본을 답사하다 보면, 만엽 시대의 식물을 전시해놓은 곳을 소개하는 장소가 꽤 있다. 나라 현립 만엽 문화관의 만엽 정원뿐 아니라 나라의 가스가 신사에서도 『만엽집』에 나오는 꽃과 나무를 볼 수 있다.

이누카이는 사람들에게 『만엽집』의 와카와 일본인 심성의 근원을 알리고자 '만엽의 야마토 길을 걷는 모임'을 만들었다. 일반인과 함께 와카에 묘사된 꽃이 피거나 나무가 깊어지는 계절에 아스카와 나라 일대를 답사하고, 시를 읽고 와카를 부르면서 고대인의 마음을 느끼는 프로그램이다. 이누카이가 죽은 지금도 '만엽의 야마토 길을 걷는 모임'은 그가 만든 코스대로 걸으면서 시를 읊고 고대 와카를 감상하고 있다. 모임은 대개 한 달에 한 번씩 하는데, 한 번 모임 때마다 참가 인원이 38명에서 160명이니 적은 숫자는 아니다. 일본인들의 『만엽집』에 대한 마음을 읽을 수 있다.

만엽인을 만나는 공간, 나라 현립 만엽 문화관

아스카 사 맞은편에는 나라 현립 만엽 문화관이 있다. 2008년 8월부터 나라 현에서 관리하고 있으며 여권만 보여주면 무료로 들어갈 수 있다. 그리고 들어가는 입구에 있는 레스토랑에서 히미코가 재배했다는 고대의 쌀로 만든 카레 덮밥도 먹을 수 있다.

만엽 문화관은 노래를 통해 고대인의 삶을 만날 수 있게 꾸며놓은 곳이다. 1층은 일본화 전시실로 만엽의 와카를 주제로 그린 현대 일본화를 전시하고 있고, 지하 일반 전시실에는 만엽의 세계를 동적으로 느낄 수 있도록 와카의 광장, 만엽 극장, 만엽 즐거운 체험 공간이 있다. 그리고 옆 특별 전시실에는 아스카이케(飛鳥池) 유적에서 나온 유물들을 전시하고 있는데, 일본 최초의 화폐라고 알려진 '후혼센(富本

錢〕' 등을 전시하고 있다.

일본인들은 『만엽집』의 와카는 소박하고 상냥하며 깨끗한 고대인의 심성이 반영된 노래라고 생각한다. 지하의 일반 전시실에 가면 현대 일본인들이 상상하는 고대 일본인들을 만나볼 수 있다. 전시실에는 '노래란 무엇일까'라는 제목 아래, 벽면 여기저기에 설치된 모니터 속에서 아이들이 노는 모습이 보인다. 그런데 스피커에서 흘러나오는 노래는 일본어를 모르는 한국인이라도 아는 가락이다. 한국어로 하면 "우리 집에 왜 왔니 왜 왔니 왜 왔니 / 꽃을 따러 왔단다 왔단다 왔단다 / 가위바위보" 하는 노래로, 노래가 집단 놀이에서 시작되었다는 것을 보여준다. 그 외에도 신을 부르는 노래와 풍습을 보여주는 영상도 있다.

애니메이션으로 만든 고대 일본의 풍습인 우타가키〔歌垣〕도 흥미롭다. 『히타치국 풍토기〔常陸國風土記〕』에는 쓰쿠바 산에서 이루어진 우타가키에 대한 기록이 있다. 일 년에 두 번, 봄에 꽃이 필 때와 가을에 단풍잎이 아름다울 때 쓰쿠바 산 주변의 사람들이 한곳에 모여 마시고 노래를 부르는 축제를 열었다. 축제의 밤이 깊어가면 남녀가 번갈아가며 노래를 부르다가 마음이 맞으면, 남녀는 숲에서 하룻밤을 보내는 의식을 행했다. 그야말로 야〔野〕하다! 일부 학자들은 우타가키에서 부른 노래를 와카의 기원으로 생각하고 있는데, 그날 남녀는 어떤 노래들을 불렀을까?

> 쓰쿠바 산 산마루에 함께 자기 위해 작은 집을 지어 기다리고 있는데
> 님도 없이 혼자서 자는 밤은 빨리 새어버렸으면 좋겠네.
>
> ─『히타치국 풍토기』

우타가키가 이루어진 쓰쿠바 산(이바라기현)
일본인들은 후지산을 '바라보는 산', 쓰쿠바 산을 '올라가서 즐기는 산'이라고 한다. 쓰쿠바 산은 예부터 남녀가 모여 '묻지마 식' 성교를 하는 전통의식이 행해졌던 곳으로 알려져 있다. 물론 이 의식은 다음해의 풍년을 기원하기 위한 것이다.

> 쓰쿠바 산의 우타가키 날에 함께 자자고 약속한 그 처녀는
> 누구의 노래를 듣고서 날 만나주지도 않는 걸까?
>
> ―『히타치국 풍토기』

첫 번째 와카는 홀로 외로운 밤을 보내며 이성을 그리워하고 있다. 이성이 그리워 잠도 오지 않아 괴로우니 빨리 날이 밝았으면 하는 노래이다. 두 번째 와카는 우타가키에서 만나 함께 밤을 보내기로 약속한 그녀가 배신을 하고 다른 남자와 가버린 것에 대한 원망의 노래다. 요새에도 젊은 남녀가 만나면 서로 선택받고 싶어 하는 건 당연한데, 고대인도 별반 다르지 않았나 보다.

자신이 원하는 이성과 짝을 이룬 이들은 얼마나 행복했을까? 동침의 기쁨을 적나라하게 읊은 노래도 있다.

> 고려 고운 천으로 된 옷자락을 풀어서 함께 누우니 왜 이렇게 그녀가 귀여운지 몰라.
>
> —『만엽집』(권 14) 3465편

기쁨의 감정을 가리거나 꾸미지 않은 와카다. 일본인들은 이런 것을 소박하다고 표현하나 보다.

『만엽집』에는 우타가키에서 선택받지 못한 사람들의 노래도 실려 있다. 현대에는 미팅 장소에서 제외하고 싶은 사람을 '폭탄'이라고 한다. 그러나 그도 사랑받고 싶어 미팅에 나왔을 텐데 선택받지 못하면 억울할 것이다. 그의 마음속에선 '왜 내가 폭탄이야? 나보다 훨씬 못난 저놈도 짝이 있는데 왜 나만!'이라는 생각이 들 것이다. 고대의 '폭탄' 만엽인은 이렇게 노래했다.

> 경작된 논에도 뽑히지 않고 남은 피(稗)는 많다고 하는데!
> 하필이면 피와 같이 뽑힌 나는 밤에 혼자서 자야 할 처지.
>
> —『만엽집』(권 11) 2476편

만엽 시대에는 폭탄이라는 말 대신 논의 잡초인 피라고 표현했다. 폭탄이나 피나 둘 다 솎아내야 하는 존재라는 점은 같으니까.

이런 우타가키를 고대 일본인의 남녀상열지사나 성의 해방이 아니라, 축제에서 행해진 성적 행위이므로 제사 공동체의 집단 행위로 파악해야 한다는 의견도 있다. 그러나 남녀 간 사랑의 마음을 나타낸 와카로 보아도 현대인들이 공감할 수 있는 부분이 많은 것 같다.

사랑의 노래, 천년을 잇다

임이 그리워 나 동침하러 가네.
가마쿠라의 미나 샛강은 물밀지 않을까?

—『만엽집』(권 14) 3366편

아즈마우타(東歌)라고 하는 동부 지방 사투리가 섞인 와카로, 사랑하는 아내가 그리워 동침하러 가는데 남의 눈에 띄는 것보다 강물이 불어 건너지 못할까 고민하는 모습이다. 그런데 이 와카에는 고대 일본의 관습 중 하나인 방처혼(訪妻婚)의 모습이 보인다. 방처혼은 남녀가 결혼 후에도 각자 자신의 어머니 집에 살면서, 해가 지면 남자가 여자 집으로 찾아가 밤을 함께 보내고 다음 날 해가 뜨기 전에 되돌아오는 결혼 풍습이다. 이에 대해서는 여성이 친정에서 생활하는 만큼 시집살이보다 여성의 지위가 높았을 거라는 견해와 언제 헤어질지 모르는 관계이니 여성들은 애간장이 탔을 것이라는 두 가지 견해가 있다.

산에 밭을 만들어, 산이 높아서 땅속에 홈통을 놓아,
그처럼 남몰래 찾아오는 내 마누라를,
남몰래 우는 내 마누라를,
오늘 밤이사 마음껏 살을 맞대었도다.

조릿대 잎에 싸락눈 소리를 내네.
그처럼 꽉 껴안고 함께 잘 수 있다면.
비록 그대가 헤어져 갈지라도.

―『고사기』(하)

훌륭한 나무 위에 쌓여 있는 눈과 같이 더욱더 사모하는 마음도 더해갑니다.
오늘 밤 집에 행차 주십시오. 나의 사·랑·하·는·이·여!

―『만엽집』(권 8) 1659편

첫 번째 와카는 같은 어머니에게서 난 여동생을 사랑하게 된 가루 황자의 시로, 『고사기』에 실려 있다. 남들에게 인정받을 수 없는 아내와 가끔 만나서 뜨겁게 사랑하고, 아침이면 헤어져야 하는 마음을 직접적으로 표현했다. 두 번째 와카는 고묘 황후가 사랑하는 이에게 눈이 쌓이는 만큼 그리움이 깊어가며, 이런 분위기 있는 날에는 함께 있고 싶다는 마음을 표현한 것이다. 방처혼이라는 풍습 때문에 자주 보지 못하기에 더 애틋한지도 모른다.

앞의 와카와 달리 언제 오실지 모를 임을 기다리는 마음을 표현한 와카도 있다.

당신을 만난 것이 며칠 지나지 않는데도 당신이 보고 싶어 미칠 정도입니다.

―『만엽집』(권 4) 751편

눈썹을 긁고! 재채기를 하고! 끈도 풀면서! 기다리고 있는 것일까?
빨리 만나고 싶다고 생각하고 있는 나를.

―『만엽집』(권 11) 2408편

　당신과 헤어진 지 얼마 안 되었는데 당신이 보고 싶어 미치겠다는 간곡하고 직설적인 여인의 노래도 흥미롭지만, 두 번째 와카에 나오는 일본의 미신은 아주 재미있다. 고대에는 연인이 오기 전에는 조짐이 있다고 생각했다. 눈썹이 가렵거나 재채기가 나오고 끈이 풀리거나 거미가 집을 지으면 연인이 온다고 생각했다. 위의 와카를 지은 사람은 연인이 보고 싶은 마음에 가렵지도 않은 눈썹을 긁고 스스로 끈을 풀면서 사랑하는 이가 오기를 조바심 내며 기다리고 있다.
　질투를 담은 와카도 있다. 나를 찾던 그가 이제는 오지 않는다. 아마 딴 여자에게 갔거니 하며 그가 누구와 있는지를 구체적으로 아는 듯한 여인의 와카 두 수를 보자.

　　모조리 불태우고 싶다. 보잘것없고 낡아빠진 작은 집을 버리고 떠나고 싶다. 찢어진 거적을 깔고 꺾어주고 싶다. 그 여자의 불결하고 추잡한 손과, 손과 손을 마주 잡고 같이 잠을 자고 있겠지. 당신을 그리워하기에 온종일, 밤새도록, 이 침상이 삐걱삐걱 소리 날 때까지 나는 괴로워하리라! 한탄한다.

―『만엽집』(권 13) 3270편

　내 마음, 모조리 태워버리는 것도 내 마음이기에. 아, 어찌할 도리가 없이 추하고 못마땅한 저런 남자를 그리워하는 것도 마찬가지로 내 마음이기에.

— 『만엽집』(권 13) 3271편

　와카를 지은 이는 딴 여자의 손을 마주 잡고 잠들어 있을 임을 생각하면서 잠들지 못한다. 얼마나 뒤척였는지 나무로 만든 침대가 삐걱거릴 정도다. 그 남자를 미워하기 시작한다. 추하고 못마땅하다고 욕한다. 하지만 도리가 없는 것은 그를 잊지 못하는 내 마음이라고 노래하고 있다. 이별할 때의 연인들이 거치는 마음은 예나 지금이나, 일본이나 한국이나 다 같은가 보다.

　이렇게 『만엽집』은 고대 천황에서부터 평민에 이르기까지 다양한 계층의 노래가 수록된 '국민 가집'이다. 『만엽집』은 귀족들이 지은 와카가 많이 수록되어 있지만, 이것이 편찬된 시대가 『일본서기』와 『고사기』가 만들어진 시대인 만큼 천황에 대한 찬가가 가득하다.

천황들의 와카

　『만엽집』의 첫 번째 와카를 지은 사람은 유랴쿠 천황이다.

　　바구니, 바구니 들고 호미 들고 호미 들고서 이 언덕에서 나물 뜯는 아
　　가씨 집을 고하라. 이름을 고하라, 성스러운 야마토. 이 나라는 모든 것
　　을 다 내가 다스리로다. 모든 것을 내가 다스리로다.
　　내가 먼저 고할까 집과 이름을.

— 『만엽집』(권 1) 1편

나물 뜯는 아가씨에게 반한 유랴쿠 천황이 그녀의 이름을 물어보며 자신을 성스러운 야마토를 다스리는 사람이라고 소개하는 장면이다. 유랴쿠 천황은 고대 일본의 기틀을 다졌다고 하는 전설 속의 인물이다. 전설상의 인물을 『만엽집』의 작가로 등장시키면서 유랴쿠 천황은 고대 국가의 강력한 천황으로서 역사 속 인물이 되었다.

『만엽집』의 두 번째 와카는 조메이 천황이 불렀다. 하늘의 신들이 내려오는 곳이라고 생각하던 가구 산에 올라 야마토를 내려다보며 지은 와카이다. 어딘지 신라 헌강왕이 저녁 무렵 경주 남산에 올라 피어오르는 숯불 연기를 보며 자신의 태평성대를 노래한 장면이 떠오른다. 고대 지배자들의 자화자찬은 한국이나 일본이나 비슷한 것 같다.

> 야마토에는 산도 많고 많지만 그중에 하늘의 가구 산 위에 올라 온 나라 내려 보니
> 지평 위에는 연기 피어오르고 수평 위에는 갈매기 넘나들고
> 아! 좋은 나라, 풍요의 나라로다. 야마토 이 나라는.
>
> ―『만엽집』(권 1) 2편

『만엽집』의 마지막 와카는 『만엽집』을 편집한 오토모노 야카모치(大伴家持)가 부른 와카이다. 당시에는 와카를 대작하는 경우가 많았는데, 이 와카도 야카모치가 왕을 대신하여 신년 연회의 심정을 노래한 것이다.

> 새로운 해가 처음 시작되는 날 초춘인 오늘 내리는 이 눈처럼 좋은 일 쌓이거라.
>
> ―『만엽집』(권 20) 4516편

야카모치는 탐스럽게 내린 눈에 빗대어 한 해의 풍요와 안녕, 국토의 번영을 기원했다.

『만엽집』은 천황 권력이 확립되던 시기에 각지의 와카를 창작, 수집, 정리한 것이다. 이 시기는 『일본서기』, 『고사기』를 통해 천황가가 아마테라스의 후손인 덴무 천황에게서 이어져 내려온다는 것을 강조하던 때였다. 그래서 궁중 가인의 가장 중요한 일은 천황을 위한 찬가를 만드는 것이었다.

천황에 대한 충성심을 노래한 사람으로 유명한 이는 가키노모토노 히토마로였다. 그는 천황은 '신과 같으며' 아스카는 '덴무 천황 때부터 통치하던 신의 땅, 야마토'라고 용비어천가를 불렀다. 그의 와카 곳곳에서 천황을 신으로 묘사한 글귀를 볼 수 있다. 아마 천황을 살아 있는 신으로 묘사한 그의 와카를 궁중 행사 때마다 읊었을 것이다. 이는 덴무 천황 때의 상징 조작이었고 천황가는 이를 통해 고대 왕권을 강화했다.

만엽의 히로인, 누카다노 오키미

『만엽집』의 여자 싱어송라이터는 단연 누카다노 오키미(額田王)이다. 누카다노는 후에 덴무 천황이 되는 오아마 황자와 결혼했다가 딸을 낳고, 나중에 그 형님인 덴지 천황의 아내가 된 인물이다. 이름에 '왕'이 붙고 아버지 가가미노 오키미(鏡王)의 이름과 관련하여 볼 때 백제계 도래인으로 추정된다.

누카타노 오키미 (야스다 유키히고 그림, 1964)
아름다운 와카 작가이자 천황을 대신하여
와카를 짓는데 능숙했던 누카타노 오키미.
그녀의 사랑을 차지하려 했던 덴지와 덴무
두 형제 이야기는 시대를 초월해서 사람들의
입에 오르내린다.

니기타에서 배를 띄우고자 하여 달 기
다리니 물때가 되었구나. 이제 배 저어
가자.

—『만엽집』(권 1) 8편

누카다노가 조메이 천황을 대신 해서 지은 이 와카는 일본군이 백제를 돕기 위해 니기타 나루〔熟田津〕에서 배를 띄우며 부른 것으로 유명하다. 이후 백제와 일본 연합군은 나당 연합군에게 대패하고, 덴지 천황은 수도를 아스카에서 오미로 옮기게 된다. 오미 궁에서 누카다노는 덴지의 부인이 되어 있었다. 668년 덴지 천황은 신하들을 이끌고 가마후 들녘으로 구스리가리〔藥狩〕를 하러 갔다. 구스리가리는 천황이 주도하여 남자들은 사슴을 잡아 녹용을 얻고 여자들은 약초를 캐는 행사였다. 행사가 이루어지던 들에서 누카다노와 이제 시동생이 된 전남편 오아마 황자는 애틋한 마음을 주고받는다.

꼭두서니빛 지치꽃 핀 들녘의 금원에 서서 들 지키는 이 보는데 당신 소매 흔드네.

—『만엽집』(권 1) 20편

> 지치꽃처럼 아름다운 그대가 싫지 않기에 남의 아내임에도 내 마음 이 끌리나.
>
> ―『만엽집』(권 1) 21편

누카다노는 들 지키는 이가 지켜보는데 어쩌려고 손을 흔드느냐 했지만 오아마 황자의 마음이 싫지 않은 듯하다. 오아마 황자의 와카에는 여전히 누카다노에 대한 애틋한 마음이 녹아 있다. 3년 뒤 덴지 천황은 죽고, 오아마 황자가 임신의 난을 일으켜 덴무 천황이 되었다. 하지만 누카다노는 천황이 된 덴무의 곁으로 뻔뻔하게 돌아갈 수 없었다. 그래서 이제는 죽어서 곁에 없는 덴지 천황을 그리는 노래를 불렀다.

> 당신이 오시길 그리며 기다릴 제 집에 걸어논 수렴을 흔들면서 가을바람이 분다.
>
> ―『만엽집』(권 4) 488편

나라 현립 만엽 문화관 지하에 있는 만엽 극장에서는 '만엽의 히로인, 누카다노 오키미'라는 제목으로 약 14분 정도의 노래극을 상연한다. 노래극은 격동의 시대에 기구한 운명에 놓인 누카다노의 일생을 『만엽집』의 와카로 꾸민 것이다. 을사의 변으로 권력을 잡은 덴지, 임신의 난으로 천황이 된 덴무, 두 형제의 마음을 사로잡은 누카다노. 그녀가 진정 사랑한 사람은 누구였을까?

고대의 디아스포라, 야마노우에노 오쿠라

　가키노모토노 히토마로, 야마베노 아카히토(山部赤人)와 함께 『만엽집』의 3대 작가로 불리는 오쿠라는 백제 출신으로 추정된다. 663년 금강 유역 백강 전투에서 백제와 일본 연합군이 패하고 백제가 망했을 때, 배를 타고 망명한 자의 후손으로 일본에 도착했을 때 그는 불과 세 살이었다. 망한 나라의 후손이었기 때문에 학문적 재능이 뛰어나도 대학이나 국학에서 공부할 수 없었다. 그래서 나이 마흔두 살이 되어서야 관직에 나갔다. 중년의 나이였지만 견당사의 서기로 중국을 다녀왔고, 721년에는 당시 동궁이던 쇼무 천황의 가정교사가 되었다. 동궁의 가정교사였지만 신분이 귀하지 않아 비정규직으로 일했다고 한다. 그러다 726년경에 지금의 규슈인 지쿠젠의 수령으로 발령이 났다. 나라 잃은 유민의 입장에서는 높은 관직이었다.

　한편 오쿠라보다 다섯 살 아래인 오토모노 다비토(大伴旅人)는 전통적 군인 씨족의 후손으로 출세 가도를 달렸다. 그러다 쇼무 천황 즉위 이후 후지와라씨와 대립하던 나가야 왕의 편에 서서 권력 다툼에 끼어들었다. 하지만 나가야 왕이 죽고 나자 오토모는 찬밥 신세가 되었다. 730년 오토모는 좌천되어 다자이후의 총사령관으로 쓰쿠시에 부임하여 오쿠라를 만나게 되었다.

　새로운 나라에 정착하는 데 성공한 오쿠라와 중앙 정계에서 밀려난 오토모가 서로의 마음을 위로해준 시가 『만엽집』에 실려 있다. 권력의 정점과 바닥을 경험한 오토모가 인생무상, 권력무상을 노래했다면, 망한 나라의 후손으로 오로지 가족만 남은 오쿠라는 부귀영화보다는 가족끼리 오순도순 살고 싶다는 와카를 지었다. 아래의 두 노래

오쿠라의 만엽시비
출세보다 개인의 안빈낙도를 지향할 수밖에 없었던 오쿠라. 그의 시에는 가족끼리 오순도순 사는 것이 제일이라는 디아스포라 심정이 담겨 있다.

오쿠라가 그려진 열차
만엽집의 유명한 가객들을 그려진 열차가 달린다. 열차에 그려진 오쿠라는 검소한 모습이다.

는 오쿠라가 바라는 삶이 담겨 있다.

> 참외 먹으면 아이들 생각이 나네.
> 밤을 먹자면 더욱더 그립구나.
> 대체 어떤 인연으로 왔기에
> 눈 밭치에서 밟히며 어른거려 편안히 잠 못 이루나.
> ─『만엽집』(권 5) 802편

> 금은과 같은 구슬 같은 보화도 소용 있으리.
> 보물이 좋다 해서 아이들만 할까나.
> ─『만엽집』(권 5) 803편

　망명자로 출세의 길도 막히고 돌아갈 나라도 없는 오쿠라에게는 가족이 전부였다. 그의 삶과 시는 고대의 디아스포라들이 어떻게 살았고 어떤 마음으로 체념해갔는지를 보여준다.
　『만엽집』에 실린 시가 4,000여 수가 넘는 만큼 여기서 다 소개하는 것은 불가능하다. 만엽 문화관은 천황, 황녀, 궁중 가인, 평민에 이르기까지 만엽 시대의 모든 사람이 와카로 자신들의 희로애락과 삶, 야마토의 산과 자연에 대해 노래했다는 것을 보여준다.

사람들을 전쟁으로 내몬 거짓 나팔 소리, 『만엽집』

　나라 현립 만엽 문화관에는 전시되어 있지 않지만 『만엽집』에는 또 다른 면이 있다. 『만엽집』에 대한 일본인들의 사랑은 아직도 깊고, 『만엽집』의 와카 몇 수는 암송할 수 있는 사람이 적지 않다. 여행 중에 만난 일본인들도 천황에 대해서는 관심을 보이지 않아도 『만엽집』이라고 하면 표정이 부드러워지면서 학교에서 배웠다는 말을 했으니까.

일본의 고등학교 국어 수업 시간에는 정선된 와카와 함께 다음과 같은 내용을 가르치고 있다.

> 『만엽집』은 일본에서 현존하는 가장 오래된 시가집으로, 총 20권에 작품 수는 약 4,500수이다. 편자 및 성립 연대에 대해서는 여러 가지 설이 있으나 나라 시대 후기에 오토모노 야카모치가 현재와 같은 형태로 편찬했다고 보는 설이 유력하다. 형식은 단가(短歌), 장가(長歌), 시두가(施頭歌), 불족석가체(佛足石歌體) 등이 있고, 내용에 따라 잡가(雜歌), 상문가(相聞歌), 만가(挽歌) 등으로 분류한다. 작자는 천황에서부터 서민에 이르는 다양한 계층으로 이루어져 있으며, 전권에 걸쳐 소박한 감동이 힘찬 격조(格調)로 표현되고 있다. 작품은 일반적으로 성립 시기에 따라 제1기는 임신의 난(672) 무렵까지, 제2기는 나라 천도(710)까지, 제3기는 덴표(729~749) 초기까지, 제4기는 덴표 호지 3년(759) 무렵까지 대개 4기로 나누어 생각한다.
>
> — 20여 종의 교과서 중 가장 높은 시장 점유율을 자랑하는
> 고등학교 1학년용 국어 교과서(1998)

'천황에서부터 서민까지' 각 계층의 시가를 모았다거나, '소박'한 감동이 '힘찬 격조'로 진솔하게 묘사되었다는 말은 『만엽집』 해설문에 나오는 상투적 표현이다. 이 표현은 메이지 후반기에 문학사에 정착된

이래, 100여 년에 걸쳐 국어 교과서, 문학사 부교재, 학습 참고서, 문학 사전 등에 늘 인용되어왔다.

하지만 국민 가집이라는 『만엽집』의 전통은 만들어진 것이라는 비판도 있다. 『만엽집』이 국민 가집으로 승격된 것은 메이지 이후 근대 국민 국가를 '위에서부터' 만들어가던 시기였다. 사실 전근대 시기 내내 『만엽집』은 귀족들의 전유물이었다. 만엽집을 만들어낸 전통이라고 비판하는 사람들은 평민의 와카 중 가장 대표적인 「사키모리의 노래(防人歌)」가 근대에 메이지 천황에 대한 절대적 복종을 끌어내는 선전물로 사용되었다고 지적한다.

백제가 멸망하자 야마토 정권은 나당 연합군이 일본 열도에까지 쳐들어올까 경계하며 방위를 강화하면서, 지금의 간토 지방에 해당하는 도고쿠 지방 출신의 농민들을 쓰쿠시 지방의 경계를 담당하는 사키모리로 데려갔다. 이들은 스물하나에서 예순 살 정도의 농민들로 고향을 떠나 육로로 나니와에 집합하여 배를 타고 지금의 규슈인 쓰쿠시로 갔다. 이때 부른 노래들이 98수 정도 수집되어 『만엽집』에 수록되어 있다.

> 오늘부터 뒤돌아보지 않고 천황의 변변치 못한 보호자로서 출정하는 것이다, 나는
>
> ─『만엽집』(권 20) 4373편

> 천황의 명령대로 물가를 따라 바다를 건넌다, 부모님을 남겨두고.
>
> ─『만엽집』(권 20) 4328편

이 와카들은 일본이 만주를 침략하고 중국과 전쟁을 벌이던 시기, 국민을 동원하는 데 사용했다. 『만엽집』 연구자이자 군국주의자였던 도요다 야소요(豊田八十代)는 전쟁을 독려하면서 다음과 같이 침을 튀기며 말했다.

> 군주를 위해 나라를 위해 모든 것을 완전히 잊고 오로지 변방 수호의 중대한 임무를 다하려 하는 충성스럽고 용맹한 국민성이 나타난 귀중한 노래로서 '출정하는 것이다, 나는'의 한 구에 충성스럽고 용맹한 도고쿠 남자의 면목이 약동하고 있다. …… 이와 같은 훌륭한 작품이 있다는 것은 실로 우리나라의 자랑이다.
> '천황의 명령대로'라는 말은 고대 문학에 많이 보이고 병사의 노래에서만도 다섯 군데에 보인다. …… 그것은 천황에 복종하는 사상이 고대의 일반 무인(武人)의 통념이었던 것은 명백하다. 천황을 위해서는 부모님도 되돌아볼 수 없다는 것이 우리나라 전래 사상이지만, 이 사상이 명확히 이 노래에 나타나 있는 것은 대단히 흥미롭다.
>
> ─『만엽집총석(萬葉集總釋)』

이렇게 말한 사람은 도요다 한 사람만이 아니고 수없이 많았다. 1945년 패전 뒤에 쏟아진 「사키모리의 노래」를 천황에 대한 충성가로 생각했다는 증언은 고대의 와카가 언제든지 정치도구로 전환될 수 있다는 것을 암시한다. 하지만 패전 이후 와카에 속았다는 것을 깨달은 일본인들도 있었다. 『만엽집』을 연구하는 이토 하쿠(伊藤博)는 다음과 같은 글을 남겼다.

쇼와 10년(1935~1944) 중학생이었던 우리들은 사키모리의 와카는 '오늘부터'와 같은 노래의 모음이라고 배웠지만, 그것은 시대의 추세에 편승한 발언이었으리라. 가르침을 무조건 받아들여 『만엽집』 원본을 검토해 보지 않았던 죄를 벽촌의 중학생들에게 요구하는 것은 너무 가혹하리라. 우리들은 배운 것을 그대로 믿고서 조국애에 불탔다. 하지만 그것은 전혀 사실이 아니었다. 도쿄에 소재하는 대학의 국한과(國漢科)에 1944년부터 근무했던 1년간 지금까지 배웠던 것이 거짓이라는 것을 알았다. 진실을 소리 내어 외치면 죽음을 당할 것 같은 시대의 분위기였다고 해도 홀로 마음속으로 간직하며 나날을 보낸 것은 청년 시절에 있어서 크나큰 회한이다.

— 「사키모리의 서정〔防人の抒情〕」(1978)

현재 일본에서 「사키모리의 노래」는 군국주의적 색채를 덜어내고 가족과의 이별을 슬퍼하는 서정적 노래로 읽는다. 아버지가 아들의 안전을 기원하는 노래, 남편의 무사귀환을 노래하는 아내의 노래, 전쟁 때문에 헤어짐을 슬퍼하는 노래로 읽히고 있다.

집에 남아서 그리워하고 있는 것보다 네 허리에 차는 칼이라도 되어서 너를 지켜주고 싶다.

— 『만엽집』(권 20) 4347편

신라에 가시는 당신과 다시 만날 날을 오늘인가 내일인가 목욕재계하며 당신의 안녕을 신에게 기원하면서 기다리고 있겠습니다.

— 『만엽집』(권 20) 3587편

> 두려운 신이 계시는 고개에 누사를 바쳐서 신에게 나의 안녕을 기원하
> 는 이 목숨은, 어머님과 아버님을 위해서이다.
>
> ―『만엽집』(권 20) 4402편

    메이지 유신으로 천황 중심의 근대 국가로 탈바꿈할 때 『일본서기』, 『고사기』, 『만엽집』은 고대의 천황 숭배 사상을 끌어와 천황을 신격화하는 데 큰 역할을 했다. 특히 평민들의 노래인 「사키모리의 노래」가 전쟁으로 국민들을 동원하는 거짓 나팔 소리로 울려 퍼졌다.

    그럼, 『만엽집』을 어떻게 봐야 할까? 책이 만들어진 시기가 전제적 천황 권력을 강화하던 시기이니만큼, 군국주의나 국가주의로 전환하여 국민 이성을 마비시킬 소지가 충분히 있다. 그러나 『만엽집』 속에 담긴 고대인들의 삶과 정취, 소망이라는 문화유산은 세계에 내놓아도 좋을 멋진 것이다.

    『만엽집』의 와카를 국민 동원의 선전 나팔로 쓸 수도 있지만 고대인의 마음·정취를 느끼는 매개로 쓸 수도 있다. 그리고, 그것은 전적으로 현대의 일본인들에게 달려 있다.

에필로그

시간과 공간을 가로질러 스스로를 돌아보기

　우리 답사 모임 구성원은 모두 역사 선생이다. 일본 고대사 학습과 답사 모임은 민족주의 학습 모임의 연장이었다. 4년 전 '역사 교육에서 민족주의를 어떻게 다룰 것인가'라는 주제로 몇몇 역사 선생이 세미나를 진행했다. 민족주의에 대한 생각은 세미나 참여자마다 달랐다. 긍정적으로 보는 사람도 있었고 부정적으로 보는 사람도 있었다. 그러나 특정의 관점이 도그마가 되어 사고를 폐쇄적이거나 편협한 틀에 가두어서는 안 된다는 생각에 동의했다. 그것은 주변과 타자를 이해하는 데도, 자신의 사고와 판단을 확장시키는 데도 장애 요인이 될 것이기 때문이다.

　이러한 민족주의 세미나 모임의 문제의식을 안고, 구체적인 국면에서 이 문제를 생각해보는 것도 의미 있겠다는 생각을 가진 사람들이 다시 답사 모임을 꾸렸다. 민족주의는 여전히 무거운 주제여서 문제의식은 가볍지 않았지만 공부와 답사는 즐겁고 경쾌하게 하자는 데 동의했다.

일본 고대사를 대상으로 삼은 것은 우선 '아스카-나라-교토'로 이어지는 공간에 매력을 느꼈고, 그 공간이 고대 한일 관계와 관련된 역사를 안고 있는 지역이기 때문이다. 그곳은 고대 한일 관계를 중심으로 민족 문제, 민족주의와 대단히 긴밀히 연결되어 있고 민감한 논의들이 이루어지는 시공간이다.

답사 모임을 시작하면서 참여자들의 개별적인 생각은 놓아두고, 또한 한국인들의 시선과 일본인들의 시선에 매이지 말고, 그 사이를 지나면서 당대인들의 숨결에 다가가자는 방향을 정했다. 그리하여 4년여 동안 일본 고대사를 공부하고 여름과 겨울 방학을 이용하여 규슈, 세토 내해 연안, 긴키 지방을 답사했다.

선정된 답사지 중 많은 부분이 도래인의 흔적과 관련 있는 유적지였다. 여전히 현대 한국인의 시선에서 일본 고대를 보는 통념으로부터 온전히 벗어날 수 없었던 것이다. 그러나 통념과 거리를 두고 실체에 다가간다는 생각은 답사 기간 동안 유적지와 박물관에 전시된 유물을 보면서 끊임없이 되뇌었다. 현대 민족주의의 틀을 벗어나서 일본 고대의 시공간을 가로지른다는 여행의 취지는 답사 기간 동안 견지되었다. 그러나 일본 고대사가 오늘날 우리에게 어떤 의미인가에 대해서는 아직 선명한 답을 찾지 못했다.

일본 고대사 답사는 시간, 공간의 두 층위를 넘어서는 여행이다. 우리의 시선으로 일본을 보고, 현대의 시선으로 고대를 보고, 다시 고대 일본인의 삶에 우리를 비추어보는 과정의 반복이다. 여행의 최종 목적지는 출발지다. 공간으로도, 시간으로도 그렇다. 지금 우리가 서 있는 자리로 돌아오는 것이다. 우리는 출발지에서 또 다른 여행을 준비하게 될 것이다.

참고문헌

단행본

『2009 복천박물관 특별기획전 神의 거울 銅鏡』, 복천박물관, 2009.
『교육 자료집 – 일본 교과서 역사왜곡 편, 과거를 넘어 미래로』, 동북아역사재단, 2009.
『안라국의 역사와 문화』, 함안박물관, 2005.
가야사 정책 연구위원회, 『가야, 잊혀진 이름 빛나는 유산』, 혜안, 2004.
강창일·하종문, 『한 권으로 보는 일본사 101장면』, 가람기획, 2008.
고야스 노부쿠니(김석근 옮김), 『야스쿠니의 일본, 일본의 야스쿠니』, 산해, 2005.
공상성·안경숙, 『中國古代銅鏡』, 주류성, 2003.
久野建·汁惟雄·永井信一(진홍섭 옮김), 『日本美術史』, 열화당 미술선서, 1978.
구정호 옮김, 『이세모노가타리』, 제이앤씨, 2003.
구정호, 『만요슈, 고대 일본을 읽는 백과사전』, 살림, 2005.
구정호, 『아무도 모를 내 다니는 사랑길』, 제이앤씨, 2005.
구태훈, 『일본고대·중세사』, 재팬리서치21, 2008.
구태훈·이영·이근우 공저, 『일본 전통사회의 이해』, KNOUPRESS, 2009.
권혁인, 『격조와 풍류』, 어문학사, 2007.
김병훈, 『역사를 왜곡하는 한국인』, 반디, 2006.
김석형, 『초기 조일관계사 하』, 사회과학출판사, 1988.
김태식, 『미완의 문명 7백년 가야사 1,2,3』, 푸른역사, 2002.
김현구·박현숙·우재병·이재석 공저, 『일본서기 한국관계기사 연구 (Ⅰ·Ⅱ·Ⅲ)』, 일지사, 2004.
김현구, 『고대 한일 교섭사의 제문제』, 일지사, 2009.
김현구, 『임나일본부설은 허구인가』, 창비, 2010.
김화경, 『일본의 신화』, 문학과지성사, 2002.
김희영, 『이야기 일본사 : 야마토 시대부터 전후 일본까지』, 청아출판사, 2006.

니시지마 사다오(이성시 엮음, 송완범 옮김), 『일본의 고대사 인식 '동아시아세계론' 과 일본』, 역사비평사, 2008.

다카하시 데쓰야(현대송 옮김), 『결코 피할 수 없는 야스쿠니 문제』, 역사비평사, 2005.

동북아역사재단, 『역사 속의 한-일 관계』, 동북아역사재단, 2009.

모로 미야(노만수 옮김), 『헤이안 일본』, 일빛, 2008.

모리 히로미치(심경호 옮김), 『일본서기의 비밀』, 황소자리, 2006.

무라사키 시키부(김난주 옮김), 『겐지이야기. 8』, 한길사, 2007.

문정인, 『동아시아의 전쟁과 평화』, 연세대학교출판부, 2006.

민두기, 『일본의 역사』, 지식산업사, 1976.

민병훈, 『일본의 신화와 고대』, 보고사, 2005.

박규태, 『일본의 신사』, 살림, 2005.

박노자, 『거꾸로 보는 고대사』, 한겨레출판, 2010.

박상현, 『만엽집과 정치성』, 제이엔씨, 2004.

박석순, 『일본고대국가의 왕권과 외교』, 景仁文化社, 2002.

박천수, 『새로 쓰는 고대 한일교섭사』, 사회평론, 2008.

부산대학교 한국민족문화연구소, 『한국 고대속의 가야』, 혜안, 2001.

비토 마사히데(엄석민 옮김), 『사상으로 보는 일본문화사』, 예문서원, 2003.

사토 히로오 외(성해준 외 옮김), 『일본사상사』, 논형, 2009.

C. 스콧 리틀턴(박규태 옮김), 『일본 정신의 고향 신도』, 유토피아, 2007.

심봉근, 『韓國에서 본 日本彌生文化의 展開』, 학연문화사, 1999.

아사오 나오히로 외 엮음(이계황 외 옮김), 『새로 쓴 일본사』, 창비, 2007.

아카자와 시리(박화리 옮김), 『야스쿠니 신사』, 소명출판, 2008.

한국 역사교과서연구회·일본 역사교육연구회, 『한일 교류의 역사』, 혜안, 2007.

연민수, 『古代韓日交流史』, 혜안, 2003.

오오누키 에미코(이향철 옮김), 『사쿠라가 지다 젊음도 지다 : 미의식과 군국주의』 모멘토, 2005.

요시노 마코토(한철호 옮김), 『동아시아속의 한일 2천년사』, 책과 함께, 2005.

우에노 마코토(박상현 옮김), 『천년의 연가 만엽집』, 제이엔씨, 2005.

유라쿠 천황 외(고영환·강용자 옮김), 『萬葉集』, 지만지, 2009.

윤광봉,『일본 신도와 가구라』, 태학사, 2009.
윤명철,『동아지중해와 고대 일본』, 청노루, 1997.
윤상인·박전열 외,『일본을 강하게 만든 문화코드 13』, 나무와 숲, 2000.
윤장섭,『일본의 건축』, 서울대학교 출판부, 2001.
이노우에기요시(서동만 옮김),『일본의 역사』, 이론과 실천, 1989.
이에나가 사부로,『일본문화사』, 까치글방, 1999.
이영·이재석 공저,『일본고중세사』, KNOUPRESS, 2008.
이찬수,『일본 정신』, 모시는 사람들, 2009.
일본사학회,『아틀라스 일본사』, 사계절, 2011.
일본의 전쟁 책임 자료센터(박환무 옮김),『야스쿠니 신사의 정치』, 동북아역사재단, 2011.
작자 미상(강용자 옮김),『風土記』, 지만지, 2008.
舍人親王 편수(전용신 옮김),『완역 일본서기』, 일지사, 2006.
장팔현,『일본 역사와 외교: 고대로부터 현대까지의 통사』, 아진, 2005.
전국역사교사모임·한국//역사교육자협의회·일본,『마주보는 한일사 I』, 사계절, 2007.
정한덕,『일본의 고고학』, 학연문화사, 2002.
정혜선,『한국인의 일본사』, 현암사, 2008.
조현설,『동아시아 건국 신화의 역사와 논리』, 문학과 지성사, 2003.
조희승,『일본에서 조선소국의 발전』, 한국문화사, 1996.
최재석,『百濟의 大和倭와 日本化過程』, 一志社, 1990.
최재석,『日本古代史硏究批判』, 一志社, 1990.
충청남도역사문화연구원,『백제 유민들의 활동』, 충청남도역사문화연구원, 2007.
폴 발리(박규태 옮김),『일본문화사 : 조몬 토기부터 요시모토 바나나까지』, 경당, 2011.
하니하라 가즈로(배기동 옮김),『일본인의 기원』, 학연문화사, 1992.
한국정신문화연구원,『古代韓日文化交流硏究』, 韓國精神文化硏究院, 1990.
한일관계사연구논집 편찬위원회,『고대 동아시아 재편과 한일관계』, 경인문화사, 2010.
한일관계사학회,『한일관계 2천년, 보이는 역사, 보이지 않는 역사, -고중세-』, 경인 문화사, 2006.

한홍구, 『대한민국사 3』, 한겨레신문사, 2005.

홍성화, 『한일 고대사 유적 답사기』, 삼인, 2008.

황패강, 『일본신화의 연구』, 지식산업사, 1996.

황패강, 『한국신화의 연구』. 새문사, 2006.

논문

김은숙, 「중·고등학교 「국사」교과서의 고대 한일관계사」, 『역사교육』74, 2000.

김정학, 「신공황후 신라정벌설의 허구」, 『신라문화제학술발표논문집』3-1, 1982.

김태식, 「고대 한일관계 연구사 – 임나문제를 중심으로」, 『한국고대사 연구』27, 2002.

김택균, 「고대한일관계 倭기사에 관한 연구」, 경희대박사학위논문, 1991.

김현구, 「백촌강 싸움 직후 일본의 대륙관계의 재개 –신라와의 관계를 중심으로」, 『일본역사연구』, 1998.

김현구, 「일본의 위기와 팽창의 구조-663년 백촌강 싸움을 중심으로」, 『문화사학』 25, 2006.

남재우, 「식민사관에 의한 가야사 연구와 그 극복」, 『한국고대사 연구』61, 2011.

노성환, 「內鮮一體에 이용된 한일신화」, 『일어일문학』40, 2008.

박삼헌, 「'국체'관념의 시각화-도쿄부 양정관의 '국사회화'를 중심으로」, 『동아시아 세계의 일본사상-'일본 중심적 세계관' 생성의 시대별 고찰』, 동북아역사재단, 2009.

송완범, 「'백촌강싸움'과 倭」, 『한국고대사연구』45, 2007.

송완범, 「'일본 율령국가'와 '일본 중심주의'-『일본서기』를 중심 소재로 하여」, 『동아시아 세계의 일본사상-'일본 중심적 세계관' 생성의 시대별 고찰』, 동북아역사재단, 2009.

송호정, 「김석형 사거를 맞아 – 북한 역사학계의 거두 김석형과 한국사 연구」, 『역사비평』38, 1997.

야노 다카요시, 「가가이(カガヒ)에 있어서 사랑의 문제」, 『일본문학연구』2, 2000.

연민수, 「7세기 동아시아 정세와 왜국의 對韓정책」, 『신라문화』24, 2004.

연민수, 「일본 중학교 역사교과서의 고대사 서술과 역사 인식」, 『한국사 연구』129, 2005.
이성시, 「한국 고대사 연구와 식민지주의」, 『한국고대사 연구』61, 2011.
이양수, 「다뉴세문경으로 본 한국과 일본」, 『영남고고학』35, 2004.
이양수, 「한반도에서 漢鏡의 분배와 유통」, 『고고학지』15, 2006.
이영식, 「임나일본부에 대한 연구의 역사」, 『우리역사를 의심한다』, 서해문집, 2002.
이재석, 「7세기 왜국의 대외 위기감과 출병의 논리」, 한국일본학술협회 제4회 국제학술발표대회 발표문, 2006.
이재석, 「일본 고대 왕권 발달의 제 단계-특히 大化전대의 왕권을 중심으로-」, 『문화사학』24, 2005.
이정호, 「전방후원형 고분의 연구사 검토」, 『호남고고학보』4, 1996.
이청규, 「동북아 지역의 다뉴경과 그 부장묘에 대하여」, 『한국고고학보』40, 1999.
장인석, 「의례와 일본 고대국가 형성」, 『호서사학』37, 2004.
정효운, 「새 역사 교과서와 임나일본부」, 『일어일문학』35, 2007.
최광준, 「『万葉集』연구-새로운 방향의 모색」, 『일어교육』28, 2004.
최재석, 「후지와라경, 헤이조우쿄우 조영과 통일신라」, 『고대한일불교관계사』, 일지사, 1998.
타테노 카즈미, 「일본 고대에 있어서의 천도」, 『한국고대사연구』36, 2004.
河上邦彦, 「일본 전방후원분과 횡혈식 석실」, 『백제연구』31, 2000.

일본서적

『界市博物館綜合案內』, 界市博物館, 2008.
『展示の見所④ 復元 前期難波宮』, 大阪歷史博物館, 2003.
『展示の見所⑤ 難波宮』, 大阪歷史博物館, 2005.
『展示の見所⑬ 古代難波の序章』, 大阪歷史博物館, 2006.
『週刊 古寺おめく 平等院と 宇治の 寺利』, Shogakukan,, 2004.
『週刊 古寺をゆく_藥師寺』, Shogakukan, 2001.
『平成20年度秋季特別展 百舌鳥古墳群築造の時代-鉄の王権-』, 堺市立みはら歴史博物館, 2008.

『ヤマト王権はいかにして始まったか~王権成立の地繩向~』, 桜井市立埋葬文化財協
　　　會, 2007.

家永三郎 외,『聖德太子集』, 伍福文化社, 1990.

江上波夫,『騎馬民族國家：日本古代史へのアプローチ』, 中央公論社, 1967.

京都文化博物館,『海を 渡って 來た人と文化(古代日本と東アジア)』, 京都文化博物
　　　館, 1989.

京都府京都文化博物館,『京都の 歷史と 文化-京都文化博物館歷史展示案內』, 京
　　　都府京都文化博物館, 1987.

久米 邦武,『聖德太子の硏究』, 吉川弘文館, 1988.

久野建,『佛像の 歷史』, 山川出版社, 1987.

渡辺光敏,『古代天皇渡來史』, 三一書房, 1993.

網野善彦 外,『渡來：海からみた古代日本史』, 河出書房新社, 1985.

北山茂夫 著,『日本の歷史 4：平安京』, 中央公論社, 1970.

司馬遼太郎 外,『(座談會)日本の渡來文化』, 中央公論社, 1975.

森郁夫,『平安：1,200 years ago(光文社文庫；れ2-20)((グラフィティ)日本謎事典
　　　；5)』, 光文社, 1996.

水野敬三郎,『奈良 京都の 古寺めぐり』, 岩波ジュニア新書, 1985.

林屋辰三郎,『京都』, 岩波新書, 2005.

田村圓澄 외,『百濟文化と飛鳥文化』, 吉川弘文館, 1978.

井上博道,『奈良万葉① 飛鳥』, SUIKO BOOKS, 1998.

朝尾直弘 외,『京都府の 歷史』, 山川出版社, 1999.

中西 進,『こころの 日本文化史』, 岩波書店, 2011.

中村元,『日本の 佛像史』, 美術出版社, 2001.

崔光準,『万葉集の文化的背景と渡來人硏究』, 映翰文化社, 1998.

胡口靖夫,『近江朝と渡來人：百濟鬼室氏を中心として』, 雄山閣出版, 1996.

Marc Treib, Ron Herman, A Guide to the Gardens of Kyoto, Kodansha
　　　International 2003.

Diane Durston, Kyoto, Seven Paths to the Heart of the City, Kodansha
　　　International, 2001.